ΣBEST
シグマベスト

国語

文英堂

本書のねらい

この問題集は、「最高水準問題集」シリーズの総仕上げ用として編集したものです。特に、国立大附属や有名私立などの難関高校を受験しようとするみなさんのために、最高の実力がつけられるよう、次のように構成し、特色をもたせました。

1 全国の難関高校の入試問題から良問で高水準のものを精選し、実際の入試に即して編集した。

▼入試によく出る問題には 頻出、特に難しい問題には 難 のマークをつけた。また、近年出題が増加しているものや、これから出題が増えそうな問題には 新傾向 のマークをつけた。

2 単元別に問題を分類し、学習しやすいように配列して、着実に力をつけられるようにした。

▼各自の学習計画に合わせて、どこからでも学習できる。

3 国立・私立難関高校受験の総仕上げのために、模擬テストを2回設けた。

▼時間と配点を示したので、各自の実力が判定できる。

4 解答は別冊にし、どんな難問でも必ず解けるように、くわしい解説をつけた。

▼正しい解答をどうやって導き出すかの筋道を示した、くわしくてわかりやすい 解説 をつけるとともに、入試メモ では、出題傾向の分析などの入試情報を載せた。

もくじ

1 論理的文章の読解

▼解答→別冊 p.1

01 次の文章を読んで、あとの問いに答えなさい。（句読点なども一字と数える。）

（東京・多摩大目黒高）

われわれはこれまで、ものごとを記憶するのは人間でなくてはできないように考えてきた。ところが、この常識は、記憶のできる機械コンピューターの出現によってあっけなく崩れ去ってしまった。コンピューターが正確無比に、何度でも、いつまでも、記憶していることを再生できる点で、とうてい人間はかなわない。記憶人間の価値は暴落したかに見える。博覧強記（はくらんきょうき）、記憶力のよさを誇ることが、少なくなってきたのはたしかである。そのかわりかどうか、創造的思考が必要だというようなことがいわれ出した。

いったん覚えたことを、そのままの形で再生する記憶を、かりに機械的記憶と呼ぶならば、人間が機械的記憶においてコンピューターにとうてい及ばないことははっきりした。しかし、記憶には機械的記憶しかないのか。それが問題である。そして、その前に、そもそも記憶とは何であるか。

コンピューターのできたおかげで、記憶には機械的記憶のほかに、どんなにコンピューターが発達しても、当分は機械にはできそうにない別種の記憶があることに、われわれの注意が向くようになった。それをかりに、機械的記憶に対して人間的記憶と呼ぶことにする。

機械の記憶は正確に原形を再生するし、機械がこわれないかぎり、いつまでも再生を行うことができる。それに比べて、人間の記憶は実に不確かである。覚えたつもりでいても度忘れする。正確に記憶していると思っていることが、とんでもない誤りになっていたりする。そして、たいていのことは、時がたつにつれて、おしなべておぼろげになってしまう。機械的記憶と人間的記憶とは［A］的と［B］的との違いがあるといってよいくらい別物である。

人類はこれまで記憶のできる機械をもたなかったので、①人間が機械的記憶の本体にならざるを得なかった。文字の使用によって記憶に要する労力を大幅に軽減されたとはいうものの、人間は大事なことは多く記憶しなくてはならなかった。教育における学習の大部分がそのために当てられることになるのは自然の成り行きであった。勉強とはものを覚えることになった。その場合、なるべく正確に、いつまでも記憶することが要求されており、どうしても、知識の詰め込みといった機械的記憶が中心になる。そして、記憶といえば学習による機械的記憶のことを指すようになってしまったのは、教育のためにも不幸なことといわなくてはならない。

人間的記憶は、ことさら意識的に努力して覚えようとしないでも、いつの間にか身についてしまっているというような記憶である。もっとも、すべてのことが心に残るようになるのではない。心に残るということ自体が、消えていった多くのものがあることを逆に立証している。いいかえれば、人間はものをどんどん忘れるようにできているが、忘れるに忘れられないで残るのが、人間的記憶ということになる。機械には忘れるということがないが、人間の記憶は忘佚（ぼういつ）と表裏をなしている。忘れないで記憶だけするということのできないのが人間的記憶の特質である。

機械的性格のつよい学習による記憶も、人間が行うものである以上、当然、この忘佚作用は受けているのである。そのために、せっかく覚えたこともどんどん忘れられてしまう。試験の前に一夜漬で暗記したことなどは、数日もするとウソのように忘れてしまう。それで、また、あわてて記憶しなければならぬということになる。こうして学習者には記憶している状態、つまり、機械的記憶の保持を理想とする心理がいつの間にか固定してしまうのである。忘れることを怖れる。

しかし、もし、人間らしい記憶ということに注目するならば、忘佚を怖れてはならない。忘れることがあってはじめて、人間的記憶が可能になるということを認識する必要がある。日常生活において、無意識に行われている人間的記憶には、自然の忘却作用がはたらいており、それで精神の健康を維持している。忘れることの重要性を近代人が忘れているのは、大きな手抜かりというほかはない。

放っておいても忘れることは忘れる、いや、忘れすぎてこまるのだ、とタカをくくって機械的記憶にのみつとめるのが学校などの学習で、これは、自然のうちにものを覚えてゆくのとは違って、不自然に記憶しようと努力する。もし、かりに予想以上に学習の効果があがって、処理できないほどの記憶が堆積するようになると、自然の忘佚作用だけでは間に合わなくなる。しかし、学校の学習などでは忘却の方法などは教えないから、知識の習得が忘佚という処理能力を上まわって、両者の調和が崩れると、記憶されているものは機械的で、非人間的なものになってしまい、結局は身にもつかないことになるのであろう。そればかりでなく、不消化な記憶が蓄積するのは、精神の健全な機能にもおもしろくない影響をおよぼすことになりかねない。

人間的記憶には、その裏の忘佚が不可欠である。忘れることが不活発になると、新しいものを吸収する能力も低下するのである。教育においても、ものを覚えさせることだけに熱心にならず、いかに忘れるかということに、もうすこし配慮しなければ、その知識のもつ機械的冷酷さをすてることはできないように思われる。

ここで、記憶したものが忘れられていく人間的記憶のメカニズムを考えてみたい。われわれは意識していないときでも、おびただしい多くの情報や刺激を受けているが、それをそのまま、印象として記録する必要はもちろんないから、知覚される前に大部分の刺激がすてられてしまう。何らかの意味で、重要であるようなものだけが、知覚の関所を通過する。しかし、そういう知覚されたデータも、やはりそのままが保持され、記憶されるわけではない。適当に分類、整理され、ときには変形させられて、イメジ化されてはじめて、心に残るものとなる。そこまでに達するのに、はじめの刺激のいかに多くが消えていることであろう。また、心に残っているイメジも、はじめの形をそのままとどめていることはまれである。コンピューターのように、もとのものを、そっくりそのまま再現する記憶とは、根本的に違う。

われわれがものごとを知覚し認識するのは、紙の上に文字を書くようなものではなくて、海岸の砂浜に文字を書くようなものである。はっきり書いたつもりのものでも、しばらくすると、水が滲み出してきて形が崩れ、輪郭がぼけるようになる。さらに、大波がそれを洗えばたいていの文字はあとかたもなく消えてしまう。もとの形をいつまでも保持するなどということはとうていできない。もっとも、それも人によって差はある。波の寄せない砂浜で書いた字は比較的消えにくいのに、水際の砂に書いた文字は、あっという間に消えてしまうというのにいくらか似ている。しかし、どちらにしても、自然のうちに、原形が崩壊し、変形し、やがて消滅するのは同じである。

われわれの心はさしずめこの砂浜だと考えることができる。そして人間の記憶は、その上に書く文字のようなものである。どんなに大事にしても、自然のうちに消えて行く。風とか水とか波とかに相当する消去作用が、人間の精神にも無意識のうちにはたらいていると考えざるを得ない。もし、その作用が充分にはたらかないで、前の文字が残っていると、あとから新しい文字を書くことができなくなる。活発な精神は、受容の活動もさかんであると同時に、それを整理、処分する消去の能力も大きいということになる。

食物をたべる。それは栄養になるが、不要な部分は体外に排泄（はいせつ）しなければならない。細胞なども、老廃したものは新しいものに代（かわ）らなくてはいけない。新陳代謝である。これは、人間の自覚的意志などによって行われるのではなくて、四六時中、自然のうちに、不随意的に営まれている。それだけ生命の維持に緊要な証拠である。もし、その機能が停止すれば生命にかかわるであろうから、気まぐれな意識にまかせておけないのである。

②精神の消去、忘佚（ぼういつ）作用も、この新陳代謝の一種であると考えることができる。心に映じたことを、とくに消そう、忘れようとしないでも、いつの間にか、拭（ぬぐ）い去るようになくしてしまい、あとにまた、新しい心象が結ばれるようにしてくれる作用がはたらいている。これはきわめて重大な営みであるから、無意識の、不随意的な機能になっているのだが、そのために、ともすれば、重大性そのものを見のがしてしまいがちなのである。それぱかりではなく、記憶の妨げになるからといって、③目のかたきにしがちである。考え違いもはなはだしいといわなくてはならない。

自然にはたらいている消去作用のうち、もっとも重要なのは、なんといっても睡眠である。普通、身体を休めるために眠るように考えられているが、頭の中の不要物を掃除して、きれいにするのも睡眠の大切なはたらきのうちである。仕事をするのに夜型と朝型があって、夜型の人は朝はぼんやりしてよい考えが生（うま）れないというが、一般的にいって、朝は頭がすっきりしているものである。それはひとえに、夜の間の消去作用のおかげである。むずかしい問題などは、一晩寝てから結論を出すのがよいというのは、多くの人々が経験から割り出して実行していることである。

睡眠中に見る夢も、この自然の忘佚作用と関係があるらしいが、くわしいことはわからない。とにかく、一夜明ければ、たいていのことがなんとかなりそうに思えるものである。もし、心配事のために夜も眠れないということになると、ことは深刻である。これが長く続けば精神に異常を来（きた）しかねない。忘れられないのがいかに有害であるかを如実に物語っている。ひどいショックを受けた直後など、ほとんど何もわからず、茫然（ぼうぜん）自失の状態におちいることがあるが、頭の中に、ものがいっぱい詰まっていると、新しいものが入る余地がないのであろう。感受性をするどくし、理解力を高めるには、④頭の中を適当に白紙の状態にしておかなくてはならない。

心の砂浜を洗うのは睡眠ばかりではない。何かほかのことに夢中になるのも消去効果がある。ひとつのことだけにかかわらずに、いくつかのことに興味をもっていると、かえって仕事がうまく進むことが少なくない。スポーツなどで、身体を動かすのもやはり自然の消去作用を促進するように思われる。発見のきっかけとして散歩をあげる科学者などが多いのも、これと考え合わせてみると興味ぶかい。

さきにも述べたように、近代人は自然記憶のほかに過度の学習記憶を行っている。したがって、精神の保健のためには、自然の忘佚作用だけに頼っているのでは不充分である。学習による忘却ともいうべき努力を考えなくてはなるまいが、その場合、まずこの自然の消去作用に着目するのは最小限の前提であろう。

（外山滋比古（とやましげひこ）『ものの見方』より）

問一 頻出 [A]・[B]に入る語句の組み合わせとして最も適当なものを、次のア〜エから一つ選び、記号で答えなさい。

ア　A 物理　B 生理

イ　A 積極　B 消極

ウ　A　主観　B　客観
エ　A　文明　B　文化

問二　――線①「人間が機械的記憶の本体にならざるを得なかった」について、「人間が機械的記憶の本体に」なるとはどういうことか。最も適当なものを、次のア～エから一つ選び、記号で答えなさい。

ア　人間が、記憶力を補うために文字を発明したこと。
イ　人間が、機械的な作業を排して主体的になること。
ウ　人間が、自分自身の脳で機械的に記憶すること。
エ　人間が、不確かな記憶を機械によって補うこと。

〔　　〕

問三　――線②「精神の消去、忘佚作用も、この新陳代謝の一種であると考えることができる」について、忘れることはどういう点で「新陳代謝の一種」だと言えるのか。最も適当なものを、次のア～エから一つ選び、記号で答えなさい。

ア　活発な精神にとって必要な栄養が、それが栄養であるということを人間が自覚できないものである点。
イ　記憶を新しいものにすることが、人間にとって重大な営みであるため、無意識の機能になっている点。
ウ　記憶が無意識に消去されることが、生命の維持にとって排泄と同様に大切であると考えられる点。
エ　忘れるか忘れないかでその事柄の重要度が無意識に理解できてしまう機能を、脳が持っているという点。

〔　　〕

問四　――線③「目のかたきにしがちである」について、忘れることを「目のかたきにしがち」なのはどのような心理によるものだと筆者は述べているか。本文中から十五字以上二十字以内で抜き出しなさい。

□□□□□□□□□□□□□□□□□□□□

問五　難　――線④「頭の中を適当に白紙の状態に」することと、同じ内容を表す部分を本文中から探し、十五字以上二十字以内で抜き出しなさい。

□□□□□□□□□□□□□□□□□□□□

問六　頻出　次のア～エについて、本文の内容と一致するものには○を、一致しないものには×を記しなさい。

ア　努力しなくても身につくものが人間にとって重要なものだから、知識の習得は機械に任せておけばいい。
イ　意識的に努力して覚えるよりも、睡眠や運動で精神状態を整えることがコンピューターに近づく方法である。
ウ　人間の記憶は、砂浜に書いた文字のようなもので、時間が経つと自然に変形して消滅していくものである。
エ　朝、一般的に頭がすっきりしているというのは、睡眠中に頭の中に自然の消去作用が働いているからである。

ア〔　　〕　イ〔　　〕　ウ〔　　〕　エ〔　　〕

02 次の文章を読んで、あとの問いに答えなさい。（句読点なども一字と数える。）

（奈良・西大和学園高）

個人の生きかたよりも①社会の目や社会の秩序が圧倒的に重視される前近代にあっては、個人の生きかたのaシシンは個人の外から個人のもとへとやってきた。自分の欲望や意志や周囲への不満を抑えて、外からやってくる規範を素直に受けいれて生きる人が、立派な人格者だった。そうした生きかたは、「礼」を重んじる生きかた、「世間体」を重んじる生きかたとして、ことさらに顕彰（けんしょう）された。たとえば、江戸時代に広く行きわたった儒教（じゅきょう）道徳は、そうした［A］な生きかたこそが善だと教えるものだった。

近代の個人主義思想は、それへの反動として、外からやってくる規範に強く反発し、社会の目に*抗（あらが）って生きることこそが自由で自立した生きかただと考える。ことに前近代と近代がはげしくせめぎあう過渡期にあっては、外からやってきて個人の自由を押さえこもうとする社会の目は、封建（ほうけん）的な目、*退嬰（たいえい）的な目、反近代的な目として反発され、拒否された。社会の目に抗って生きることが、そのまま自由に生きることだと考えられた。前近代と近代が真向（まっこう）からぶつかりあい、社会の目が古き前近代をbタイゲンするものと見なされるかぎり、近代的な新しさを求める自由な個人が、社会の目に強く反発したとしても不思議ではなかった。古い秩序や規範意識や価値意識を捨てて、未知の新しい世界に身を投じようとするのが、自由を手にした個人の基本的な姿勢だった。

だが、古い秩序や封建的な目を否定し拒否するだけでは自由な生きかたは実現しない。古きもの、遅れたものを否定し拒否するとき、未知の新しさへと向かう自由が実感されるのはたしかだが、その自由は否定の色合いが強すぎて、新しい生きかたを生み出す積極的な内容を欠いている。自由を求める個人は、社会の目に抗いつつ、②自分にふさわしい具体的な生きかたをどう構築したらいいのか。

社会の目に抗いつつ、抗ったその生きかたに具体的な内容を盛りこむには、社会の目にきちんと向き合うほかはない。それは、社会の目に素直に従うのとはちがう。抗う姿勢を保ちつつ、社会の目に背を向けるのではなく、それと正面から向き合うのだ。そのとき、社会の目は、単純に否定し去ることなどできないことが見えてくる。

社会の目は、見られるほうの意識からすると、押しつけがましかったり、鬱陶（うっとう）しかったり、反対に、気持ちを盛り立ててくれたり、支えてくれたり、と、視線がこちらにからみついてくるように感じられるが、そう感じるのは見られる側の思いすごしであることが多い。説教好きのだれかれが社会の目を代弁するかのように押しつけがましい説教をすることはあるが、社会の目そのものはやや遠くの引いたところにあって、実際に耳にする説教ほど押しつけがましいものではない。ごく普通の人びとの暮らしが淡々とした平穏な暮らしであるのに見合って、社会の目も、普通は、淡々と穏やかにまわりに注がれている。暮らしの穏やかさと目の穏やかさがなだらかにつながっている。

現代の都市生活は、かつての町や村の生活にくらべると、その日々はcカクダンに変化に富み、また変化が求められてもいるけれども、暮らしの根底にある人々の思いは、一日一日をつつがなく過ごしたいという思いだ。平穏無事の毎日を願う気持ちが根底にあって、その上でさまざまな変化を求めるのだ。そして、人びとの暮らしのなかからうまれる社会の目も、その根底にあるのは、一日一日がつつがなく過ぎていってほしいという思いだ。もう少し積極的にいえば、それは日々の暮らしを維持していこうとする目だ。変化を受けいれつつ安らかに日々を重ねていきたいと思う目だ。その目は、同じ時代を生きる多くの人々に共有されているだけでなく、時代から時代へと多くの人々に受け継がれてきた目でもある。となれば、その目は空間的な広がりと時間的な奥行きを備えているといってよい。

ところで、人びとの暮らしはおおむね平穏無事だといえようが、平穏無事が乱されることもめずらしくない。自然災害、ᵈジンイ災害はもとより、社会の平安、集団の平安、個人の平安を脅(おびや)かす要因は随所に潜んでいる。社会が全体として波風の立たぬ平静を保っているように見えても、たとえばそこに生きる特定の一個人が、あるいは一家族が、あるいは一集団が、内部に恐ろしい危機を抱え、これと死力を尽くして闘っていることもある。平穏な暮らしは、内外からやってくる災害、障害、暴力、危機などの攪乱*(かくらん)要因と陰に陽に闘い、それらを克服することによって保たれているので、平穏な暮らしに寄りそうようにして生まれる社会の目には、そうした闘いや危機克服の経験が蓄積され、それが社会の目の厚みとも重みともなっている。

闘いや危機克服の経験は社会の目に蓄積されているだけでなく、たとえば③社会の「しきたり」とか世の「ならい」とかいわれるものにも受け継がれている。「しきたり」は、動詞「しきたる（仕来る）」の連用形が名詞となったもので、「ずっとそうやってきたこと」を意味するし、「ならい」は動詞「ならう（習う）」の連用形で、「くりかえし経験したこと」を意味する。どちらも、古い過去から現在へと続く時間の流れを意識したことばで、長きにわたる経験を大切に思う人びとの生活感覚がそこにこめられている。むろん、「しきたり」や「ならい」はただ続いてきたのではなく、さまざまに変化し、ᵉソンボウの危機にも見舞われ、実際に消滅したものも少なくないなかで、なお、いまに受け継がれたものなのである。

④社会の目についても同じことがいえる。それは時代とともに変化しつつ、消滅した部分や、あらたに付け加わった部分をふくんでいまに受け継がれたものだ。社会の目に抗いつつもきちんと向き合う必要があるのは、そこにこめられた変化と持続のこの歴史性のゆえだ。そこには、過去の人々の数限りない共同の経験がいわば観念の結晶として――生きる知恵として――ふくまれているので、それと向き合うことは、結果としてそれを強く否定することになるとしても、こちらのものの見かたやふるまいかたに歴史的な厚みと重みをあたえずにはいない。そういうふうに社会の目と向き合うことは、人々の穏やかな暮らしのもつ共同の広がりと歴史的な奥行きへと触手を伸ばすことだ。そして、そうした試みを通じて、見られるこちら側の言動に、共同の広がりと歴史的な奥行きがなにほどか付け加わるのである。

（長谷川宏(はせがわひろし)『高校生のための哲学入門』より）

*抗う…相手の言うことを否定すること。
*退嬰的…あたらしいことを進んで行う意気込みのないこと。
*攪乱…かき乱すこと。

問一　――線a～eのカタカナを漢字に直しなさい。（楷書(かいしょ)で丁寧(ていねい)に書くこと。）

a（　　） b（　　） c（　　）
d（　　） e（　　）

問二　[A]に入る語として最も適当なものを、次のア～オから一つ選び、記号で答えなさい。

ア 外圧的　イ 主観的　ウ 受動的
エ 自立的　オ 他律的

（　　）

問三　難　――線①「社会の目」とあるが、ここで示されている「社会の目」とは、どのような思いから生じているのか。本文の内容を踏まえた上で、本文中の表現を用いて二十五字以内で答えなさい。

問四 ――線②「自分にふさわしい具体的な生きかたをどう構築したらいいのか」とあるが、筆者はこれについてどのように考えているのか。その考えを示した最も適当な部分を、本文中から二十五字以内で抜き出しなさい。

問五 ――線③「社会の『しきたり』とか世の『ならい』とかいわれるもの」とほぼ同じ意味内容を持つ語句を、本文中から五字で抜き出しなさい。

問六 新傾向 ――線④「社会の目についても同じことがいえる」とあるが、それは「社会の目」がどのようなものだからか。本文中の表現を用いて、五十五字以内で答えなさい。

問七 頻出 本文の内容に合致しないものを、次のア～オから一つ選び、記号で答えなさい。

ア 前近代においては自分の欲望や意志、周囲への不満などを抑え、「社会の目」を受け入れて素直に生きることが良い生き方だとされた。

イ 近代においては「社会の目」を拒否することが良しとされ、権力者に反抗して生きることこそが自由で自立した生き方だと考えられた。

ウ 「社会の目」は見られる側の意識としては押しつけがましくて鬱陶しく感じられるが、それは見られる側の思いすごしであることが多い。

エ 社会の平安を脅かす要因は随所に潜んでおり、一見して平静を保っているように見えても、内部に危機を抱えていることもありうる。

オ 「しきたり」や「ならい」という言葉はどちらも時間の流れを意識した言葉であり、さまざまに変化をしながら受け継がれたものである。

〔　　〕

03　次の文章を読んで、あとの問いに答えなさい。（東京・十文字高）

「上品」「下品」という言い方がある。「じょうひん」「げひん」ではなくて、「じょうぼん」「げぼん」と読みます。古い言い方で、今は［A］になりつつあるけれども、人間の品性、＊人品骨柄（じんぴんこつがら）を言い表わすための非常に[a]テキカクな表現だから、この際しっかり覚えてしまおう。この二つの言葉が、心の隅っこにでも引っかかっているのなら、そのことだけで、君の人生は全然違ったものになるはずだ。

①「じょうひん」「げひん」と「じょうぼん」「げぼん」とは、似てはいるけれども微妙に違っている。「じょうひんな人」と言えば、服装や態度や言葉遣いなど、見た目のそんな感じをなんとなく連想するよね。対して、「げひんな人」と言えば、服装はまだしも、その態度やものの言い方に現われているその人の人柄を指して言うと、これは誰（だれ）もそのように感じるようだ。話題にする事柄や、関心の対象などが、上等でない。関心の対象が上等でないということは、その人の人柄が上等でないということに他（ほか）ならないから、これは「げぼん」の意味するところとだいたい同じだ。だから、「げぼん」に対するところの「じょうぼん」というのも、決して見た目の感じのことではなくて、見えない人柄、人の内面性をこそ言う言葉なんだ。「じょうぼん」「げぼん」というのは、徹［B］徹［C］、人の内面、精神性こそを評価する言葉なんだ。

たとえば、小綺麗（こぎれい）な格好をして、言葉遣いも気取っているけど、口を開けば人の悪口なんかを＊嬉々（きき）として喋（しゃべ）るような人なら、ああ[b]嫌味な人だな、じょうひんに見られたくて気取ってるんだ、げひんだな、と感じるよね。事実、それは「げぼん」なんだ。なぜなら、関心の対象が他人や他人にどう見られるかということにしかなくて、自分の内面、精神性をどう高めるかということにはないんだから、そういう人の精神が高いものにならないのは当然だ。

あるいは逆に、服装は小汚くて、言葉遣いもガラッパチだけれども、話をしてみれば、曲がったことが大嫌いで、どうすれば人の役に立てるかということを常に心がけているような暖かい人柄の人もいるよね。きっと［D］から、わざとそういう態度をとっているんだ。すごくじょうひんな人、「じょうぼん」とはこういう人のことを言うんだ。

もともとが仏教の言葉、＊お釈迦（しゃか）様みたいな正しくて優しくて[c]高潔な心の人を最高位として言う言葉だから、見た目が問題なのではないのは言うまでもない。でも、ある意味では、人間はやっぱり見た目がすべてとも言えるんだ。面白いから、そう思って、友だちのことを観察してごらん。優しい人は優しい顔つきをしているし、意地悪な人は意地悪な顔つきを、やっぱりしているじゃないか。②外面とは内面そのものじゃないか。

だからこそ、人は内面をきれいにしなくちゃダメなんだ。外面をつくろうばかりじゃダメなんだ。もし君がどうしても外面を気にして、人にきれいに見られたいのであればね。だって、全部顔に出ちゃうんだから。出てることに気がつかないのはその人だけなんだから、その意味ではこれは怖いことだよ。

さて、それなら、内面をきれいにする、精神性を高めるとはどういうことなのか、考えよう。

君は、自分のことを大事だと思うだろう。愛しているとも思うだろう。僕は自分なんか大事じゃないよ、だって自分が嫌いなんだもの。そういう君だって、そうやって文句言いながらも、自分のためにあれこれしようとしてる限りは、やっぱり自分が好きなんだ。好きじゃないという仕方で愛しているんだ。どんなにひねくれた仕方であれ、すべての人は必ず自分というものを愛しているんだ。ただ、この③愛して大事にする仕方を、必ずしもすべての人が自覚しているわけではない。

やさしいようで難しいことだからだ。

なるほど動物だって、懸命に生きようとしている限りは、自分を大事にして愛しているようには見える。［E］それは、彼らがその本能によってそうしていることであって、そのことがどういうことなのかを自覚してそうしているわけではない。自分がしていることを自覚することができるのは、それについて考えられる精神を所有する人間だけなんだ。

精神は自分を自覚する。精神としての自分を自覚するんだ。そして、精神にとっては精神よりも大事なものはないと知る。［F］、精神としての自分にとって何が大事かを考えて知ることができるのが、まさしくその精神だからだ。精神にとっては、精神こそが大事なもの、他の何ものにも換えられない価値なんだ。自分を大事にするとは、［G］、精神を大事にするということなんだ。「自尊心」、自分を尊ぶ、自分を愛するということの、本当の意味がこれだ。

④自尊心を持つ、ということと、プライドがあるということは、間違いやすい。誰も自分が大事で、プライドがあると思っているけど、それなら他人に侮辱されても腹は立たないはずだよね。なぜなら、自分で自分の価値を知っているなら、他人の評価なんか気にならないはずだから。もしそうでないなら、自分の価値より他人の評価を価値としていることになる。するとそれは［H］ではなくて、単なる［I］だということだ。

嫉妬という感情も同じリクツだ。他人が自分よりも優れているように思えて、ヤキモチを妬く。あるいは、好意を寄せている人が別の人に好意を寄せていることを妬く。でも、自分にとっては自分こそが一番なんだと知っているなら、こんな感情はあり得ないはずだよね。⑤人は、自分を愛しているから嫉妬するんじゃなくて、愛していないから嫉妬するんだ。面白いもんだね。

自己主張というのも、難しい行為だ。私はこう思っている、私はこうであるということを、他人に対して必要以上に主張することは、自信のなさの裏返しであることが多い。本当は自分で自分を評価できていないから、他人に認めてもらいたい。もしその主張に内容がないのなら、それは単なる自己ケンジ、私はこんなに内容がありませんって大声で言うなんて、すごく恥ずかしいことのはずなのに、自覚できないんだ。だからって、正しく内容のある主張なのに、それを自覚できなくて主張できないのも、やっぱり恥ずかしいことだ。

「恥ずかしい」という感覚に、もっとビンカンになるといい。君の年齢は、ある意味で、この「恥ずかしい」「恥である」という感覚に最もビンカンな時期だから、わかるだろう。もっと年齢を重ねれば、自分で自分をだます仕方も覚えるし、厚かましくもなってくる。他人からどう見られるかなんて気にならなくなって、あげく全然わからなくなっちゃうんだ。

さっきは、他人からどう見られるかを気にするのはおかしいと言った。反対のことを言っているように聞こえるけど、そうじゃない。内面が外面であるように、他人から見られているのが自分でもあるんだ。他人から見られて恥ずかしいことは、自分にとって恥ずかしいことだと、本当は人は知っているんだ。知っているからこそ、見栄を［J］、嫉妬を隠したり、大声で自己ケンジしたりするわけだ。でも、知っているなら、人は一度ははっきりと自覚するべきではないだろうか。見られて恥ずかしいことは、自分に恥ずかしい。恥ずかしい行ないはするべきではないのだと。

「卑しい」ということは、精神にとって最大の恥ずべきことだ。卑しいことは、恥ずべきことだ。卑しいということは、精神が下位のものにへつらうことだ。それを得るために自分を売ることだ。

たとえば、お金や快楽を得るためにずるいことをする。これはとても卑しいことだ。それらを得るために他人を利用する。これもすごく卑しいことだ。自分の欲得や欲望を満たすために、精神を忘れて為(な)されるすべてのことは卑しい。中でも最も卑しいことは、文字通り「卑怯(ひきょう)」ということだ。正しくないから卑劣なことだ。勇気がないから逃げることだ。人は、卑怯なことだけはするべきではない。卑怯は精神の死だからだ。卑怯によって生きノびるよりは、時には、人は死ぬことの方を選ぶべきかもしれないんだ。

極端なことを言っていると思うだろう。【　1　】それが精神だ。精神の正しさ、美しさ、その高さだ。命が大事なものであり得るのは、精神が大事なものであると自覚して生きるからでしかあり得ない。【　2　】精神が価値ではなくて、どうして命が価値であり得るだろう。なぜなら、命の価値について考えられるのは、精神があるからこそだからだ。【　3　】生きノびることそれ自体、摂食と快楽を求めるだけの生なら動物の生に等しい。動物の生に等しくてもかまわない、そう言い切れる君は、あるいは覚悟が座っているのかもしれない。それなら君は、そのような自分の生の意味について、今後一切問うことはないはずだね。【　4　】

でも、おそらくそうはゆかないだろう。すべての人間は、精神つまり言葉を所有しているからだ。言葉を所有する限り、⑥人間は問わざるを得ないんだ、「なぜ生きるのだろう」。【　5　】

命よりも精神のほうが大事だ。でも、だからと言って、これは、精神に命を賭(か)けるということとも違う。正しい仕方で精神性を全(まっと)うして死ぬというのも、それはそれで難しいことなんだ。ただ死にゃいいってもんじゃない。ある意味では、そんなのは誰にだってできることでもあるからね。その自尊心が本物なら、他人の侮辱を意に介さないように、その自尊心が本物なら、死ぬよりも先に他人に頭を下げることもできるはずじゃないか。

さあ、⑦正しく精神的であるって、けっこう難しいことだろ。でも、精神つまり目に見えない事柄のことが気になる君なら、おいおい学んでゆけることさ。今は、「名を惜しむ」という古い言い方をもうひとつ、心の隅に飾っておこう。

（池田晶子(いけだあきこ)『14歳からの哲学』より）

＊人品骨柄…人がら・人格。
＊嬉々として…よろこび楽しんで。
＊お釈迦様…仏教の開祖である釈迦牟尼(しゃかむに)への親しみをこめた敬称。

問一　══線a～jのカタカナは漢字に直し、漢字はその読みを平仮名で答えなさい。

a〔　　〕　b〔　　〕　c〔　　〕　d〔　　〕
e〔　　〕　f〔　　〕　g〔　　〕　h〔　　〕
i〔　　〕　j〔　　〕

問二　［A］に入る語として最も適当なものを、次のア～エから一つ選び、記号で答えなさい。

ア　常識語　　イ　死語　　ウ　修飾語　　エ　標語　　〔　　〕

問三　──線①「『じょうひん』『げひん』と『じょうぼん』『げぼん』とは、似てはいるけれども微妙に違っている」とあるが、「じょうぼん」な人、「げぼん」な人について、具体的に説明している一文を本文中から探し、それぞれ初めの四字を抜き出しなさい。

・「じょうぼん」な人……□□□□
・「げぼん」な人……□□□□

問四 ……線「徹B徹C」は「最初から最後まで」という意味の四字熟語である。B・Cにそれぞれ漢字を入れて、この四字熟語を完成させなさい。

徹［B］徹［C］

問五 頻出 D に入る語として最も適当なものを、次のア～エから一つ選び、記号で答えなさい。

ア うさんくさい　イ 面倒くさい
ウ 照れくさい　エ 嘘(うそ)くさい

〔　　〕

問六 ――線②「外面とは内面そのものじゃないか」とはどういうことか。最も適当なものを、次のア～エから一つ選び、記号で答えなさい。

ア 人は、見た目がすべてで外見をとりつくろえば内面もよくなるということ。
イ 人は、他の何よりも内面を磨き修養を積むことが大切だということ。
ウ 人は、内面も外面も大切でその人の意思次第でどうにでもなるということ。
エ 人は、心の中で思い考えていることが表面に出てしまうということ。

〔　　〕

問七 ――線③「愛して大事にする」とあるが、何を大事にするのか。最も適当なものを、次のア～エから一つ選び、記号で答えなさい。

ア 世界　イ 精神　ウ 他人　エ 人間

〔　　〕

問八 E ～ G に入る言葉として最も適当なものを、次のア～キからそれぞれ一つ選び、記号で答えなさい。

ア そして　イ なぜなら　ウ いよいよ　エ つまり
オ そこで　カ でも　キ もっとも

E〔　　〕 F〔　　〕 G〔　　〕

問九 難 ――線④「自尊心を持つ」ということを言い換えている部分を、このあとの本文中から十二字から十五字の間で探し、初めの三字を抜き出しなさい。

［　］［　］［　］

問十 H ・ I に入る最も適当な言葉の組み合わせを、次のア～エから一つ選び、記号で答えなさい。

ア H公共心・I対抗心　イ H道徳心・I利己心
ウ H自尊心・I虚栄心　エ H向上心・I闘争心

〔　　〕

問十一 難 ――線⑤「人は、自分を愛しているから嫉妬するんじゃなくて、愛していないから嫉妬するんだ」とあるが、その理由として最も適当なものを、次のア～エから一つ選び、記号で答えなさい。

ア 他の人を愛した相手が絶対許せないと思うと同時に自分を見失い、もうどうなってもいいとやけになっているから。
イ 自分に自信がなく、常に他人を意識し自分と比較して、周りの人々からどう思われているのかを気にしているから。
ウ いつもすべてにおいて自分が一番だと思っていたのに、自分が選ばれなかった初めての事態にとまどっているから。

エ 自分よりも他の人が愛されたことは悲しいが、相手の幸せを願うことが本当の恋だと無理に思おうとしているから。　〔　　〕

問十二 頻出 ～～線1「あげく」・2「へつらう」・3「意に介さない」のここでの意味として最も適当なものを、次のア～エからそれぞれ一つ選び、記号で答えなさい。

1 あげく
ア いよいよ
イ すぐに
ウ 益々（ますます）
エ 結局

2 へつらう
ア 気に入られるように振る舞う
イ からかわれけなされる
ウ たくみに働きかける
エ 叱咤（しった）激励される

3 意に介さない
ア 思うようにさせない
イ 気にかけない
ウ やり返さない
エ 本気にしない

1〔　　〕2〔　　〕3〔　　〕

問十三 〔J〕の中に入る最も適当な言葉を、次のア～エから一つ選び、記号で答えなさい。
ア 装（よそお）ったり　イ 隠したり
ウ 示したり　エ 張ったり
〔　　〕

問十四 頻出 次の一文を入れるのに最も適当な箇所を、本文中の【 1 】～【 5 】から一つ選び、番号で答えなさい。

でも、人間には命よりも大事なものがある。

〔　　〕

問十五 ――線⑥「人間は問わざるを得ないんだ」とあるが、何を問うことになるのか。「……を問うこと」に続くように、本文中から七字で抜き出しなさい。

□□□□□□□を問うこと

問十六 難 ――線⑦「正しく精神的である」とあるが、このことと最も対極にあると筆者が主張していることはどういうことか。本文中から適当な熟語を抜き出しなさい。

〔　　　　〕

問十七 新傾向 この文章につける題名として最も適当なものを、次のア～エから一つ選び、記号で答えなさい。
ア 品格と名誉　イ 品位と名声
ウ 品行と名望　エ 品性と名士
〔　　〕

04 次の文章を読んで、あとの問いに答えなさい。（東京・早稲田実業高）

「コミュニケーション感度がよい」というのは、当世風の言い方をすれば「空気が読める」ということである。いささか術語的に言えば、「非言語的シグナルの読解力が高い」ということになる。

私たちが通常発している言語的メッセージは、それをどのような「文脈」において読むかで解釈可能性が大きく変わってくる。

「昨日なんで帰ったの？」という問いかけが、「[1]」にかかわる問いであるのか「[2]」にかかわる問いであるのかは、語義的な水準だけからは判定できない。それがどのような文脈で、どのような表情で、どのような声質で発されたものか、それらの非言語的な与件を総合してはじめて私たちは言語的メッセージの「読み方」を特定することができる。

「メッセージの読み方を指定するメッセージ」は「メタ・メッセージ」と呼ばれる。

メタ・メッセージは非言語的なかたちで発信される。それを適切に受信した人間は過[a]たずメッセージを解釈することができるし、受信につまずく者は、①「暗号解読表抜きで暗号を解読する」に類する仕事を引き受けなければならない。だから、非言語的シグナルの読解能力の良否は、端的にその人の社会的能力評価に直結することになる。「一を聞いて十を知る」というのは、相手が言葉で説明するに先んじて、文脈を察知する能力のことである。

だが、この非言語的シグナルの受信能力の向上のために、現代日本の学校教育はほとんど教育的リソース*を投じていない。②いや、むしろ少なからぬ数の教師たちは、非言語的シグナルの受信能力の育成を阻害することに与(くみ)しているとさえ言わねばならぬであろう。

それは③「教師の発するシグナルをどう読解しても罰する」というソリューション*を採用するというかたちで表れる。

これはグレゴリー・ベイトソンが「ダブル・バインド」（二重拘束）と名づけたコミュニケーション失調をもたらす条件づけのことである。

例えば、試合に負けたあとに監督が選手たちに「どうして負けたのかわかるか？」と訊(き)くような場合がこれに当たる。選手たちはこれに正解すれば罰せられ（「なぜ、負ける理由がわかっていながら負けたのだ」）、もちろん誤答しても罰せられる（「エースが大殺界*だったからです」というような答えを監督は決してキョヨウ[b]しない）。どう答えても叱責(しっせき)されることがわかっている場合、選手たちはうつむいて無言のままこの心理的な拷問に耐えることを学ぶ。

このように、メッセージをどう読んでも罰することができるというコミュニケーションの条件づけは、その場に非対称的な権力関係を打ち立てようとする「上位者」にはきわめて有利である。だから、短期的に権力関係を構築したり、指揮系統を明確にすることを望む人は、しばしば戦略的にダブル・バインドを採用する。

ダブル・バインドがもっとも活用されるのは新兵訓練の場である。「民間人」のフレームワークを瞬間的に叩(たた)き壊し、「この場所では自分の知っているロジックは通じない」という現実を思い知らせるためには、質問にどう回答しても「誤答」として処理するコミュニケーションがもっとも効果的であることを新兵訓練係の軍曹たちは熟知している。学校においても、経験の豊かな教師は、教室に入った最初の時間に、生徒がどう答えてもすべて誤答であるようなトリッキーな問いを向けることが以後の教室管理上有効であることを知っている。

しかし、使い方を誤ると、ダブル・バインドは仕掛けられる生徒の側のコミュニケーション受信能力にしばしば致命的な損傷を負わせることになる。メッセージを適切に判定しても、不適切に判定しても結果が変わらない場合、人間は「メッセージを適切に読む」という動機づけそのものを損なわれるからである。

受信したメッセージがリテラル*な表現なのかメタフォリカル*な表現なのかが識別できなくなるのはその典型的な徴候である。病状が進行すると、本人自身も「わけのわからないメッセージ」を発信するようになる④（本人にはそれこそが「メッセージ」のあるべきかたちのように思えてしまうからである）。やがて何を聞いてもそこに自分を侮辱したり、脅迫したりする「隠された意味」があると思い込んだり、メッセージの解釈作業そのものを放棄し、何を言われても耳をふさぎ、固く身を閉ざして、外部の世界に関心を向けることを止めるといった末期的な病像を呈することになる。

現在、私たちの社会にはこのタイプのコミュニケーション失調症候を病んでいる人々が少なくない。私はこれを、非言語的シグナルを受信し解読する能力の開発不良あるいは、その能力の組織的破壊に起因するものと考えている。このサボタージュは、私の見るところ、全社会的なスケールで進行している。

例えば、若い人の間でよく見られる⑤「逆ギレ」という現象は、一方が他方を（待ち合わせに遅刻したとか、約束を忘れたとかの理由で）叱責したり、批判したりしているうちに、責められている側が謝罪の構えをいきなり放棄して、激しい反撃に転じるソリューションである。

この事例は親しい友人同士や恋人同士においてとりわけ頻繁に観察される。待ち合わせに遅れた友人や恋人を叱責するのは、「早く会いたい」という欲望が前件にあったからである。来ても来なくてもどうでもいい人間が遅刻しても、それほど腹は立たない（というか待たない）。叱責が執拗（しつよう）になるのは、相手の不在に対する欠落感がそれだけ大きかったということであり、それは一種の「愛情表現」である。しかし、叱責する側は他責的な構文と音質でフレーズを機械的に発しているうちに、その不満がほんらい相手に対する強い愛情や固着から生じたものであるという自分自身の「感情の起源」を失念する。その一方、責められている側は、それが愛情や欲望を伏流させていることを読み落とし、これを単なる「叱責の言葉」としてリテラルに解釈し、それが数分間の遅刻に対するペナルティとしては度が過ぎるという判断に基づいて、「謝罪しすぎた」分の不快感を回復すべく、一気に反攻に転じて「逆ギレ」することになるのである。

コミュニケーション不調は、ここに典型的に見られるように、コミュニケーションの当事者双方が「文脈が読めなくなる」ことに徴候化するのである。

文脈というのは「流れ」のことである。「流れ」というのは、「行く河の流れは絶えずしてしかも元の水にあらず」と言われるとおり、そこにあったものがなくなり、そこになかったものが現れるという端的に時間的な現象である。

文章を読む場合、私たちは一つのセンテンスを読みながら、その前のセンテンスを記憶にとどめ、今読んでいるセンテンスに論脈上あるいは語調上連接しうるセンテンスをいくつかあらかじめ期待している。「文脈を読む」というのはそういうことである。直前のセンテンスをすぐ忘れてしまう読み手も、続くセンテンスを予知しえない読み手も、ともに今読みつつあるセンテンスの意味を理解することができない。私たちが今眼前にあるものが何であるかを知りうるのは、過去と未来に拡（ひろ）がる「地平」の上にそれを置く限りにおいてである。「過ぎ去ったもの」と「未（いま）だ来たらざるもの」はいずれも今ここにはない。だが、にもかかわらずそれをｃカンジョウに入れないと、私たちは「今ここにあるもの」が何であるかを言うことができない。「文脈を読む」というのは、いわば「[3]聞こえない音」の残響が[4]聞こえ、「[5]聞こえない音」の予兆が[6]聞こえるということである。それは「もうないもの」と「まだないもの」を現在の知覚野に隣接させておくことである。私は「どこ」から、どういう経路をたどって「ここ」にたどりついたのか。このまま進むと私は「どこ」にたどりつくことになるのか。そういう、ある程度の時間的＊スパンの中で、運動しつつあるものとして自己を認識すること。私はこれを「時間的マッピング」と呼んでいる。

「空間的マッピング」が、自分と自分を含む風景を想像的な鳥瞰（ちょうかん）的視座から見下ろすことであるのに対して、「時間的マッピング」とは、いわば現在を「交響曲のある楽節のある楽音」のようなものとして聴くことである。交響曲の楽音はそれを単独に取り出しても意味を持たない。それはそこまでの楽音全体の記憶と、これから展開するであろう楽想への期待の中に置かれてはじめて意味を持つ。楽音の意味や価値や美しさを空間的に表象することはできない。それは「もう聴こえない音」と「まだ聴こえない音」の間を＊遊弋（ゆうよく）するときにのみ存立しうる何かなのである。

そして、私はこのような時間的な流れの中に適切に身を処しうる能力を「文脈を読む力」、その語の本来の意味における「コミュニケーション能力」ではないだろうかと考えているのである。

不快な環境にさらされている人々は、身辺に渦巻く非言語的なシグナルの着信を拒否することで自己防衛を果たそうとする。その努力は「先ほどまでここにあったもの」のことをできるだけ早く忘れ、「これから到来すること」をできるかぎり予知しないことをめざしている。感覚遮断というのは、時間的現象に即して言い換えると、「そういうこと」である。⑥「今」という時間の厚みをぎりぎりまでそぎ落とすということである。

（内田樹（うちだたつる）『態度が悪くてすみません』より）

＊リソース…資源。
＊ソリューション…解決策、手段。
＊大殺界…占いで、何をするにもよくないとされる運気の流れのこと。
＊リテラル…文字通りの。
＊メタフォリカル…隠喩的。
＊スパン…ある時間の幅。
＊遊弋…あちこち動き回ること。

問一 ══線aの読みを書き、══線b・cのカタカナを漢字に直しなさい。

a〔　　〕 b〔　　〕 c〔　　〕

問二 [1]・[2]に入る最も適当な語句を、次のア～クからそれぞれ一つ選び、記号で答えなさい。

ア 理由　イ 挨拶　ウ 関係
エ 結論　オ 帰宅時間　カ 旅行先
キ 交際相手　ク 交通手段

1〔　　〕 2〔　　〕

問三 新傾向 ──線①「暗号解読表」が表している意味内容と直接関係のないものを、次のア～カから一つ選び、記号で答えなさい。

ア メタ・メッセージ　イ 語義的な水準　ウ 表情
エ 声質　オ 非言語的シグナル　カ 文脈

〔　　〕

問四 ──線②「いや、むしろ少なからぬ数の教師たちは、非言語的シグナルの受信能力の育成を阻害することに与している」で、「少なからぬ数の教師たち」が「非言語的シグナルの受信能力の育成を阻害することに与している」のはどういう目的によるのか。そのことを説明した次の文の□に入る五字以上十字以内の語句を文中から抜き出しなさい。

生徒との間に［　　］をつくり出すため

［　　　　　　　　　　］

問五 ——線③「『教師の発するシグナルをどう読解しても罰する』というソリューション」は、なぜ——線②「非言語的シグナルの受信能力の育成を阻害することに」なるのか。その理由を説明している一文を抜き出し、その最初の六字を答えなさい。

［　　　　　　］

問六 **難** ——線④「本人にはそれこそが『メッセージ』のあるべきかたちのように思えてしまう」とあるが、「『メッセージ』のあるべきかたち」とはこの場合どのようなものか。その説明として最も適当なものを、次のア〜オから一つ選び、記号で答えなさい。

ア ダブル・バインド的なメッセージ
イ メタフォリカルなメッセージ
ウ 文脈を逸脱しているメッセージ
エ メタ・メッセージに即したメッセージ
オ 前後の流れを踏まえたメッセージ

［　　］

問七 ——線⑤「『逆ギレ』という現象」について述べた次の文章の【　　】に入る十二字の語句を文中から抜き出し、［A］〜［F］に入る最も適当な語句を、あとの**ア**〜**エ**からそれぞれ一つ選び、記号で答えなさい（同じ記号には同じ語が入る）。

待ち合わせに際して、待たされた人が待ち合わせに遅れた友人や恋人に対して強いいら立ちを覚えるのは［A］からである。待たされた人間の遅れた人間に対する激しい叱責は【　　　　】に起因しているのである。待たされた人間が相手に対して遅れてきたことを夢中になって一方的に責め続けていると、つい自分の言動における「感情の起源」すなわち［B］が、その言葉から失われてしまう。

執拗に一方的に叱責されている遅れてきた友人や恋人の方は、自分が責められているのは相手の自分に対する強い［B］のゆえであること［C］、相手の言葉をどうしても［D］ことになってしまう。そうなると、相手の言葉は［E］ことに対する代償としては重いしくどいと感じざるを得なくなるし、相手のせつない気持ちを感得することができなければ、［F］ことも無意味なことだったと感じられ、ついには「キレ」てしまうのである。

A
ア その友人や恋人に何度も待たされているという経験が前件としてある
イ その友人や恋人に会うことによって得られる喜びや満足に対する期待が大きい
ウ その友人や恋人と今日会わなければ問題が解決しないということが与件となっていた
エ その友人や恋人が到着するまでの時間があまりにも長かったという理由があった

B
ア 不満や固着
イ 怒りや激情
ウ 愛情や欲望
エ 失望や落胆

C
ア をうすうす感じてはいても
イ には気づくことなく
ウ を十分了解しているからこそ
エ からは目をそらしたくて

D
ア 非言語的情報として解釈する
イ リテラルなものとは考えられない
ウ 語義的な水準でしか理解できない
エ メタ・メッセージとして受け取る

E
ア 相手を待たせた
イ 謝罪しすぎた
ウ 相手に怒られた
エ 謝罪を放棄した

F
ア 時間を間違えた
イ 早く会いたいと思った
ウ 必死に走ってきた
エ 相手に謝罪した

【　】に入る語句

A～Fに入る記号

A〔　〕 B〔　〕 C〔　〕
D〔　〕 E〔　〕 F〔　〕

問八 ◆頻出 3 ～ 6 に入る語の組み合わせとして最も適当なものを、次のア～オから一つ選び、記号で答えなさい。

ア 3 まだ 4 もう 5 まだ 6 もう
イ 3 もう 4 もう 5 まだ 6 まだ
ウ 3 もう 4 まだ 5 もう 6 まだ
エ 3 もう 4 まだ 5 まだ 6 もう
オ 3 まだ 4 もう 5 もう 6 もう

〔　〕

問九 ――線⑥「『今』という時間の厚み」とはどういうことか。そのことを説明した次の文の G ・ H に入る漢字二字の語を、文中から抜き出しなさい。

G を記憶にとどめ、 H を予知し、期待すること

G
H

05 次の文章を読んで、あとの問いに答えなさい。

（愛知・東海高）

日本ばかりではなくどの国にも共通してみられる現象として、民族、国家、血筋というテーマは多くの国民をエキサイトさせる。日本には少数民族としてアイヌの人々等がいるが、日本は単一民族、単一文化、単一言語の国であると単純に思いこんでいる日本人も多い。そうした意識が根強く残り、また民族、国家、血筋というテーマが人々の感情を容易に高揚させ得るセンシティブ*な題材であることを考えると、日本国内に移り住む異なる民族の人々の文化を尊重し、その多様性を活(い)かしながら豊かな日本社会を作ろうとする多文化共生の活動も、場合によっては日本社会のエートス*の根幹にナイーブ*に踏み込むものであると受け止められかねない。

多文化共生の議論の根底には単に外国人にとっての住み易(やす)さを追求するだけではなく、日本社会のこれまでのあり方の転換を迫る要求が込められている。①人々の慣れ親しんだ日本という国、社会についての思いやイメージの転換を図るものであるとすれば、それはもとから容易なものではない。異文化共存の理想社会のあり方を説くだけでは、在住外国人の生活の改善が行われないのと同様に、日本人の心からの納得が得られるものでもない。

多文化社会のもう一つ重要な点は、②日本社会の規範の転換を促そうとしていることである。それは戦後の日本社会が最も重要な規範としてきた効率性の追求である。日本は狭い国土の中で豊富な労働力を集中的に活用することで経済発展を遂げてきた。日本の経済成長の基本原理は効率をいかに高めるかという点である。人口が高密度に集中した東京はその基本原理がaニョジツに現れた都市である。ラッシュアワーの東京の各駅には数分おきに電車が到着し、多くの乗客を吐き出すや否や、新たな乗客を吸い込んで出発する。電車が数分遅れただけで、プラットフォームには人があふれ出し、電車の運行は乱れ始める。もしラッシュアワー時に、障がい者が車いすで乗り込んだり、妊婦や小さな子ども、高齢者がそれぞれのペースで乗車しようとすれば、［A］そのシステムは機能しなくなる。人々が機械のように機能的に動くことを前提として、効率性を極限まで追求したデリケート*なシステムの上に、現在の日本の社会と経済は成り立っている。

効率化は大都会の交通網だけではなく、職場、学校、さらにはbイリョウ現場でも貫かれる基本的な原理である。日本語がわからない外国人、あるいはシステムに馴(な)れていない外国人は、日本の効率化をcソガイする要因として、多くの日本人の目には映る。日本人だけが働く多忙な職場に日本語ができない外国人が一人入るだけで、職場の人間に共有されている暗黙の了解事項が理解されず、とたんにぎくしゃくし始める。学校では日本語のわからない外国人生徒に教師がdテイネイに説明を始めると、他の日本人の生徒の授業が進まない。病院では病気にかかった外国人に外国語で詳しい説明を行える医師がおらず、仮にそれを始めれば、他の日本人の患者の診察がeトドコオってしまう。

多文化共生の根底には個々人の価値観やライフスタイルの尊重があると考えられるが、それに取り組むことは、本質的に現在の日本社会の土台である効率優先の思想を再考することに直結することを、理解しなければならない。

多文化共生に関わる人々の間で少しずつ、③外国人を受け入れることと、障がい者についてのノーマライゼーションとは相似形ではないかという認識が生まれている。ノーマライゼーションは障がい者を隔離したり特別扱いするのではなく、健常者と肩を並べて普通に暮らせるような社会づくりをめざすものといえる。外国人を受け入れることは、外国人にかぎらず効率化の波に乗ることのできない人間をも受け入れることのできる、「許容度の大きい社会」に結果として結びつく。しかし、現実には許容度の大きな社会と機能の効率化を徹底的に追求した現在の社会システムの両立は、容易ではない。

以上のように、多文化共生は外国人の受け入れをめぐる機能的、技術的な課題の解決だけで終わるものではない。多文化共生を推し進めれば、当然、日本社会を動かす原理の根本的な部分の修正を求めるべきか否かという問題につきあたる。修正をした結果、[B]一時的に現在の効率が低下することも十分考えられる。しかし、そうしたことの理解が多文化共生を促す人々の間にあるのか、また彼ら自身がそれを理解し必要と考えたとしても、一般市民に対してどのようにその理解を迫ればよいのであろうか?

日本が今、多くの課題に直面をしているとすれば、それは日本を成功に導いた原理自体が行き詰まりを示しているとも考えられる。すなわち、効率性の追求はさまざまな経済的な恩恵をもたらした反面、多くの非人間的な側面をその副産物として生みだしてきた。一方、経済発展よりも一人ひとりの暮らしを大切にする考えは現代社会へのアンチテーゼ*といえるが、しかし、④それは一定レベルの経済基盤が土台になければ空論に堕してしまう。より豊かな生活を導くためにそのバランスをどうとるべきかは個々人の価値観、世代などによって大きく異なり、コンセンサス*は得られていない。

多文化社会に話をもどせば、多文化社会そのものは選択の問題ではなくなりつつある。日本には移民政策があるとはいえないが、どのような政策をとるか否かにかかわらず、現実に外国人は増加を続けており、その数は増加し続けていくと考えられる。他の先進国が多くの課題を抱えながらも、社会システムの維持に不可欠な存在として外国人を受け入れている現状をみると、未曾有（みぞう）の高齢化と人口減少に悩まされる日本にとって、⑤合理的に考えれば、彼らを受け入れないという選択肢は残されていない。残されているのは、どのように受け入れるかという問題である。

重要なことは、他国に移動しようとする外国人にも[C]があることである。自国を出る場合、日本が他国より魅力的でないとすれば他国に行ってしまう。そうなれば日本に来る人間がいなくなるかというとそうではない。結果として日本しか選べない人々が日本に集まって来ることになる。そのことは日本の社会にとって必ずしもよいこととはいえない。すなわち、無策であれば外国人の流入が止められないばかりか、より混迷した状況を招きかねない。よりよい結果を導こうとすれば日本に積極的な姿勢が求められるということである。

（毛受敏浩（めんじゅとしひろ）『多文化パワー」社会』より）

＊センシティブ＝慎重に扱われるべきである。　＊エートス＝気風、社会精神。
＊ナイーブに＝無邪気に。　＊デリケートな＝精緻（せいち）な、こわれやすい。
＊アンチテーゼ＝対立する主張。　＊コンセンサス＝合意。

問一　━━線a～eのカタカナを漢字に直しなさい。

a〔　　〕　b〔　　〕　c〔　　〕
d〔　　〕　e〔　　〕

問二　[A]・[B]に入る最も適当なものを、次のア～カからそれぞれ一つ選び、記号で答えなさい。

ア　いずれにしても　　イ　うかつなことに
ウ　運よく　　エ　少なくとも
オ　必ずしも　　カ　とたんに

A〔　　〕　B〔　　〕

問三　――線①「人々の慣れ親しんだ日本という国、社会についての思いやイメージ」とあるが、ここでいう「思いやイメージ」に該当する個所を、「…という思いやイメージ」に続くように二十五字以内で本文中から抜き出しなさい。ただし最後の五字で答えること。

□□□□□という思いやイメージ

問四　――線②「日本社会の規範」とは何か。本文中にある六字一続きの語句で答えなさい。

□□□□□□

問五　――線③「外国人を受け入れることと、障がい者についてのノーマライゼーションとは相似形ではないか」とあるが、どういう点で似ているのか。「…という点で」に続くように、二十五字以内で本文中から抜き出しなさい。ただし最後の五字で答えること。

□□□□□という点で

問六 難　――線④「それは一定レベルの経済基盤が土台になければ空論に堕してしまう」とあるが、これはどのようなことを述べているのか。簡潔に説明しなさい。

〔　　　　〕

問七　――線⑤「合理的に考えれば」とあるが、この場合、「合理的に考える」の逆であるのは次のうちどれか。最も適当なものを、次のア～オから一つ選び、記号で答えなさい。

ア 感情的な反応を大切にする。
イ 功利的な計算を優先する。
ウ 経験的な知識で判断する。
エ 道徳的な責任を重んじる。
オ 理想的なあり方を追求する。

〔　　〕

問八　C に入る最も適当なものを、次のア～オから一つ選び、記号で答えなさい。

ア 既得権　イ 拒否権　ウ 選択権
エ 生存権　オ 交渉権

〔　　〕

問九 難　本文筆者の見解に最も近いものを、次のア～オから一つ選び、記号で答えなさい。

ア 日本で働く外国人が日本の社会に同化しやすいよう、日本語や日本の慣習などを学習する機会を保障したり、近在の日本人が外国人と積極的に交流して彼らが地域社会に溶け込めるようにしていくことが必要である。

イ 誰にも自分の民族や国家は大切なものであるから、外国から来て日本で働いても一定期間の後には安心して自国に戻って暮らせるよう、日本と当該国とで継続できる社会保障のシステムを作っていく必要がある。

ウ　言語や文化はそれぞれの人にとってきわめてセンシティブなものであるから、日本に暮らす外国人が自文化を大切にできるコミュニティをもてるように、同一性を求める日本人の考え方を変えていく必要がある。

エ　人口減少時代の日本では、優遇策をとることで社会の発展に有益な外国人を日本に引き寄せる一方、日本人の血筋を乱し日本文化を損なうような外国人の流入を防ぐために入国管理を厳格なものに変えていく必要がある。

オ　人口減による社会の衰退を防ぐためにも外国人の流入を歓迎し、日本とは異なった文化的特質や生活様式をも尊重して、彼らの力も生かせるような社会に変えていくための合意を日本人の間で作り上げていく必要がある。

〔　　　〕

06　次の文章を読んで、あとの問いに答えなさい。（東京学芸大附高）

哲学にとって「身体」は、重要なテーマであると同時に、常にやっかいな位置をシ[a]めてきた。

デカルト[*]が近世哲学の出発点を「われ思う故にわれあり」に設定したとき、精神（心）こそが私の私たる所以（ゆえん）とされ、身体は自動機械のようなものとして、いわば置き去りにされてきた。意識、精神こそ人間の本質であり、身体はせいぜいその容れ物（いれもの）にすぎないことになる。だから、二十世紀になると身体の、フッケン[b]が哲学の分野でもわざわざ声高に叫ばれるようになる。（中略）

だが二十世紀においては精神による身体の疎外とはまた別の意味での、身体の疎外が始まったともいえる。いま述べたデカルト的意味[①]（これを「デカルト的身体疎外」とでも呼んでおこう）とは違った意味で、二十世紀後半から身体の疎外が急速に進行したのである。それはすなわちコンピュータとコンピュータ・ネットワークによって、人間存在全体のうち、脳の部分、神経系の部分だけが急激に拡張するという事態である。インターネットというコンピュータ・ネットワークはいわば、人間の身体性の側面を置き去りにして、神経系のみを拡張するものである。私はネットワークの網の目の一点となり、身体なしで、パリのルーブル美術館とつながり、世界中の他者とつながる。

こんな中で、われわれの神経系と、生命として存在している身体性の間の齟齬（そご）[*]が、きわめて加速度的に起こってきた。それに伴い、近年[②]では、癒し（いやし）や呼吸、スローライフなど、生命体、生物体として、環境の中に存在している私という身体的側面に目を向けなければ、にっちもさっちもいかなくなるという状況が生じてきた。これが二十世紀の最後の状況である。これを「電脳的身体疎外」と呼ぶことにすれば、デカルト的疎外と電脳的疎外の二つが、二十世紀末の身体的状況だったといえるだろう。

[A]、二十世紀後半の人間観、つまり、私と身体をめぐるあり方を一番はっきりと表現していたのは生命倫理の問題群であろう。この中から、「生命倫理」的な発想が一番特徴的に表れている「自己決定権」という考え方を取り出してみよう。

私の身体に関しては、私が決定権を持っている。つまり、私の身体は私のもの、である。私の死後、あるいは私が脳死になったときに、私の体はドナーとして臓器を誰(だれ)かに提供することができる。それについては現在いろいろな議論があるが、臓器提供*は、私のドナー・カードによって私がその意思を表明したときのみに限るというのが、少なくともこれまでの社会的合意事項だ。私の身体を私が支配し、それについての決定権を有しているのは、ほかならぬ私である。

ここに特徴的に表れているように、二十世紀後半においては、私の身体は、私という意識に支配され、それに従属しているとされる。そうすると重要なのは、私の内面、主体的な私、責任を持つことができる私、これらが私の私たる所以だということである。

[B]、犯罪において心神耗弱状態や責任を持って判断できないような人格は、裁判で罪を問えず、無罪になるわけである。私の本体とは私の意識であり、私がどう考えていたか、主体的にどう思うかということが私の「私(わたし)たる所以」であった。それが③二十世紀を特徴づけた「私(わたし)観」であった。

[C]、二十一世紀に発達したバイオメトリックス認証*というテクノロジーは、私の気づかないところで、私が私であることを、たとえば、顔の形から判定してアイデンティファイ*する。あるいは私の静脈の形から判定して、私が私であることをアイデンティファイする。目の虹彩(こうさい)の形から判定して、私が私であることをアイデンティファイする。私の意識がどう思うかということとは無関係に、私のモノとしての身体にデジタル・テクノロジーが聞いて、そこで勝手なcコウツウを行っているのである。そこで取り決めが完了する。私の意識というものを経由しないで、私が私であることが決められていく。

つまり、二十一世紀の新たなテクノロジーによって、〈私と身体〉をめぐる問題に、心と身体(デカルト的)、神経系と身体(電脳的)、というdワク組みの他に、さらに複雑な、奇妙な次元の問題が持ち込まれようとしている。それは非常に意外なことではあるが、④「物質としての身体」が逆に〈私〉を置き去りにして独り歩きを始めようとしているという問題である。

意識としての私が身体を疎外してきたのだとすれば、今度は、奇妙な形で身体が私を逆に疎外し始めるかもしれないということである。別の言い方をすれば、デジタル・テクノロジーが、私の心や意識とは無関係に、私の身体を絡めとっていこうとしている事態が起こっているということである。端的にいえば、私が私であるのは私の身体によってである、という事態が生じ始めているということだ。(中略)

eクり返して確認しておくが、「身体の疎外」というとき、普通は意識や心が「身体を疎外」するわけである。意識中心のデカルト的な「私」においては私の意思のほうが重要で、それが身体を疎外してきたから、身体を回復しようということだ。しかし「身体〈の〉疎外」の〈の〉は、[D]を表す「の」だ、と考えれば、これは身体が私を疎外していくという意味にとれる。デジタルの眼(め)と合体した私の身体は、私を結果的に疎外していくという構造になっているのである。

たとえば、脳科学*の進展にはすさまじいものがある。いま脳科学が目指しているのは、私の意識内容や判断内容を外側から脳反応として見ることである。さまざまなテクノロジーを使って、リアルタイムで私の脳の状態を見ることによって私の意識を測ろうという方向へ急激に進んでいる。

脳は物質、身体の一部であり、脳という身体を見ることによって、私を測ろうとするということである。だから、本当に逆転なのである。私が身体を支配し、疎外する、そんな「私」が主語なのではなく、デジタルの眼を通した「身体」が主語になり、身体がデジタルの眼と結託して主導権を握っていく。そういう時代に入りつつあるのかもしれない。

（黒崎政男『身体にきく哲学』より）

＊デカルト…十七世紀フランスの哲学者。
＊齟齬…くいちがい。
＊現在…この文章は二〇〇五年に書かれたものである。
＊バイオメトリックス認証…指紋や眼球の虹彩、声紋などの身体的特徴によって本人確認を行う認証方式のこと。
＊アイデンティファイ…同一（本人）であると確認すること。

問一 ＝＝線a～eのカタカナを漢字に直しなさい（一点一画を正確に書くこと）。

a〔　　〕 b〔　　〕 c〔　　〕
d〔　　〕 e〔　　〕

問二 ――線①「精神による身体の疎外とはまた別の意味での、身体の疎外」とあるが、それを端的に表現した語を、本文中から七字で抜き出しなさい。

□□□□□□□

問三 ――線②「近年では、癒しや呼吸、スローライフなど、生命体、生物体として、環境の中に存在している私という身体的側面に目を向けなければ、にっちもさっちもいかなくなるという状況が生じてきた」とあるが、なぜ「身体的側面に目を向けなければ」ならないようになったのか。その説明として最も適当なものを、次のア～オから一つ選び、記号で答えなさい。

ア　コンピュータ・ネットワーク時代は、精神を重視するあまり身体を軽視する傾向があるため、自然の中に身を置く本来のあり方が求められているから。
イ　コンピュータ・ネットワーク時代は、精神こそが人間の本質であり、肉体はせいぜいその容れ物にすぎないという考え自体が見直されてきているから。
ウ　コンピュータ・ネットワーク時代は、神経系の部分だけが急激に拡張するあまり身体がないがしろにされ、生命としての危機を感じはじめているから。
エ　コンピュータ・ネットワーク時代は、網の目の一点として世界中の他者と関係をもつことで、常に緊張を強いられるために神経が疲れきっているから。
オ　コンピュータ・ネットワーク時代は、世界中の他者とつながることで私たちは常に誰かから監視されているような不安をいだき、神経を消耗するから。

〔　　〕

問四 頻出 A ～ C に入る語の組み合わせとして最も適当なものを、次のア～オから一つ選び、記号で答えなさい。

ア〔A また　B なぜなら　C しかし〕
イ〔A さて　B したがって　C さらに〕
ウ〔A たとえば　B つまり　C ところで〕
エ〔A ところで　B だから　C ところが〕
オ〔A それゆえ　B 要するに　C さて〕

〔　　〕

問五 難 ――線③「二十世紀を特徴づけた『私（わたし）観』」と、……線のデカルト的な「私」観との関係を述べたものの説明として最も適当なものを、次のア～オから一つ選び、記号で答えなさい。

ア 私の本質は私の意識にあり、身体はそれとは全く別の独立したものであると考える点において両者は同じである。

イ 私の本質は私の意識にあると考え、身体は意識に付随していると考える点においては両者は共通性を持っている。

ウ 意識・精神としての私という存在を、身体が支配し従属させると考える点においては両者は共通性を持っている。

エ 私の意識を神経と考えるのが二十世紀の「私」観であり、心と考えるのがデカルト的「私」観で、両者は異なる。

オ 私の身体が、意識に支配されていると考えるか、自動機械のようなものだと考えるかで、両者は本質的に異なる。

〔　　〕

問六 難 ――線④「『物質としての身体』が逆に〈私〉を置き去りにして独り歩きを始めようとしている」とあるが、それはどのような意味か。その説明として最も適当なものを、次のア～オから一つ選び、記号で答えなさい。

ア 私の意識・意思の関与なしに、私が私であることの決定権を身体が持とうとしている。

イ 身体の重要性が強調されるあまり、自己決定権を軽視する風潮が見られはじめている。

ウ 精神と身体の関係が見直されて、身体が意識を支配していることが証明されつつある。

エ テクノロジーの発達が、私の意思とは関係なく私の意識内容の観察を可能にしている。

オ テクノロジーの発達が、身体を使うことによる私が私であることの証明を容易にしている。

〔　　〕

問七 頻出 D に入る語として最も適当なものを、次のア～オから一つ選び、記号で答えなさい。

ア 対象　イ 逆説　ウ 作用

エ 並列　オ 主体

〔　　〕

問八 本文の内容と合致するものを、次のア～オから一つ選び、記号で答えなさい。

ア 身体なしで成立しているように思われてきた哲学は、コンピュータ・ネットワークの発達がもたらす身体の疎外という点で再考を迫られている。

イ 哲学や思想の世界で、〈私〉とは私の意識が主であり身体はその容器と見なされてきたことが、バイオメトリックスという技術で証明された。

ウ コンピュータ・ネットワークの発達により、劇的に拡張された神経系と生命としての身体との齟齬が加速度的に起こり、注目されるようになった。

エ モノとしての私の身体とデジタル・テクノロジーが結びつくことで、私の意識を経由しないで私が私であることを決定する社会が望まれている。

オ 臓器移植に見られる自己決定権という考え方は、〈私〉という意識がデジタル・テクノロジーと勝手に結びつけられた結果、意味を失いつつある。

〔　　〕

07 次の文章を読んで、あとの問いに答えなさい。（兵庫・関西学院高）

太古の時代、ものは少なかった。食べ物は最も重要なものであるが、余分に捕れるということはあまりない。保存出来るものはいいけれど、保存出来ないものは、その場で消費するしかない。消費する量は決まっているから、捕りすぎるということもしない。大体、木や石で作った道具しかないから、多く捕れるといっても、たかが知れている。自分たちに必要な量を守って暮らす。深い［Ａ］である。自然環境に大変優しい社会である。

そんなふうだから、貴重なものである食べ物は、みなで分けあうというのが、基本的な原則だったに違いない。誰が捕ったにしても、その獲物が捕った誰かに[a]キゾクするわけではなく、分配されて、みなが食べた。優れた狩人は、みなの尊敬を勝ちうることで満足する。①物語を作って賞賛されるという栄誉を担う。物質的に、優れた狩人が物持ちになるということはない。獲物はみなのもの、自然から贈与されたもの、誰のものでもなく、自然の所有するものだった。②優れた狩人は、自然の敵ではなく、自然に愛された人である。

南太平洋にはポットラッチという[b]シュウゾクがあって、たまたま物持ちになってしまった人は、あるときに全財産をいっせいに分け与えるということをするらしい。平等なのである。珍しくて[c]フシヨクしない美しい貝や石は、一族を代表する長老の下に集められるけれど、それは今で言えば公共博物館のようなものであり、死ねばほかの長老が引き受けていく。個人の所有のようでいて、実はそうではない。

このような生活が、約二十万年前と言われるアフリカのホモサピエンス誕生からつい最近三千年ぐらい前まで続いた。五万年前と思われる言語の誕生により、ホモサピエンスの歴史は大きな変化をこうむるが、それからでも、約四万七千年続いている。約二十万年の人類のほとんどの暮らしはこのようであり、人々はその中で生まれ、死んでいった。そのくり返しの中で、大きな変化を求めない。変化したくないということは、それで十分に安定していたということである。③それが極めてまっとうな暮らし方だったのだ。

私たちの暮らしている現代社会は、変化することがいいことであると思われる世界だが、今の生活に満ち足りていない者は変化を求める。変化を求めるのはその意味で今が不幸であることの証でもある。しかし、この変化には到達点がない。どこまで行っても、その先により便利で幸せな生活が待っているような気がしてしまう。一度変化し始めたら、走らなければ倒れてしまう自転車のように、休みなく前進せざるを得なくなる。④死の螺旋（らせん）運動である。

だから、ホモサピエンスが発明した最も優れた生き方は、実は、このような変化のない安定した太古の生活だったのではなかろうか。現在でも、このような生活を営んでいる人々がいて、世界の各地に無文字社会として残っている。日本でも北海道でつい数百年前までそのような暮らしをしていた人々の偉大な営みを見ることが出来る。

しかし、三千年くらい前に、人類は鉄を発見する。鉄は木や石に比べてはるかに細工しやすく丈夫で鋭い。鉄器の使用によって、ヒトは大量の食料を得ることが出来るようになってしまう。これは人類の生活にとって革命的な変化であり、核爆弾の発明よりも大きな変化をもたらした。鉄を持っている部族は、鉄を持たない部族よりも圧倒的な優位に立つ。狩（かり）の道具として、農耕の道具として、人を殺傷する武器として、鉄は大変に強い。鉄を持たない部族は、鉄を持つ人々に従い、今までは顔見知りの範囲を出なかった長老というリーダーは、顔を見たこともない中央にいる王の下に支配されることになる。また、鉄を持たない人々は、鉄を求めて不利な[d]コウエキを始め、やがて安定した暮らしを捨てて、救いのない永遠運動の渦に巻き込まれていく。

鉄の使用によって、余剰なものが生まれる。食べきれないもの、使いきれないものが生じる。そこで、余ったものを持つ者が出来てくる。そうして所有、という観念が生まれたのではなかろうか。今までは、一つしかないから、当然のように分け与えられてきた。しかし、ものが豊かになって、同じものをお互いに持っているとすれば、それぞれが二人個別の占有物になる。

鉄以前、すべてのものは自然によって所有されていたので、⑤所有という概念は必要がなかった。食料はすべて自然からの恵みであった。自然のものをもらってきた。自然の所有するもののお余りを頂戴（ちょうだい）するという態度だった。だから余分なものを捕ることは［B］でさえあった。しかし、鉄の使用で、今まで怖くて近寄れなかったものさえも、簡単に手に入れられるようになり、ヒトの征服感を満たす。自然はただひれ伏すべきものだったのが、戦って征服するべきものに変わった。

（金田一秀穂（きんだいちひでほ）『「汚い」日本語講座』より）

問一　═線a～dのカタカナを漢字に直しなさい。

a〔　　〕　b〔　　〕　c〔　　〕　d〔　　〕

問二　［A］・［B］に入る語として適当なものを、次のア～オからそれぞれ一つ選び、記号で答えなさい。

［A］　ア 感性　イ 観察　ウ 知恵　エ 技能　オ 感動

［B］　ア 罪悪　イ 正義　ウ 義務　エ 自由　オ 権利

A〔　　〕　B〔　　〕

問三　――線①「物語を作って……栄誉を担う」について、みなが賞賛した狩人の「物語」とはどのようなものか、説明しなさい。

〔　　〕

問四　――線②「優れた狩人は、……人である」について、なぜそのようなことが言えるのか。本文中の語句を用いて説明しなさい。

〔　　〕

問五　――線③「それが極めてまっとうな暮らし方だったのだ」について、この暮らしのどういう点が「まっとう」なのか、説明しなさい。

〔　　〕

問六　難　――線④「死の螺旋運動」とはどういうことか。「不幸」「幸せ」「変化」の語を必ず用いて説明しなさい。

〔　　〕

問七　――線⑤「所有という概念」について、筆者の言う「所有という概念」はどのようにして生まれたか、説明しなさい。

〔　　〕

08 次の文章を読んで、あとの問いに答えなさい。（句読点なども一字と数える。）　（奈良・東大寺学園高）

以前、興味深い話を聞きました。鉄筋コンクリート造の団地で生まれ育った小学生がはじめて田舎にある旧来の日本家屋に行ったときの話です。瓦屋根の下、縁側に寝そべり、庭や遠くの山並みを見ながら彼はこう言ったそうです。〝懐かしいね〟と。彼にとってみれば未知の新しい場所なのですが、すでに体験したことのある場所のように感じているかのようです。それはDNAに刷りこまれた風景なのか、あるいは幼少期に見聞きした日本昔話の絵本の画がずっと頭にあったからなのかわかりませんが、いずれにせよ[a]キンセンに触れる、情感溢れた実体的な場所に出会うことで記憶の回路がつながったのではないでしょうか。

ポルトガルに旅行したことがあります。はじめて行く国、はじめて行く場所だったのですが、そこで見た風景や人の営為はとても〝懐かしい〟と感じたのです。これも自分の中に潜在的にあった記憶の断片のようなものがつながったからでしょう。かつて自分の身の周りにあったけれどもいまは失われてしまった風景や人の営為がポルトガルにはまだある、という切ない[b]ソウシツ感もともなっていたように思いますが、しかしそれ以上にこの場所に出会えてよかったと思う喜びの感情がはるかに大きかったように記憶しています。そんな懐かしさの感情を抱くことができれば、その新しい場所は慣れ親しんだ馴染みのある場所になります。するとそこに安心感と寛容さを感じることができます。

そんな団地の小学生の話やポルトガルでの体験は、①複合的で抽象的な懐かしさということで共通しています。場所や空間における〝新しさ〟と〝懐かしさ〟は隣り合わせであるということや、人の記憶の回路をつなぎ合わせることができる伝統、慣習が根付いた実体的な空間、場所の尊さと力強さを感じさせます。そしてまだ自分が訪れたことのない世界にも懐かしい場所は存在していて、それを発見できるということの喜びと可能性も感じさせてくれます。

一方、何十年かぶりに故郷に帰って食べる料理や、顔を合わせる家族、親戚や友人、そしてあらためて眺める風景に、直接的で具体的な懐かしさを感じる場合も多いでしょう。しかし久しぶりに出会う懐かしいものは以前出会ったものとは、正確にいえば異なっています。物理的な経年変化があるからではありません。それは自分自身が時間や経験を積み重ね、大きく変化したということなのです。例えば、当時は母の味や郷土料理、故郷の風景が好きではなかったのに、その後時間の中で経験してきたことを客観的に相対的に重ね合わせてゆくと、実はこんなにも美しく、美味しく、尊いものだったのだということに気づいた経験は誰にもあるのではないでしょうか。それは自分の感情や視点がいまと昔では大きく変化したことで、久しぶりに出会うものや人の〝質〟や〝価値〟さえも自身が変えたということなのだと思います。②〝平凡〟を〝非凡〟に変えたといってもいいでしょう。そしてその進化した感情、視点によって、伝統や慣習の中にある、人、営為、原風景を〝誇り〟に思うことができるようになっているのです。懐かしいという感情によって人生の中で新たな価値を見出したのです。それは懐かしさという感情の素晴らしい働きです。さらにこの〝誇り〟という感情はとても重要です。なぜなら人は、誇りに感じるものは自然と大切にしようとするからです。

人は記憶を頼りに生きてゆく動物と言われています。言い方を換えれば、懐かしさのような記憶に関わる情緒抜きでは人は生きてゆけないということです。懐かしさは、視覚だけでなく触覚、聴覚、嗅覚、味覚といった五感をともなった記憶が呼び起こされ、それと向き合うことでいまの自分の肉体、存在、歴史、居場所を肯定することができ、気持ちが未来にひらかれてゆく前向きで大切な感情と言われています。それが証拠に、人は負の感情を抱くものに出会ったときには決して懐かしいとは感じません。懐かしいものや人に出会ったときに、人は自然と笑みを浮かべていることが多いでしょう。懐かしさとは人の〝正〟の、そして〝生〟の感情なのです。

　しかし、どうも私たちは懐かしさに対して認識を誤ってしまうことが多いように思います。〝懐かしの昭和〟〝郷愁誘う町〟〝懐かしのおばあちゃんの味〟。それらの言葉からは〝昔はよかった〟という懐古的な眼差(まなざ)ししか感じられず、前向きな姿勢や未来への可能性のようなものはあまり伝わってきません。過去は過去のものとして缶詰(かんづめ)に閉じ込めたような、③のような扱いにされてしまっています。また町づくりや建築においても懐かしさや郷愁のイメージをわざと誘うようなものも見受けられます。それら固定的な〝懐古の商品化〟や〝郷愁のパッケージ化〟は、かえって人のイマジネーションを閉ざしてしまう危険をはらんでいます。

　④次のグラフ(【グラフⅠ】)は日本の人口推移を表したものです。まるでジェットコースターに乗っているかのようです。私たちが生きている時代は歴史的にも過渡期にあり、これまでの急上昇から、一気に急降下してゆくことが高い確率で予想されます。これは人口のグラフですが、同時に建築、道路、土木といった人工物の数、あるいはエネルギー使用量、そして失った自然の量も比例しているでしょう。

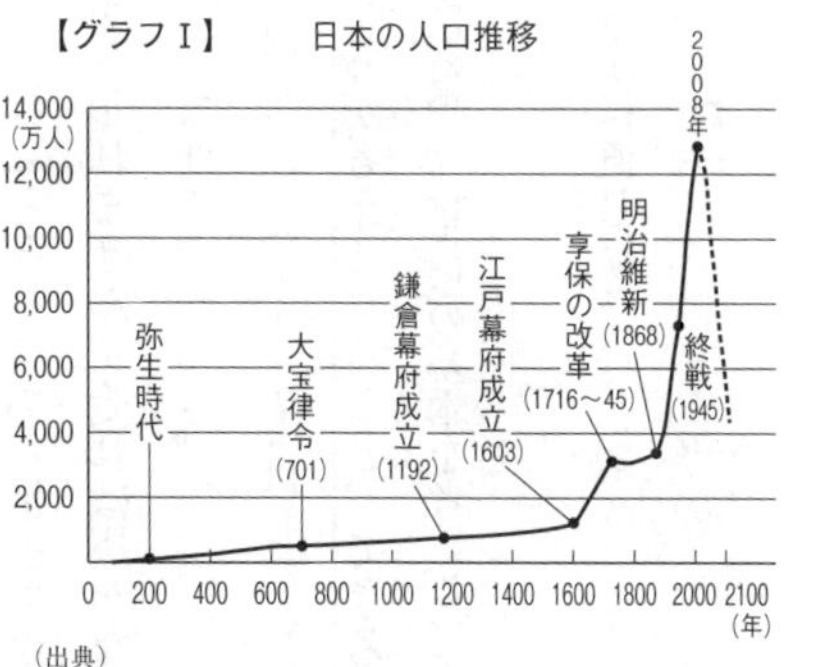

(出典)
『図説　人口で見る日本史』(鬼頭宏著、PHP研究所、2007年)、「我が国人口の長期的な推移」(「国土交通白書」所収、2013年)のデータをもとに作成

しかしこの先、人工物は人口の減少と連動して激減してゆくとは限りません。近い将来、人口が終戦後と同じレベルになっても、建築や道路の量が同じように減ることはないでしょう。ゆえに急上昇した時代に生み出された正の遺産はこれからの時代もしっかりと活(い)かし、負の遺産は知恵によって正の遺産に変換してゆくことが必要です。産業遺構を観光地として蘇(よみがえ)らせたり、車の通行がなくなった道路を人のcイコいの場所に直してゆくようなことがますます重要になってくるでしょう。しかしそれでも活かせない人工物は積極的に取り壊してゆかなければなりません。そうしなければ国全体がゴーストタウンになってしまいます。急進的にいかないまでもdゼンシン的に人工物を減らすことを心がけてゆくことが求められています。いずれにせよ、これ以上計画性のない人工物の増設や自然破壊は控えることを基本としなければなりません。

　このような時代に住宅を新しく建てるときには、建設に関わる誰もがいままで以上に慎重に過去をふまえて未来のことを考えなければならないように思います。量より質の時代になったことは一目瞭然です。これからのベーシックハウスには歴史を見つめた質と持久力が備わっていなければならないのです。

　一方で、これからの時代は人工物の減少と連動させて失った自然をかつての姿に戻してゆけるチャンスと捉えることができないものでしょうか。自然を元の姿に戻すということが、生活の質の向上のためにも、町づくりのeミリョクのためにも、あるいは観光のためにも有意義になってくるのではないかと思います。それと経済効果が結びつく仕組みと実績をつくることができれば、風景と自然を元に戻すことは現実味を帯びてくるのではないでしょうか。人口が急増する以前の日本の風景は息をのむほど美しかったといいます。急増した人口の受け皿としてつくった人工物によって止(や)むを得ず破壊した森や河川や海。

それらが元の姿になったら、住宅もそれらとともにある情感豊かな姿に自然に戻ってゆくことができるかもしれません。それは豊かな人の記憶を育み、誇りある原風景を形成してゆくでしょう。

⑤〝蛙は自分が棲んでいる池の水を決して飲み干すことはしない〟。懐かしい未来に向けていま、私たちが考えられること、できることはまだ残されています。

（堀部安嗣『住まいの基本を考える』より）

問一 ――線a～eのカタカナを漢字に直しなさい。

a〔　　〕　b〔　　〕　c〔　　〕

d〔　　〕　e〔　　〕

問二 ――線①「複合的で抽象的な懐かしさ」とあるが、これはどういうことか。その説明として最も適当なものを、次のア～エから一つ選び、記号で答えなさい。

ア　自分の中に分散した状態で存在していた記憶の断片が、新しく目にした風景や人の営為のイメージと結びつき、はじめて訪れる場所であっても、なんとも言えない安心感と寛容さをおぼえること。

イ　すっかり忘れたつもりになっていたが、思いがけず自分の中に残っていた断片的な記憶が重なり合って、はじめて訪れる場所であっても、慣れ親しんだ場所のようにありありと感じられること。

ウ　自分の中で埋もれてしまっていた記憶が、かつて見たものとよく似た風景に触発されて鮮明なものとなり、はじめて訪れる場所であっても、自分がよく知る場所と何ら変わりがないように思われること。

エ　明確に認識することはできないが、自分の中のどこかに存在していた部分的な記憶が連鎖的に蘇り、はじめて訪れる場所であっても、なんとなく以前に来たことがあるような気分になること。

〔　　〕

問三 難 ――線②「〝平凡〟を〝非凡〟に変えた」とあるが、これはどういうことか。百字以内で説明しなさい。

問四 ③ にあてはまる言葉として最も適当なものを、次のア～エから一つ選び、記号で答えなさい。

ア　古書店の書庫の中にしまった古文書

イ　博物館のケースの中に入れた展示品

ウ　宝石店のケースの中に入れた新商品

エ　史料館の倉庫の中にしまった文化財

〔　　〕

問五 新傾向 ――線④「次のグラフ」とあるが、この【グラフⅠ】と、これに関連して次に示す【グラフⅡ】から読み取れることについて述べたものとして最も適当なものを、次のア～エから一つ選び、記号で答えなさい。

ア　2008年にピークを迎えた日本の人口は、そのあと急激に減少し、2005年の時点で人が居住している地点のうち約二割が、2050年には無居住化すると推計される。

イ　2008年にピークを迎えた日本の人口は、そのあと急激に減少するが、2005年の時点で1㎢ごとの人口が1〜9人の地点では、2050年にはわずかに人口が増加すると推計される。

ウ　2008年にピークを迎えた日本の人口は、そのあと急激に減少するが、1㎢ごとの人口が1000人以上の地点の数は、2005年から2050年にかけてちょうど二割の減少にとどまると推計される。

エ　2008年にピークを迎えた日本の人口は、そのあと急激に減少し、2005年と2050年とを比較したときに、1㎢あたりの人口が増加する地点は存在しないと推計される。

〔　　〕

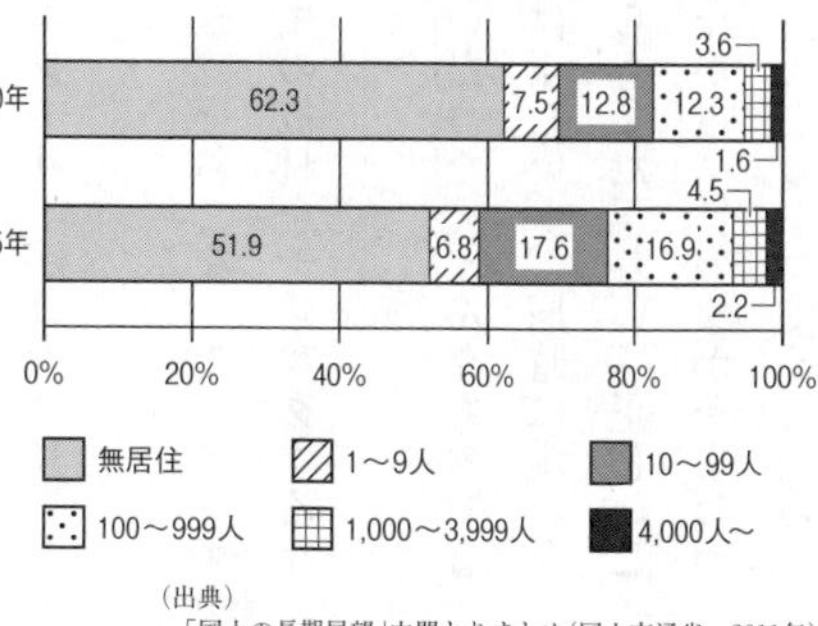

(出典)
「国土の長期展望」中間とりまとめ(国土交通省、2011年)のデータをもとに作成

問六　――線⑤「懐かしい未来に向けていま、私たちが考えられること、できることはまだ残されています」とあるが、ここからうかがえる筆者の主張として最も適当なものを、次のア〜エから一つ選び、記号で答えなさい。

ア　人口が急増する以前のような、自然の中に溶け込んだ美しい町並みに戻す努力をすることで、人々は記憶を呼び起こして昔の情感豊かな風景を懐古しながら、真摯な姿勢で未来を切り開いていくことができる。

イ　生活の質を向上させるために、失われてしまった自然を再び元の姿に戻す努力をすることで、人々は無計画に自然を破壊した過去の反省の上に立ちながら、慎重な姿勢で未来を切り開いていくことができる。

ウ　かつて見られたような、建物と自然の調和した情感溢（あふ）れる風景を取り戻す努力をすることで、人々はその風景を大切にすべき原風景として捉えるようになり、積極的な姿勢で未来を切り開いていくことができる。

エ　豊かな記憶を育むために、人工物によって破壊された美しい風景を取り戻す努力をすることで、人々はその取り組みが経済効果と結びつく仕組みをつくり出し、挑戦的な姿勢で未来を切り開いていくことができる。

〔　　〕

09 次の文章を読んで、あとの問いに答えなさい。（句読点なども一字と数える。）

（千葉・渋谷教育学園幕張高）

▼解答→別冊 p.12

謙太郎は、リストラ対象者の研修センターに通わされている。その息子の清人は、ある日、「ブルーエグジット」と書かれた、片足のダイバーが水中に浮かんだポスターを見て、ダイビングに興味を持つ。足の不自由な清人のために、謙太郎は笹岡がインストラクターを務めるダイビングスクールに入る約束をとりつけた。本文はそれに続く場面である。

エントリー口はごろごろとこぶし大の石が転がる浜だった。そこにボンベを背負い、手にフィンをさげた講習生たちが集まっている。波はおだやかで、ほとんど波音はきこえなかった。ウエットスーツを着た清人は、笹岡に抱きかかえられてやってきた。この足場の悪さではとても車椅子ははいれなかった。笹岡は清人をビーチに座らせるといった。

「いやー、清人くんは重いなあ。今度からエントリーがコンクリートで固められてるほうをつかおう」

そこで笹岡は全員を集めて、機材の最終確認をおこなった。アシスタントインストラクターがつぎつぎと講習生の機材をチェックするなか、笹岡は清人にかかりきりになっている。

離れて見ていた①謙太郎には頭がさがる思いだった。どんなものでもしょせん金儲けにすぎない。そういう清人は正しいが、同時に誰ひとり金のためだけに働く人間はいない。こちらもまた正しい。正しいことがいくつもあり、それがときにぶつかりながら、世のなかがまわっていく。そういう人の世のおもしろさを、清人がわかってくれたら。謙太郎は感情を殺して、初めての海にむかう長男を見つめていた。

清人は笹岡に支えられゆっくりと深さを増していくビーチを沖にむかった。腰のあたりまで海面がきたところで、マスクをつけたままこちらを振りむいた。軽く手を振る。真由子はちぎれるように手を振り返した。

そこから急に海底は深度を増しているようだった。笹岡と清人の頭はゆったりとうねる水面に消えていった。あとにはいくつか空気の粒があがっているだけである。真由子がいった。

「いっちゃったわねえ」

謙太郎はうなずいた。しばらく黙ってからいう。

「いつか、ずいぶん先だけど、わたしたちがいなくなって、あの子はひとりで生きていかなければならなくなる。この海と同じだな。わたしたちは陸に残り、あの子は水のなかにいく。手を貸すことも、見ていてやることもできなくなるんだな」

そのときはっきりと謙太郎にはわかった。片足をなくした清人は、自分にとってお荷物などではなかった。わがままと皮肉しか口にしない息子だが、従業員に人並みの扱いをしないリストラ研修に耐える力がだせたのは、なにより清人のおかげだった。清人がいなければ、自分の心はとうに折れていただろう。

謙太郎はまた黙りこみ、清人のいない灰色の海を見つめていた。

海に浮かぶ泡がしだいにおおきくなって、清人が水面から頭をだしたのは三十分後のことである。笹岡もいっしょだった。日に焼けたインストラクターは、海から高く手をあげて謙太郎にＯＫシグナルを送った。立ちあがると遠浅の海をもどってくる。清人の表情は疲労と興奮で、なにかに憑(つ)かれたように輝いていた。

　清人を抱いたまま、笹岡は浜にあがり謙太郎のところまでやってきた。

「おめでとうございます。ダイビング中の清人くんは、なかなかたのもしかったですよ。それから、なにかおふたりに話があるそうです」

　そういって講習生から離れた岩棚にむかい、清人をそこに座らせた。謙太郎と真由子も近くに腰をおろした。笹岡は目礼すると講習生たちのところにもどっていった。清人が目を伏せたままウエットスーツのポケットを探った。なにかつかみだして謙太郎にさしだした。手を開くと海水でふやけた手のひらに、まだ濡(ぬ)れ光る白い巻貝がふたつのっていた。

「これ、おみやげ」

　ぶっきらぼうにそういうと、清人は深呼吸した。視線を落としたまま早口にいう。

「笹岡さんと約束したから、ちゃんというよ。今度のことは、どうもありがとう。いつもいつも迷惑をかけちゃってごめんなさい。それは足がなくなるずっとまえから」

　そこまでいうと覚悟が決まったようだった。清人は目をあげて、謙太郎の目をじっと見つめてきた。

「あの日のこと覚えてる」

　謙太郎は首を横に振った。

「三年間も部屋にこもっていたぼくが、いきなり外出した日だよ」

　真由子が息をつめているのが、謙太郎にはわかった。それはあの事故のあった日だ。清人は淡々といった。

「あれは事故なんかじゃなかった。あの日新宿の西口で買いものをした帰り、突然ぼくなんか生きていてもしかたないと思ったんだ。あれくらいの外出で歩道でしゃがみこんじゃうくらい疲れちゃうし、またつぎに外の世界を見るまで三年かかるのかなあって。はっきりとは覚えていないけど、新宿駅のホームで倒れたのは誰かに押されたからじゃなく、自分で倒れたんだと思う。疲れた、もう終わりにしたいって」

　真由子は涙を流していたが、謙太郎は無表情に清人を見つめるだけだった。清人は病院で意識を回復すると、混雑したホームで誰かとぶつかり足を滑らせたといい張った。何人かいた目撃者の証言もあやふやで、結局それは自殺ミスイ[a]ではなく、事故ということで最終的には処理されていた。清人はなにかを吐きもどすようにいった。

「それでも左足をなくしただけでまだ生きていた。どこまでついてないのかって思った。ぼくはだめな人間で、まともに死ぬことさえできなかった。生きていてよかったと思ったことは、この四年間一度もなかったよ」

　謙太郎は清人のてのひらの白い貝を取った。ひとつ真由子にわたしてやる。笹岡は講習生に休息を告げたようだ。生徒たちはフィンから滴を垂らして、塩水を流すシャワーにむかった。謙太郎はいった。

「どうして、おみやげなんか拾おうって思ったんだ」

　清人は濡れた髪をかき上げて、灰色に揺れる海を見た。

「笹岡さんのいうとおりだった。海のなかは素晴らしくきれいだったんだよ。そうしたら、これを見ることができないとうさんとかあさんの顔が浮かんだ。見せてあげることができないなら、なにかおみやげをもっていこうって。なにかないか、ぼくは海の底で探しまわった。だけど、そんな貝しかなかったんだ」

　誰もが夢中になる最初のダイビングで、この子はわたしたちのことを思い、懸命に海底を探ってくれた。謙太郎はその気もちだけで十分だった。だが、[②]感情をなんとか押し殺す。清人は十九歳になっても、むきだしの感情を怖がる子どもだった。

「そうか。ありがとう」

清人は照れたように目を細めた。

「いいよ。ひとつ二十五万としたら、高い買いものだよ。あのね、エグジットってダイビング用語で海から陸にあがることなんだ。ダイビングの最後だけど、意外と事故を起こしやすいときなんだって。③ひとつの世界から別な世界に移る。そういうのはいつだって危ないときなんだね」

謙太郎はじっと波の音と清人の声に耳を澄ませていた。真由子は謙太郎の手を強くにぎっている。海風が強く吹いて三人の髪を乱した。

清人はいう。

「あのポスターは不思議だった。海のなかに青い出口があるなんてさ。でも、今は違う。ぼくも出口を見つけたような気がするんだ。青い扉がほんのすこしだけ開いたのかなって。まだまだ外の世界が怖くて悲鳴がでちゃいそうだけど、これからはなんとか外の世界にでていくようにするよ。手始めはこのダイビングスクールから」

清人は空っぽになったてのひらをこすって、海底の砂を落とした。目をあげて謙太郎と真由子に笑いかけてくる。

「信じられる？　ぼくに二週間で友達ができたんだ。自分で外にいくのっておもしろいね。この四年間友達どころか、顔見知りだってひとりもできなかったのにさ」

そうかと無表情なまま謙太郎はこたえた。海のなかにはどこかにつうじる青い出口があるのか。謙太郎はぼそりと清人にいった。

「海のなかって、そんなにいいか」

清人はうなずいて、[b]シオカゼを胸いっぱいに吸いこんだ。

「うん、すごいよ。それにほんとうに片足でもほかの人と同じように動けるんだ」

謙太郎は思い切っていった。

「そうか、それじゃわたしもちょっとやってみるかな」

清人が叫ぶようにいった。

「とうさんがダイビングをやるの」

謙太郎の顔は④能面のように動かない。にこりともせずに[c]ユカイそうに笑う息子にいった。

「そうだ。もう一回ローンを組んで、来週から始める。エントリーでいつまでも笹岡さんに迷惑はかけられないからな」

清人は得意の憎まれ口をたたいた。

「やるじゃん、会社を首になりそうになってる割にはさ」

「清人」

真由子が叱ったが⑤謙太郎は相手にしなかった。来週から始めたって、すぐに息子には追いついてみせる。すでに謙太郎の頭のなかにはダイビングの基礎知識がひととおり詰めこまれているのだ。

謙太郎はそのなかのひとつの専門用語を思いだしていた。それはバディという言葉である。ともにダイビングをする仲間のことで、海中では文字どおり信頼しあって、命を預けあうことになるパートナーだった。どちらか一方のエアが足りなくなれば、なにより大切な空気さえ分けあうのだ。

いつか自分は清人のほんもののバディになれるのだろうか。互いに助けあいながら、海のなかにあるという青い出口を抜けられる日がやってくるのだろうか。謙太郎は親指の先ほどのちいさな白い巻貝を見た。それが目のなかで揺れて落ちそうになったので、あわてて手をうしろにつき、空を見あげる。目に涙がいっぱいにたまっても、謙太郎の無表情は崩れることがなかった。

雲はしだいに海風に流されていたようだ。遠く伊豆の山並みのむこうに、見つめてはいられないほどまぶしい青空がすこしだけのぞいていた。ダイビングには絶好のシーズンだという九月の空だ。

（石田衣良『青いエグジット』より）

問一　══線a～cのカタカナを漢字に直しなさい。

a〔　　〕b〔　　〕c〔　　〕

問二 難 ――線①「謙太郎には頭がさがる思いだった」とあるが、それはなぜか。最も適当なものを、次のア～オから一つ選び、記号で答えなさい。

ア 笹岡の行為は清人に世の中金がすべてではないと教えてくれているようだったから。

イ 笹岡の行為が清人をまるで健常者と同じように扱ってくれているように感じたから。

ウ 笹岡の行為が清人に自分のできなかったしつけをしてくれているように思ったから。

エ 笹岡の行為は清人に決してあきらめないことの大切さを教えてくれたと思ったから。

オ 笹岡の行為は清人が社会に復帰を果たすための絶好のリハビリになると思ったから。

〔　　〕

問三　――線②「感情をなんとか押し殺す」とあるが、押し殺した感情とはどのようなものか。三十字以内で答えなさい。

問四　――線③「ひとつの世界から別な世界に移る。そういうのはいつだって危ないときなんだね」とあるが、ダイビング以外で「危ないとき」とはいつのことをさしていると考えられるか。本文中から三十字以内で探し、最初と最後の五字を抜き出しなさい。

□□□□□～□□□□□

問五　――線④「能面のように動かない」とあるが、これはどのような状態をたとえたものか。その状態を表す最も適当な語を、本文中から抜き出しなさい。

〔　　〕

問六　――線⑤「謙太郎は相手にしなかった」とあるが、それはなぜか。最も適当なものを、次のア～オから一つ選び、記号で答えなさい。

ア 会社をリストラされそうになり、人生に疲れ切っていたため、反論する元気もなかったから。

イ 清人が何と言おうと、息子に支えられるだけでなく自分も息子を支えようと思っていたから。

ウ 息子の憎まれ口は今に始まったことではなく、とがめてもなおらないとあきらめているから。

エ 自分の人生の半分も生きていない息子に、ダイビングで負けるはずはないと思っているから。

オ 内心怒りを抱いているが、息子と本気で言い争うことはあまりにも大人げないと考えたから。

〔　　〕

問七 難 「清人」はダイビングと出会ったことで、どのように変わっていったか。その説明として最も適当なものを、次のア～オから一つ選び、記号で答えなさい。

ア 理屈っぽく、頭の中だけで物事を理解しようとするため、外の世界に目を向けられない人物であったが、しだいに外の世界にも興味を持ち始めた。

イ 自分が利益を得るためなら、他人にいくら迷惑をかけても構わないという、わがままな人物であったが、他人のために何かをするという優しさを持ち始めた。

ウ 対人関係が苦手で、相手に伝えたいこともつい皮肉で隠してしまう、あまのじゃくな人物であったが、徐々に素直な感情が出せるようになり始めた。

エ 片足をなくしたのち、生きる意味を見出（みいだ）せず、常に人生を終わりにすることを考えている人物であったが、自分の可能性を知り、未来に目を向け始めた。

オ 皮肉や憎まれ口をたたくことにより、自分に注目を集めようとする、自己顕示欲の強い人物であったが、それが周囲の人間を不快にしていることに気づき始めた。

〔　　〕

---

10 次の文章を読んで、あとの問いに答えなさい。（句読点なども一字と数える。）

（広島大附高）

〔中二の二学期から転校した音和（おとわ）は、河井（かわい）という風変わりな担任教師と出会う。河井は、宇宙の話など、深遠で魅力的な話をしてくれた。河井が顧問をしている新聞部は、伝書鳩（でんしょばと）を飼っていた。新聞部の部長になる代わりに、河井の電話番号を教えてもらい、いつでも河井の話が聞けるという約束をかわしていた。〕

父がでかけてしばらくのち、湿った風が吹きはじめた。音和は窓をしめながら、学校のある台地の上空に、重々しく雲がたれこめているのを目にした。厚い雲のなかがときおり閃（ひらめ）くのは、そこに雷雲があるからだった。

部屋のなかには、まだ手さげ袋がひとつのこっていた。印刷所から配達されたままのクラフト紙につつまれた束がはいっている。音和はそのなかからひと束をとりだしてほどき、父がしていたように、投げこみのサイズに折りたたんだ。やはり、以前に目にしたものとはちがう[a]シヨウだ。

記念写真を特製のフレーム仕上げにするサービスつき、と書いてある。赤ん坊の写真ならばスワンやカナリアなどの鳥とリボンをあしらったもの、七五三の写真には、金や銀の縁かざりのついた胡蝶（こちょう）やクジャクのもようがつく。古風にかたよらず子どもじみてもいない絵柄が選ばれ、それなりに洗練されているのは、音和にとって[b]イガイだった。

彼（かれ）もまた、伯父（おじ）の商売の俗っぽさをひそかに批判していたのだが、本館のほかにスタジオを新しくかまえるほど繁盛（はんじょう）しているということは、それなりに人の心をつかんでいるのだ。おかげで父も、失業を免（まぬが）れた。

近隣の家で雨戸をたてる音がひびく。雨がふりだしたのだ。まもなく、激しい雨音に変わった。音和は父の自転車がもどってこないかと耳をそばだてたが、雨音にかき消されてなにも聞こえない。

三百メートルほどさきの神社の参道入り口に、自動販売機といっしょに公衆電話がある。音和はそれを思いだした。午后九時半をまわったばかりだったが、隣接する大家の家はすでにひっそりとして、電話をかしてほしいと云うのは気がひけた。音和は①公衆電話を目ざして、雨のなかを走りだした。急ぐために、傘はささずに手にしたまま走った。

家をでたときは、河井に電話をかけるつもりでいた。だが、泣きごとを云うために番号を聞きだしたのではない。背なかを雨にうたれるうち、音和はなにかもっと強い自分でありたいと思いはじめた。強情で生意気な点では自覚のある音和だったが、それはたとえば厚く積もった堆積物のようなもので、いくらでも流動する。それらがぜんぶとりのぞかれたときに、のこるものが強くなければ意味がない。

夜だろうと雨だろうと、飲まず食わずで巣を目ざすという鳩のことが思いだされた。休めば危険がます彼らにとって、翔びつづけることが身を守るもっとも有効な手段でもあるのだ。感情的なふるまいなど、はいりこむ余地がないほどきびしい現実に立ちむかっている。

音和は、②やみくもに走るのをやめ、傘をさして歩きだした。神社の参道前へさしかかったとき、前方に自転車のライトが見えた。街灯がそのあたりを照らしている。だから、たがいに相手がだれかをみとめた。

「……どこへいく？」

雨にぬれた父の姿は、音和に梅雨*の晩のことを思いださせた。ただ、今の父には崖っぷちを歩いているような気配はなかった。ひらきなおったようすで、なかば平然と雨にぬれそぼっている。

「伯父さんに電話しようと思って、」

音和は気負いながらそう云った。河井に泣きごとを云わないときめたあとで、彼が決心したのは、伯父に直接抗議することだった。

「なんの用で？」

「だって、こんなのはフェアじゃない。おとうさんは、もっとまともな仕事ができるのに、それをさせないのはまちがっている。駅まえでのチラシ配りや、郵便受けへの投げこみなら、ぼくにもできる。……だから、ぼくがやると云おうとしたんだ。おとうさんには、ちゃんとした仕事をさせてほしい。」

伯父に電話をしようと決意したときの音和は、父への不当なあつかいに抗議することしか考えていなかった。自分にも何かができるとは、思っていなかった。雨にぬれながらも、音和をまっすぐに見つめる父の姿が、彼にそれを云わせたのだ。

③父は笑みを浮かべた。それを見て、音和の緊張がゆるんだ。こらえていた思いが涙になる。いつのまにか傘を持つ手をおろしていた音和は、ふたたび雨にぬれていた。雨脚がはげしくなる。だが、その雨はここちよかった。

音和の手から傘をとった父は、それを息子にさしかけた。自転車の前かごの手さげ袋は、すっかり雨にぬれている。簡単な防水加工をしてあるが、雨はそれ以上にふっていた。

「それ、ぬらしたらまずいんじゃない？」

音和は手のひらでほほを拭いながら父にたずねた。

「たぶん、」

父は笑顔でこたえ、帰ろう、と音和をうながした。ふたりは雨のなかをアパートへもどり、ゆずりあったあげく音和が先に二度目のシャワーをあびに浴室へはいった。彼につづいて父がはいり、ようやく遅い食卓についた。まだ十一時にはならない。だが、この時間、大家宅は寝静まって、気配もなかった。雨音が弱まると、とたんに虫の鳴く声がした。

音和は、先ほど折りかけていたチラシを放りだしたままなのに気づき、あわてて片づけた。こっそり手つだおうとしていたのに、きまりが悪かった。

「心配をかけて、すまなかった。でも、私は平気だから。おまえもよけいなことで気をもまなくていい。自分のことに集中してろ。これでも、おまえが思っているよりはずっとタフなんだよ。とくに、伯父さんにたいしては。」

いつもの父の意地がでる。

「そういう態度だから反感を買うんじゃないの？」

「おとなしく頭をさげれば、よけいにたたかれるだけさ。……子どものころから、そういう兄だった。」

「憎しみあってるの？」

父は小さく笑い声をたてた。

「ただの兄弟ゲンカだよ。いまは借金があるから、ほんとうのケンカはそれを返してからだ。そう思って辛抱してる。それに、いつまでも兄の世話にはならないさ。」

音和はようやく、自分が考えるほど父はこのチラシ配りを深刻に受けとめていないのだと安堵した。

「可愛げのない弟だね。」

「おたがいさまだ。六歳ちがいの弟に、バスでも新幹線でも飛行機でも、窓側の席を一度もゆずったことのない兄だよ。われわれの亡き父親は、……音和が好きだったおじいちゃんは、兄にも私にも小学生のときからひとつずつカメラを持たせてくれた。だが、旅行先からもどってフィルムを現像にだすと、私のはきまって感光していて、プリントができないんだ。寝ているあいだに、兄がカメラの裏ブタをあけるんだよ。証拠はなかったが、ほかに理由は考えられない。そういう兄と、どうして仲良くなれると思う？」

「それもゆがんだ愛情表現なのかも。」

「わかったふうな口をきくなよ。その手の知らなくていい俗な云い草を、いったいどこから仕入れてくるんだ？」

おとうさんの書棚にあったミステリー、とは答えず、音和はべつのことを口にした。

「ぼくにもきょうだいがいれば、おとうさんの気持ちも、もうすこしわかったと思うけど。」

「……もし弟か妹がいて、彼か彼女がおかあさんと暮らしたいと云ったら、おまえも向こうへいったんだろうな。」

「そのほうがよかった？」

「私が訊いているんだよ。父親の仕事が自分の生活圏でのチラシ配りだなんて、がっかりだろう？」

「……ぼくは、」

④この父を好きだと、いまなら迷いなく答えられる。自分たちの都合だけで離婚話を持ちだした両親に腹をたて、意地をはって、好きでもない父といっしょに暮らすのだと思いもしたし、態度にもあらわした音和だったが、かつてのぜいたくさのかけらもないいまの暮らしが、さほど苦にならないのは、身近になった父が、ありのままの姿を示してくれるからだった。

「……いまのおとうさんのほうが……好きだから。かっこうつけているときより、ずっといいよ。」

父は箸をおき、ありがとう、と頭をさげた。そのとたん、音和の目に涙があふれた。父はタオルをさしだした。

「チラシ配りは、私が志願してはじめたことなんだよ。サービスでつけているフレームのデザインを変えたほうがいいと提案したら、伯父さんはサービスなんだからデザインに凝る必要はないと云いつつも、企画は承認してくれた。そのかわり、効果があがったとはっきり数字に出ないときは、新しいフレームとチラシの製作費を給料からさしひくと云われた。」

「スジは通ってるね、」

父は軽快な笑い声をたてた。「なまいき云ってないで、もう寝ろ。」

音和はたたみの部屋に布団を敷いた。昼のあいだに祖母がきて、日にあてておいてくれた布団は、まだ温かさがのこっていた。音和はほほをあてながら、声をはずませて父をよんだ。

「おとうさん、この布団、ひなたの匂いがするんだよ。」

「……それが、うれしいのか？」

「うん、うれしい。すごく気持ちがいい。」

「もっとはやく知りたかったよ。おまえをよろこばせるのが、そんなに安あがりなことだったとはね。」

「ぼくも、ひなたの匂いがこんなにいいものだなんて思わなかった。」

音和は、しばらく布団にうつぶせていた。彼が味わっていたのは、ひなたの匂いばかりではなかった。意識のなかでくすぶっていた父への不満やわだかまりが融けてゆく、そのここちよさをいっしょに味わった。

（長野まゆみ『野川』より）

＊梅雨の晩のこと…以前父が雨の中、傘を持っているのにぬれて帰ってきた時のことを指す。その後まもなく父の会社は倒産し、音和と父は引越し、今は借家住まいで、隣に貸し主の大家が住んでいる。

問一 ═線a～cのカタカナを漢字に直しなさい。

a〔　　〕　b〔　　〕　c〔　　〕

問二 ┅線「耳をそばだてた」の意味を十五字以内で答えなさい。

問三 難 音和の行動が、──線①「公衆電話を目ざして、雨のなかを走りだした。急ぐために、傘はささずに手にしたまま走った」から②「やみくもに走るのをやめ、傘をさして歩きだした」と変わったのは、音和の心にどのような変化があったからか。八十字以内で説明しなさい。

問四 ──線③「父は笑みを浮かべた」とあるが、その時の父の心情説明として最も適当なものを、次のア～エから一つ選び、記号で答えなさい。

ア 音和が自分のことを心配して傘まで持ってきてくれたことに対して、素直にうれしく思っている。

イ 自分の仕事のことで子供に心配をかけていたことに対し、大人として情けない自分にあきれている。

ウ 音和が自分にも仕事ができるなどと言ってくれるとは予想しておらず、くすぐったく感じている。

エ 自分に距離を置いていた音和が自分なりに懸命に考えてくれていることを、いじらしく感じている。

〔　　〕

問五 ――線④「この父を好きだと、いまなら迷いなく答えられる」とあるが、それはなぜか。その説明として最も適当なものを、次のア〜エから一つ選び、記号で答えなさい。

ア 父が自分に対して心を開いて率直に話をしてくれて、父が身近に感じられるようになったから。

イ 父の勝手で自分は被害ばかり受けてきたが、大人の世界の厳しさを知り父の立場が理解できたから。

ウ 伯父の下でチラシ配りをしていても苦にしない父のタフさを見て、とても頼もしいと感じたから。

エ 自分の仕事が音和に引け目を感じさせているのではないかと心配する父の愛情が、よくわかったから。

〔　　〕

問六 伯父に対する父の心情はどのようなものだと言えるか。その説明として最も適当なものを、次のア〜エから一つ選び、記号で答えなさい。

ア 今は兄の世話にはなっているが、必ず見返して、復讐(ふくしゅう)してやるぞと息巻いている。

イ 似た性格ゆえかうまくいかないことに対して、兄弟だから何とかしたいと思っている。

ウ 小さい頃から兄の仕打ちに対しずっと嫌だと思いながらも、今は仕方なく我慢している。

エ 憎しみ合ってはいないが、意地を張り合っていてうまくいかないとやきもきしている。

〔　　〕

問七 頻出 この文章の表現上の特徴として最も適当なものを、次のア〜エから一つ選び、記号で答えなさい。

ア 会話が中心になって進んでいて、音和の内面の起伏に焦点があてられている。

イ 音や雨量などの雨の様子と、登場人物の心の揺れが重ね合わせられている。

ウ 「……」などの記号を多用し、余情を残した書き方が随所になされている。

エ 出来事の経緯を淡々と描くことにより、登場人物の心情がより一層想像される。

〔　　〕

11 **次の文章を読んで、あとの問いに答えなさい。（句読点なども一字と数える。）**　（京都・洛南高）

昭和四十九年、四月九日、午後、富山県魚津市北中。

××第一小学校の掃除当番で立山勇(たてやまいさむ)十一歳は校長室前の廊下を掃いていた。

そこに当校の教頭が通りかかり、廊下の天井隅にクモが巣を張っているのを見つけ、立山少年に取り払うように言った。学校でも普段から[A]口うるさいことで有名な教頭に命じられたので、少年は自分の背丈では届かない天井の巣を箒(ほうき)を手に飛び跳ねながら取ろうとした。少年が飛び上がる度に古い小学校の廊下が揺れた。

途中、校長室の中を掃除していた同じ当番の女の子が静かにするよう注意しにきた。

しかし巣のすべてが取れないので校長室から椅子(いす)を運び出し、その上に乗って巣を取ろうとした。ようやく巣が箒の先に届きそうな時、少年はバランスを失い椅子とともに廊下に転倒した。

大きな音がしたと同時に校長室から物音がして、物がこわれる音が続いた。転倒した少年が尻(しり)をさすりながら立ち上がると校長室から当番の女の子たちが廊下に出てきて、少年に、あなたが廊下で騒いでいたから中の花壺(はなつぼ)が台座から落ちたと言った。

少年は訳がわからず校長室に入った。

床にこなごなになった壺の破片が散っていた。女の子たちの顔が青ざめていた。

これはとても高価なもので校長先生が大切にしていたものだ、と言われた。

少年も始業式や卒業式で講堂に大きな桜の花を活(い)けて[a]カザるその壺の存在を見知っていた。

俺(おれ)がこわしたのか、と少年が訊(き)いた時、足音がして担任教師と教頭が入ってきた。二人はこわれた壺を見て声を上げた。

こわしたのは少年だと女の子たちが言った。

「学校の大切な宝物を……。これがいったいいくらするものかわかっていますか」

教頭が激怒して言い、親を学校に呼ぶように担任教師に命じた。

家には耳の遠い祖母しかおらず、少年は母親が帰ってきても高価な花壺を弁償する金が家にはないのを知っていた。教頭は祖母と少年に[①]花壺の値段までを口にしていた。

母の帰りを待つ間、行き場所のない少年は一人で海辺に出た。日は暮れて海鳴りだけが少年の耳に響いた。床に無残に散った花壺の破片に目を吊(つ)り上げた教頭の顔が重なり、嘆く母の顔があらわれた。少年は母が懸命に働いているのを知っていたから、なるたけ母に苦労をかけないようにしていた。空腹な時も我慢をした。その母がこのことを知ったらどんなに哀(かな)しむだろうかと思った。母の顔を[B]見るに忍びなかった。少年はどうしていいのかわからなかった。目の前の海を見た。暗黒の海からは波音だけが聞こえていた。

「死んでしまおうか……」

少年は生まれて初めてそう思った。

これまでどんなに辛(つら)いことがあっても、そんなことを考えたことは一度もなかった。それは母と二人で正月の初詣(はつもうで)に出かけた時、母と約束したからだった。母と二人して参道にある食堂に入り、うどんを食べた帰り、[C]道すがら母から言われた。

「イサムや、どんだけ苦しいても弱音を口にしたらだちかん*よ。世の中にはわしらよりもっと辛い人がおる。苦しい時をじっと我慢しとったら必ずいいことはやってくるちゃ。だから辛抱しられ」

母はそう言って、少年の肩を抱き寄せた。

その約束を少年は守ってきた。

少年の足が海にむかいはじめた時、背後から少年を呼ぶ声がした。母の声だった。②少年は声のする方に泣きながら走り出した。

同年同月、事件の翌日。××第一小学校。

母と少年は学校に行くと【　1　】教頭と担任教師のところに呼ばれた。

教頭は母に卒業式の写真を見せ、そこに写っている花壺を指し示し、この作者が、bキョウド出身の陶芸家であると告げ、花壺がいかに高価なものかを説明した。

母は机に頭をすりつけるようにしてcコンガンした。二人の教師は何も返答せず、ともかく校長に謝って貰うのが先で、【　2　】校長が出張先から戻るはずだから待つように、と言った。少年は母と二人で校長室に入った。すぐに校長があらわれた。③少年は校長の顔を見た。

以前、少年は校長と話をしたことがあった。

それは一年前の秋のことで校内にある柿の木になった柿の実を取ろうと少年が石を投げていた時だった。

「こら何をしとる?」

振りむくと校長が立っていた。

少年は黙ってうつむいた。

校長は柿の木を見上げ、

「あの実を取りたいのかね。そうか少し待ってなさい」

そう言って校長は立ち去り、やがて長い竿を手に戻ってきた。

まだ実が固かったのか柿はなかなか落ちなかった。【　3　】ひとつの実が地面に落ちた。校長はそれを拾い上げ、上着の端で汚れを取って、

「渋柿のような気がするが……」

と言って実にかぶりついた。そうして顔をくしゃくしゃにして少年に差し出した。少年もその実を食べてみたがおそろしく渋味があった。

「大失敗だったね」

校長が笑った。

少年は柿の実をポケットに入れ、ありがとうございますと言って駆け出した。その校長が大切にしていた壺をこわしてしまい、済まないことをしたと思った。

校長は少年の顔を見て笑った。

④少年は笑い返せなかった。校長の姿を見ると、母は床に土下座をし両手をついて言った。

「この度はこの子がとんでもないことをしてしもて申し訳ありませんでした。どんだけ月日がかかっても、わしが必ず壺の代金をお返ししますから、どうぞ堪忍してくだはれ。どうぞこの子を学校に置いてやってくだはれ。頼みますちゃ」

少年も床に手をついて頭を下げた。

校長は床にしゃがんで額をこすりつけるようにしていた母の肩を抱き、やさしい声で言った。

「お母さん、そんなふうにせんで下さい。この学校には子供がこわして困るようなものは何ひとつ置いてありません。ましてや値段がついている物はひとつもありません。さあ顔を上げてください。こんなことでわざわざ学校にお見え頂くことはありません」

⑤少年は校長の顔を見た。

校長は少年の顔を見ると、あの柿の木の下で会った時と同じように、顔をくしゃくしゃにして笑った。

⑥少年の目から大粒の涙があふれ出した。

（伊集院静『古備前』より）

＊だちかんよ…いけないよ。

問一 ══線a～cのカタカナを漢字に直しなさい。

a〔　　　〕 b〔　　　〕 c〔　　　〕

問二 頻出 ┈┈線A「口うるさい」・B「見るに忍びなかった」・C「道すがら」のここでの意味として最も適当なものを、次のア～オからそれぞれ一つ選び、記号で答えなさい。

A 口うるさい
- ア 細かなことにまで気がつくこと
- イ 静かにできない性格であること
- ウ やっかいな性格をしていること
- エ 小さなことにまで文句を言うこと
- オ 大きな声でわめきたてること

B 見るに忍びなかった
- ア 見ることがおもしろくなかった
- イ 見ることを忘れてしまっていた
- ウ 見ることはできそうになかった
- エ 見ることにさしさわりがあった
- オ 見ることでたえられなくなった

C 道すがら
- ア 歩き始める前から
- イ 歩き始めた後に
- ウ 歩いている間中
- エ 歩いていく途中で
- オ 歩き終わる寸前に

A〔　　　〕 B〔　　　〕 C〔　　　〕

問三 難 ──線①「花壺の値段までを口にしていた」とは、どういうことか。それを説明した次のア～オから、最も適当なものを一つ選び、記号で答えなさい。

- ア 耳の遠い祖母には理解しづらいのに、花壺が高価であることを伝えたということ。
- イ 貧乏な家には弁償できないほど花壺が高価であることを説明していたということ。
- ウ 花壺をこわしたのが少年であることと、花壺の値段とを合わせて伝えたということ。
- エ 祖母と少年に弁償する意思がないのに、弁償の相談を持ちかけていたということ。
- オ 知らせても仕方のないことであるのに、花壺の高価さを説明していたということ。

〔　　　〕

問四 ──線②「少年は声のする方に泣きながら走り出した」とあるが、このときの「少年」の心情を説明した次のア～オから、最も適当なものを一つ選び、記号で答えなさい。

- ア 高価な花壺を弁償させられるという事態に途方に暮れ、死ぬことすら考えていたのに、大好きな母の声が聞こえたことで、母に助けを求めれば何とかなるはずだと安心している。
- イ どれほど辛いことがあろうとも辛抱するという母との約束を破らざるをえないとまで考えたが、母の声を聞くことで自らの過ち（あやま）に気づき、抑え込んでいた辛さがあふれ出している。
- ウ 貧乏ながらも懸命に働き養ってくれているのに、その上高価な花壺を弁償させることはできないという自分の辛い心のうちを、母にわかってほしいという思いに駆られている。

エ 心の中では常にだれかに助けを求め続けてきたが、そうすることへの我慢が限界に達し、帰ってきた母の自分を呼ぶ声を聞いて、母に思いの限りを吐きだしてみようと考えている。
オ できるはずのない高価な花壺の弁償という困難に直面し、死ぬことを考えたが、母との約束を守りぬく決意を固めつつあったところに母の声を聞くことができ、うれしく思っている。

〔　　〕

問五 【 1 】～【 3 】にあてはまる言葉を、次のア～エから選び、それぞれ記号で答えなさい。ただし、同じ記号は二度使わないこと。

ア ようやく　イ ほどなく　ウ ついでに　エ まず

1〔　　〕 2〔　　〕 3〔　　〕

問六 ――線④「少年は笑い返せなかった」とあるが、それはなぜか。それを説明した次のア～オから、適当でないものを一つ選び、記号で答えなさい。

ア 花壺を本当に自分がこわしたのかはっきりしていないにもかかわらず、しかられることに納得がいかないから。
イ 花壺が非常に高価なものであろうことも、その弁償は家庭の事情を考えれば不可能であろうこともわかるから。
ウ 懸命に働き辛い思いも我慢している母に、花壺のことでさらに辛い思いをさせてしまっているから。
エ こわしてしまった花壺は、柿の実を勝手に取ろうとした少年を咎(とが)めるでもなく許してくれた校長のものであったから。
オ 花壺の弁償は難しく、どのように責任を取ればいいのかも全くわからないので、不安でしかたないから。

〔　　〕

問七 新傾向 ――線③「少年は校長の顔を見た」・⑤「少年は校長の顔を見た」という表現について説明した次のア～オから、最も適当なものを一つ選び、記号で答えなさい。

ア 少年と校長との信頼関係が成り立っていることを強調している。
イ 少年から見た校長の笑顔に同じ意味合いを持たせようとしている。
ウ 校長から見た少年の行動が毎回同じであることを印象づけている。
エ 校長の厳格な人柄を示す挿話の始まりと終わりをはっきりと示している。
オ 校長の顔を見たあとの少年の心情と反応の違いを中心に二つの場面を対比している。

〔　　〕

問八 難 ――線⑥「少年の目から大粒の涙があふれ出した」とあるが、それはなぜだと考えられるか。五十字以内で説明しなさい。

12 次の文章を読んで、あとの問いに答えなさい。（句読点なども一字と数える。）

（千葉・昭和学院秀英高改）

［主人公の「私（麻子）」は十二歳、中学一年生である。］

広くなったり細くなったりしながら緩やかに流れてきた川が、東に大きく西に小さく寄り道した挙げ句、風に煽(おだ)てられて機嫌よくハミングする辺りに私の町がある。父の父の父の代あたりまでは、川上で氾濫してよく堤防を決壊させたと聞くけれど、そんな話が冗談に聞こえるほど、いつも穏やかな童謡のように流れていく川と、そこに寄り添うような町。私はここで生まれ育った。田舎だと言われたらちょっとむっとするけれど、都会かと言われれば自ら否定しそうな、A物腰のやわらかな町だ。

「田舎のわけないだろ」

父は言う。うちみたいな商売は田舎じゃ成り立たないよ。それが父の自負だ。田舎かどうかというのは、都心に出るのにかかる時間や、ブランドショップの数や、駅前の土地の値段なんかとは関係がないらしい。①田舎か、都会か、うちが食べていけるかどうかにかかっているというのがおかしい。でも、もしも田舎だとしたら私たちはここで暮らしていけないんだな、というのが子供の頃から胸にあった。この町に食べさせてもらっているのだ。

「町は店で決まる」

それも父得意の言い分だった。娘の目からも父がそんなに熱心に商売をしているようには見えなかったけれど、それでもうちの店があることがこの町の一端を表しているのだとすれば、やっぱりうれしい。父が町に認められるようでうれしい。

B店の名前はマルツ商会という。*津川の津を丸で囲んでマル津と読ませる。情緒も何もない、そのまんまの店名だ。名前を聞いただけでは何の店だかわからない。聞いてもわからない、と子供の頃はよく友達に言われた。

フルドーグヤ。父はそう言った。友達はフルに納得がいかない。真由も未知花ちゃんも顔を見あわせて、なんでシンじゃないの、と訊(き)いた。フルでも売れるの？　幼かった私は一緒になって首を傾(かし)げた。たしかに、他の店には新品しか置いていない。読み古した新聞だとか、醤油(しょうゆ)の染みのついたブラウスだとか、食べかけの林檎(りんご)だとか、そんなものはどこにも売っていない。うちの店にある品は、古ければ古いほど大きな顔をしているみたいだった。祖母は亡き夫が始めた店をフルドーグヤとは言わず、コットーヒンテンと呼ぶ。コットーヒンってなに？　友達が訊いても私に説明はできない。古道具も骨董品(こっとうひん)も私の手にはあまりあった。

店にはフルが揃(そろ)っている。皿だとか椀(わん)だとか、由緒正しい掛け軸だとか。お客さんはⅠ唸(うな)る。長いこと見入っていて、それから小声でなにやら父と話しはじめる。それでまた長いこと見入る。うんうんうなずきながら眺めたりもする。C一見(いちげん)さんは少なく、たいてい見知った顔だ。D対する商品も、知った顔が多い。どんどん出ていったり入ってきたりすることがない。そこも他の店とは違うところだ。

簡単に手を伸ばしたり、触れたり、ちょっとしにくいようなものが並ぶ。アンティークと呼ばれるような、若い人にうけるお洒落(しゃれ)な品物はない。そのあたりを飛ばして、いきなり生活の塊がごろごろするコーナーが現れる。町の人たちから預かった品々だ。それらは一か所に集められ、それでもきちんと正座してお客を待っているような顔をしている。でも私は、この委託品の一角が好きになれなくて、無論父の好みでもないはずで、だから、あるとき訊いたのだ。

「②どうしてああいうものを置くの」

父はやっぱり口の端を上げて私を見た。

「うん、面白いだろ」

持ち込む人は、その品物に価値があると信じている人がほとんどだ。どんないわくがあるか、その品に込められた思いや、それを自分がどんなに大事にしてきたか、Ⅱ滔々(とうとう)と語っていくのだそうだ。その話が話し手に近ければ近いほど面白い。逆にただの品物自慢だと面白くない。自慢するような品なら店の中にいくらでもあるのだ。

E亡くなったご主人が大切にしていたという壺(つぼ)を、年配の婦人が持ち込んだ。

「いわれは特に聞いてませんから」

最初はつまらなさそうにさっさと置いて出ていこうとした婦人は、父の出したお茶を飲みながら、やがて［Ⅲ］語りはじめたのだという。まだ結婚したばかりの夜、地震があった。婦人は咄嗟(とっさ)に、隣に寝ているはずのご主人に手を伸ばした。ご主人はすでにいなかった。飛び起きて、棚に飾ってあった壺を抱えていたのだそうだ。何年か経ったある日には、子供たちが遊んでいて壺に触れそうになり、ご主人が血相を変えて怒鳴った。そんなに怒るくらいなら大事にしまっておけばいいじゃありませんか、と婦人はあらためて憤ったように話したという。

それがね、と父はおかしそうに言う。壺にまつわるご主人との思い出を二時間も話すうち、婦人は壺を大事そうに撫(な)ではじめた。いったんは店に置いて帰ったものの、三日も経たずに引き取りにきたらしい。

「そうするとさ、壺だけじゃなく、毎日自分たちが使っている物や、店にある他の品物に対する目も変わってくるんだな」

「どう変わるの」

「うん」父は私を見て、じわりと笑った。

「そうだな、麻子の考えてるとおりだよ、だから『③ああいうもの』も置いてるんだ」

私は店が好きだ。

朝、誰もいない店に入り、澱(よど)んだ空気に身を浸すのが好きだ。窓を開けて風を通す前の埃(ほこり)っぽい匂いを嗅(か)ぐと、全身の毛穴が閉じて余分なものが何ひとつ出ていかない、落ち着いた気持ちになれる。

サンダルを履いて、店の中をぐるっとひとまわりする間に、足は勝手に何度も止まる。ここに唐代の水瓶(みずがめ)、あの棚に*根来塗(ねごろぬ)りの盆、こっちには*アケビの籠(かご)。床や棚にいつもの顔を見つけてほっとする。売れないことに安心していいんだろうか、とちょっとだけ思う。いいんだよ、と父なら言うだろう。好きなものが売れないことを父はたぶん本気でよろこんでいる。*備前(びぜん)の皿、香炉、*伊万里(いまり)の*猪口(ちょこ)。そこにそれらがあって、目が合うだけで、［Ⅳ］よろこびが湧き上がる。順々に眺めながら、ゆっくり足を進める。視線を移す。

*常滑(とこなめ)の壺も、④素性のよくわからない肌の美しい甕(かめ)も、私を待っている。私に話しかけようと、じっと機会を窺(うかが)っているように見える。気安く声をかけてくる陽気なのも、気難しそうにむっつりしているのも、性質はいろいろだけど、みな、眺められ、話しかけられるのを待っている。ときどき、なんと声をかけていいのかわからないのも並んでいる。そういうときは向こうから話しかけてくるのを待って、じっと耳を澄ますばかりだ。

伊万里の赤絵皿の前で立ち止まっていたときに、急に後ろから父に声をかけられたことがあった。足音にも気配にも気づかず皿を眺めていた私は小さく声を上げるほど驚いた。父は振り向いた私の肩に自分の両手を載せ、私が今まで見ていたものを見た。

へえ、麻子はそれが好きなのか、と父は言った。ごく軽い調子だったけど、その声に込められたものを私は探ろうとし、すぐさま中止した。なにかくすぐったいような、ほんのちょっとだけ誇らしいような響きを私の耳が嗅ぎ分けたから。父が私の目を値踏みした。そうして、たぶん高い値を付けたのだ。それは、怖(おそ)ろしいことでもあった。

私は父が何かを値踏みするときの一瞬すうっと細くなる目が苦手だ。

⑤あの目を見たくないといつも思う。特にそれが人間に向けられたときの冷ややかさを想像するとぞっとする。もちろん父が家族にそんな目を向けることなどないのだけど、ときどき母が、凡庸な絵付けの皿をとても気に入ったときになんか、父があの細くした目で母を見るんじゃないかとひやひやしてしまう。（中略）

父は気が向いたときに――特に、いいものが入ったときに――講釈を聞かせてくれた。娘たちを呼び、品物の前にすわらせる。私と七葉は並んで聞いた。紗英はまだ小さかった。

いつ頃からか、父は七葉を呼ばなくなった。呼んでも来なくなったからだ。私に審美眼があるかどうかは別として、三姉妹のうち私だけが興味を示した。それだけが父の基準だったと思う。私の目のよさを見抜き、信頼して、と言いたいところだけど、ほんとうのところ、父はそれほど期待していなかったのかもしれない。

ものを見る目は育つんだよ。持って生まれたものなんてたかが知れている。あとはどれだけたくさんいいものを見るかにかかってるんだ。だから、そもそも［V］じゃなくちゃいけない。［V］じゃなかったら、いいものをたくさん、一生かけて見続けるなんてこと、できないだろう？

F品物の講釈をするのはいつも温和な、やさしい声だった。ときどき熱が入って、講釈が長くなることもあったけれど、私はそれが楽しかった。好きだと聞かされる前に、父はこれが好きなんだ、とわかってしまう。ぬるいお風呂に浸かっているところに熱いお湯をどんどん足していくみたいに、父からの熱がじかに私の肌に伝わってくる。私ははっとして父の顔を見る。父は私の顔なんて見ていなくて、手もとの品物だけを見ている。私も品物に目を戻す。すると、父に今素晴らしさを語られている品物に光があたっているような気がするのだ。なんてことないように見えていた文様の一刷けも、いびつなくらいの輪郭も、急に輝きを帯びてくる。遠い昔に生まれ、人の手を伝ってここまでたどりつき、やっとめぐりあえた品物が、ほんの一瞬、私に向かって心を開く。

そこにすべてがある、と思う。今、私のまわりで現実に起こっているすべてのことを合わせてもかなわない。一枚の皿がどんなにどきどきさせてくれることか。⑥閉じ込められていたはずのものが、蓋を開け、ゆるりと正体を現し、目の前で立ち上がる、そんな瞬間をたしかに感じるのだ。

（宮下奈都『スコーレNo.4』より）

＊津川…主人公の「私（麻子）」の名字。
＊根来塗り…黒塗の上に朱漆を塗り放しにした漆器。
＊アケビ…植物の名。蔓を編んで籠などを作る。
＊備前…備前焼。焼き物（陶器）の名。
＊伊万里…伊万里焼。有田焼とも。焼き物（磁器）の名。
＊猪口…小形のさかずき。
＊常滑…常滑焼。焼き物（陶磁器）の名。
＊七葉…「私（麻子）」の妹。小学校六年生。
＊紗英…「私（麻子）」の妹。小学校一年生。

問一　＝＝線Ⅰ「唸る」・Ⅱ「滔々と」の本文中の意味として最も適当なものを、次のア～オからそれぞれ一つ選び、記号で答えなさい。

Ⅰ　唸る

ア　自分の審美眼の確かさを自慢する
イ　優れた出来映えに感嘆する
ウ　高価で手が届かないと残念がる
エ　いくらで買うかと思案する
オ　声を低くして品物を鑑定する

Ⅱ　滔々と

ア　こまごまと具体的に
イ　見ているようにありありと
ウ　ながながと誇らしげに
エ　しみじみと思い出すように
オ　滞ることなくすらすらと

Ⅰ〔　　〕　Ⅱ〔　　〕

問二　Ⅲ・Ⅳにはどのような語を入れればよいか。最も適当なものを、次のア〜コからそれぞれ一つ選び、記号で答えなさい。

ア　ざわざわと　イ　おずおずと
ウ　もやもやと　エ　ふくふくと
オ　しぶしぶと　カ　しゃあしゃあと
キ　きらりきらりと　ク　ひょうひょうと
ケ　うつらうつらと　コ　ぽつんぽつんと

Ⅲ〔　　〕　Ⅳ〔　　〕

問三　難　――線①「田舎か、都会か、うちが食べていけるかどうかにかかっているというのがおかしい」と「私」が思ったのはなぜか。その理由として最も適当なものを、次のア〜オから一つ選び、記号で答えなさい。

ア　私の町を田舎なのか都会なのかと決めかねていたが、古道具屋という商売が成り立つか否かでそれを判断すればよいという父の意見が目新しくて面白かったから。
イ　都心に出るのにどれほど時間がかかろうが、古道具屋という商売が成り立つ以上田舎ではないとする父の理屈には、自分の町が田舎であることを認めたがらない父の自負が感じられて面白かったから。
ウ　私の町は都心に出るのにも時間がかかる田舎なのに、古道具屋という商売が成り立てばどこであっても都会だという父の理屈が不思議な説得力を持っていて面白かったから。
エ　都会か田舎かを判断するとき、普通、土地の値段などの公的な基準が優先されるのだが、父の理屈には古道具屋が商売として成り立つか否かという私的な事情による基準が優先されていて面白かったから。
オ　古道具屋を営んでいくためには、たとえ都心から離れている町であっても古道具に対する需要や審美眼を持った客が必要であり、そうした需要や客があれば田舎ではないとする父の発想が面白かったから。

〔　　〕

問四　――線②「ああいうもの」・③「ああいうもの」とあるが、「ああいうもの」に対して「私」と「父」はそれぞれどのような思いを抱いているか。「私」と「父」の違いがわかるように、六十字以内で具体的に説明しなさい。

問五　――線④「素性のよくわからない」と反対の意味で用いられている語句を、ここより前の部分から五字で抜き出しなさい。

問六 難 ――線⑤「あの目を見たくないといつも思う」というのはなぜか。その理由として最も適当なものを、次の**ア**～**オ**から一つ選び、記号で答えなさい。

ア　一瞬すうっと細くなる目をして父が何かを値踏みするときの顔は、温和でやさしいいつもの父の顔とは違って、私の中のあらゆる欠点を探し出してとがめようとする冷酷さが感じられるから。

イ　何かを値踏みするときに細くなる父の目は、物に秘められた真の美しさを見つけようとする目であり、そうした目を見ていると私の審美眼のつたなさが責められているように感じられるから。

ウ　父がすうっと細くなる目をして何かを値踏みしているとき、その目は物を値踏みしているだけではなく、人の心の中まで冷徹に値踏みしているような気がしていたたまれない感じがするから。

エ　いつもは温和でやさしい父が、一瞬すうっと細くした目を他人に向けるときの冷ややかさの中に、いつもの父とは異なる、物事に対する厳しく容赦ない一面を見てしまうように感じるから。

オ　父が細い目をして私を見るときは、古道具を正確に値踏みしようとする非情さを私に向けているような気がすると同時に、私という存在にも値をつけているような嫌な感じがしてしまうから。

〔　　〕

問七 [V]にはどのような語を入れればよいか。文中の語で答えなさい。

〔　　〕

問八 難 ――線⑥「閉じ込められていたはずのものが、蓋を開け、ゆるりと正体を現し、目の前で立ち上がる、そんな瞬間をたしかに感じる」とはどういうことをいうのか。八十字以内で説明しなさい。

問九 新傾向 この文章の表現と内容に関する説明として最も適当なものを、次の**ア**～**オ**から二つ選び、記号で答えなさい。

ア　冒頭から……線Aまでの叙述は、「風に煽(おだ)てられて機嫌よくハミングする」「童謡のように」「物腰のやわらかな」といった分かりやすい比喩を用いて、主人公の住む町やそこを流れる川の様子を具体的にいきいきと描き出している。

イ　……線Bから主人公の父が経営する「店」の紹介がはじまるが、「フルドーグヤ」「コットーヒンテン」といったカタカナ表記を使うことで、「店」が何を商売にしているのか見当もつかない主人公の幼さと戸惑いを効果的に表している。

ウ　……線CとDは「客」と「商品」の様子を対句的表現によって描写している箇所であり、……線Dにある「どんどん出ていったり入ってきたりすることがない」の主語は、「商品」であり「客」でもあるという二重の構成になっている。

エ ……線E「亡くなったご主人」以降の回想部分では、「壺」にまつわる「ご主人」の思い出を憎らしげに語っていた「婦人」の、話をしているうちに「ご主人」に対する愛情を次第に取り戻していく様子が、ほほえましく描かれている。

オ ……線F「品物の講釈をするのは」以降の叙述では、気に入った品物に見入ったまま講釈する「父」の様子と、「父」の話にこたえて感動を深めていく主人公の様子とが、「父」に対する畏敬の念とともにみずみずしく表現されている。

〔　　　〕〔　　　〕

---

13 次の文章は、二〇一一年七月三日付の日本経済新聞に「蘆江の鞭」と題して掲載された文章である。これを読んで、あとの問いに答えなさい。（句読点なども一字と数える。）（東京・桐朋高）

怪談の話をする機会があり、話題が平山蘆江の『火焔つつじ』に及んだ。

一般の人には、あまりなじみのない作品だろう。しかし、怪談好きには知られた逸品である。読んでいると、燃え立つような庭先の赤が目に浮かぶ。［A］、忘れ難い作だ。

この『火焔つつじ』、何と和田誠氏によって映像化されている。オムニバス映画『怖がる人々』中の一篇だ。怪談を視覚化すると多くの場合、間の抜けたものになる。ところがこれは、作品の芯にある、いいようもない《こわさ》を掌に乗せ、「ほら」と差し出されたような①絶品だった。

CGの発達にａトモナい、近頃の映画は、あれもこれも絵にして見せようとする。至れりつくせりの暮らしをしていると体がなまるように、説明ｂカジョウの画面を見ていると、鑑賞者の味わう力が落ちてくる。

和田氏の『火焔つつじ』は、どうだったか。見ること以上に感じさせることを大切にしていたように思う。

そういえば怪談というものが本来、説明して納得させるより、感じさせるものだろう。

平山蘆江は、明治から戦後までを生きた小説家、随想家である。うちの書棚には、彼の著書が三冊ほどある。このうち、『日本の芸談』は歌舞伎についての本だが、怪談の場合と違い、まことに具体的に、台詞や動きについて語ってくれる。自分が歌舞伎役者だったら随分と役に立つだろう——と、おかしなことを考えてしまう。あとの二冊が、最近ウェッジ文庫から出た『蘆江怪談集』と『東京おぼえ帳』である。

後者は、買った時にあちこち拾い読みしただけだった。②この機会にと思い、通して読んでみた。『日本の芸談』同様、具体的に、明治・大正・昭和の東京が語られていて、実に面白い。

東京芸者の名妓美妓、歌舞伎の六代目菊五郎、十五代目羽左衛門、相撲の梅ケ谷、常陸山、浪曲の雲右衛門などなどのcミリョク的なエピソードが次々に紹介される。

すっかり堪能して、最後の章まで来た。「お好み甘味尽」という。木村屋の餡パンから始まり、東京名物の甘味についての話が続く。ページをめくりつつ、楽しく読んでいた。しかし、そこで思いがけなく、怪談以上にぞっとさせられてしまった。

蘆江は語る。

――東京名物のひとつに、太々餅という汁粉屋があった。その主人が老いて床につき、先の見えた時、息子たちにいった。

「おれが死んだら店をやめろ」

③驚く息子たちに向かって、老人は聞く。続けたいというなら、どういう料簡でやるつもりだ――と。

息子たちは答える。

「　B　」

ところが、老人は首を振った。

「だからいけねえ、止めろというんだ」

では商売人の心掛けるべきことは何なのか。老人によれば、店は勿論、料理場、台所、不浄場の隅々、障子のさんの上まで、塵ひとつ落とさずにおくことだという。

原文をそのまま引く。

只それだけでよい、食べもののつくり方の旨いまづいはそれからあとのことであると云つたさうだ。

「お前たちにはとてもそれがやり通せようとは思はれないから、だから此商売はやめろといふんだ」

固くいひ渡して亡くなつた。d併し、息子たちは老人の言葉を只一片のお説教と聞流して太々餅ののれんをかけつづけたのが、一応、東京名物の一軒として、つづいたことはつづいたが、お成道の分店も、神明の本店も大正初年の中に商売がへをすることになつた。

わたしは、はたして老人は何をいうのかと身を乗り出し、次を読んで、正直なところ、

――何だ……。

と思ってしまった。もっと気のきいた言葉が出て来るのかと期待していたのだ。

我々が、案内書で食べ物について見る時、普通、「うまい」という評判を知ろうとする。そして、お手頃の値段なら行ってみようかと思う。つまり、うまいものを安く提供しているなら、よい店と思う。

プロであるなら、eエイセイ管理は常識だ。しかし、老人の言葉は、④その上を行く。厳しすぎるのではないか。そこまでやれるのかと思った。

これは、老人らしい精神論ではないか。つまり、彼の息子たち同様、

――何だ、「　C　」か。

と思ってしまったのだ。

次の瞬間、そうやって流しそうになった自分の心が、たまらなくこわくなった。

今がどういう時か――を考えたのだ。

自分は、心地よいこと、便利なことが、安く手に入るなら、それが一番――と、思ってはいなかったか。

老人は、客がそうであっても、それで店を開いてはいけないという。

お客様の安全を考えた時には、無理難題ともいうべき、塵ひとつの懸念も残さぬようにしろ、と。

効率を考えたら、非現実的な事態まで想定してはいられない。次代の経営者となる息子たちの腹はそうだ。しかし、老人はそれが出来ぬなら、「商売はやめろ」というのだ。

一年前に読んでいたら、記憶に残らなかったかも知れないエピソードだ。だが、わたしは、意外なところで背をしたたかに打たれたような気になり、しばらく動けなかった。

（北村薫「蘆江の鞭」日本経済新聞二〇一一年七月三日より）

問一 ――線a～c・eのカタカナを漢字に直しなさい。

a〔　　〕 b〔　　〕 c〔　　〕 e〔　　〕

問二 A に入る最も適当な語を、次のア～オから一つ選び、記号で答えなさい。

ア 一読　イ 熟読　ウ 瞬間　エ 情感　オ 万感 〔　　〕

問三 ――線①「絶品」について。筆者が「絶品」と評した理由として適当でないものを、次のア～エから一つ選び、記号で答えなさい。

ア 見ている者の感覚に直接響くような描き方をしているから。
イ 味わう力のない鑑賞者にも《こわさ》がしっかり伝わるから。
ウ 具体的な台詞や動きで《こわさ》を示している訳ではないから。
エ 視覚化に際して説明を排除しつつも作品の芯は失わずにいるから。

〔　　〕

問四 ――線②「この機会」とはどういう時を指すのか。最も適当なものを、次のア～エから一つ選び、記号で答えなさい。

ア 怪談の話をすることになって、蘆江という人物の存在を知った時
イ 『火焔つつじ』の話題にふれて、蘆江について改めて関心を持った時
ウ 映像化された蘆江の作品を観て、怪談というものを認識し直した時
エ 『日本の芸談』を読んで、蘆江の巧みな文章表現に感心した時

〔　　〕

問五 ――線③「驚く息子たち」とあるが、この息子たちは何に驚いたのか。最も適当なものを、次のア～エから一つ選び、記号で答えなさい。

ア 自分たちの考えも知らずに父が店をやめろと言ったこと。
イ 老いた父が店をやめようと思うほど弱気になっていたこと。
ウ 死を覚悟した父が自分の死んだあとのことまで考えていたこと。
エ 東京名物になっている店を父が自分の代で終えようとしたこと。

〔　　〕

問六 難 B に入ると考えられる内容を、本文全体をよく踏まえたうえで、文章中の言葉を使って、十五字程度で補いなさい。

問七 ――線d「併し」の読みをひらがなで答えなさい。

〔　　し〕

問八　――線④「その上を行く」とあるが、その具体的な内容にあたる表現を、ここより前の部分から四十字程度で探し、最初の五字を抜き出しなさい。

問九　C を補うのに適当な語を、本文中から五字以内で抜き出しなさい。

問十　新傾向　……線「怪談以上にぞっとさせられてしまった」のはなぜか。本文全体を踏まえて、詳しく説明しなさい。

14　次の文章を読んで、あとの問いに答えなさい。（句読点なども一字と数える。）

（愛媛・愛光高）


大阪堺の商人である今井宗久と千宗易（千利休）は、茶の湯（茶道）に通じた高名な茶人でもあった。

その宗久を、尾張殿（織田信長）が茶頭*として近く召し出すという噂を聞き、宗易の弟子である山上宗二は急ぎ師のもとに駆けつけた。


「宗久殿は、三千石で召し抱えられるという話じゃ」

「三千石？　それはまた、町人には高額ではございませぬか」

「それだけの礼を持って、向こうも迎えるというのじゃ」

「しかしわしは、賛成はいたしませぬ。茶の湯を身過ぎ世過ぎ*にしようとは」

唇をふるわす山上宗二に、宗易は微笑して、

「何、たかが三千石。宗久殿にとって身過ぎ世過ぎになるほどの額でもあるまい。宗久殿の身過ぎ世過ぎは、商人じゃ。信長殿のご用商として、たんまりと宗久殿は儲けているわ。金にて雇[a]われるのではない。考えあって仕えるまでじゃ」

「…………」
①宗二は仏頂面をして、じっと天井の一劃を見ていたが、
「ではお師匠様、もしお師匠様に茶頭の誘いがございました時は、お師匠様はいかがなされる所存でございます？」

「そうよのう。時と場合によるわ」

「時と場合？」

宗二の眉間に太いしわが刻まれた。

「時と場合？」

「そうよ、時と場合じゃ」
②「では、お師匠様も、いつかは大名に仕える日があるのでございます

か」

憤懣をこらえて、宗二は言った。

「山上、わしはのう、③わしの創意をもっと茶の湯に盛りこむつもりじゃ」

「どんな創意でござります？　どんな創意を盛りこもうと、大名共に仕えるという点では、同じではござりませぬか。口惜しくはござりませぬか、お師匠様」

へそ曲がりと言われているほどに、潔癖で頑固者の山上宗二が、心から尊敬しているのは宗易であった。宗易のたゆまぬ研鑽は、正に会うごとに刮目するものがあった。その精進ぶりは、例えば宗易の作った茶器の型紙にもうかがえた。茶器の型紙を見せられた時、思わず宗二はうなったものである。どの茶会においても、茶器や茶入れの道具拝見がある。ふつうのものはそれを只拝見して来るだけだが、宗易はちがっていた。その日に焼きつけられた名器の姿を、型紙に切る。それは実に、寸分たがわぬほどの正確な切り紙であった。しかも、その一見しただけの道具の特徴を、その型紙に詳しく記し、それを拝見した日付も忘れずに記すのであった。つまり只一度見ただけの道具を、宗易はその日のうちに紙に再現し、事細かに、そのよし悪しを記すのである。

このような型紙を作ろうとすれば、道具拝見も真剣となる。この型紙を、弟子の宗二は幾十枚となく見せられたが、それは正に道具の鑑定書であった。さすが鑑識眼の高さに定評のある宗易の精進は、他者には真似のできぬところであった。

これほどの優れた茶人が、何故に時と場合によっては、大名などの茶頭として仕えようというのであろう。茶人の真骨頂は、自由に生きるところにあるのではないかと、宗二は言いたかった。

大名に仕えるのは口惜しくはないかと言う宗二に、宗易はうなずいてから言った。

「おぬしも、わしとよう似た男じゃ。わしも、生来武将などは好きではない。わしには、切った張ったの生き方などよりは、ものの色形、美しさを知ることのほうが、人間として重要なことだと思っている」

「それでは、なぜ信長殿などに……」

「わしはまだ、仕えるなどとは言ってはおらぬ。恐らく当分は尾張殿もそんなことは言っては来まい。が、仮にじゃ。その話が再燃した時は、わしは行くかも知れぬぞ」

「なぜでござります!?」

山上宗二の細い目が三角に尖った。

「それはの」

宗易は、じっと宗二の目をみつめ、そしてにやりと笑った。

④「それは、大名をわしの意のままに動かしてみたいからじゃ」

「なんと申されます!?」

驚きの声を上げる宗二をおさえて、

「ま、静まれよ。だが、おぬしもよく考えて見るがよい。わしらが働き所は戦場ではない。茶の湯の場じゃ。茶室ではこちらが主じゃ。茶室はわしの世界じゃ。いかなる軸を掛けるか、いかなる釜を使うか、いかなる茶壺を用いるか、すべてはわしの仕立てる世界じゃ」

「いかにも」

「そこでは、この世の位階は幅をきかすことが出来ぬ。いかに天下を取るほどの武将になられたとしても、茶の世界では、それは何の手柄にもならぬ。茶の世界では目利きができなければならぬ。われらがつくった作法にならわねばならぬ。いや、わしらのつくった法に従わねばならぬ」

「なるほど！　さすがはお師匠様」

閉じていた扇子を再びひらいて、宗二は忙し気に胸もとに風を送った。

「それには、先ず茶室の工夫が必要じゃ。わしは武士共が命よりも大切にしているあの刀を、茶室から追放したいのじゃ」

「それはお師匠様、いかに申されようとも、それは無理というものでございます。＊寸時たりとも武士共は、刀を手放しませぬ」

「それはわかっている。が、山上、わしは茶室に刀などという殺伐[d]な道具を、持ちこませたくはないのだ。なぜ茶室に刀が必要なのか。刀で茶が点てられようか。刀を＊茶杓の代わりに使うことができようか。＊茶は宗教と言い切るためには、刀は持ちこんではならぬのじゃ」

「それはそうではございますが」

こと茶にかけては、激しい情熱を持つ山上宗二にも、宗易の言葉は余りに現実を無視した言葉に思われた。

世は未だ戦乱の繰り返される時代である。宗二には、武士を＊丸腰にさせることなど、何としても至難なことに思われた。

「山上、⑤刀が茶室に持ちこまれている間は、わしの理想とする真の茶の湯とは言えぬ。＊和敬清寂の世界に、何で刀が要るのだ。その道理がわからぬ者に、茶の湯をたしなむ資格はない」

「いかにもそうではございましょうが、刀を茶室の外に置いては、落ちついて茶を飲むことができぬのが、武士共ではございませぬか」

「そうよ。そうだからこそ、わしは茶室を信じ合える者たち、睦び合える者たちの場としたいのじゃ。わかるか山上」

「はい、お師匠様」

宗二は答えた。宗二も茶室に刀は要らぬと思う。だがそれは、天の星を竿で落とすよりも、もっと困難なことに思われた。いかに宗易を尊敬する宗二ではあっても、宗易の言葉は、あまりにも夢のような話だと思った。

「⑥蒸すのう」

宗二を見る宗易の目は、弟子の心を隈なく見通しているようであった。

（三浦綾子『千利休とその妻たち』より）

＊茶頭…大名に仕え、茶の湯の事をつかさどる役。
＊身過ぎ世過ぎ…生計をたてるための手段。
＊憤懣…腹が立っていらいらすること。
＊刮目…目を大きく開いて、注意してよく見ること。
＊茶入れ…抹茶を入れる容器。
＊切った張った…切ったりなぐったりすること。
＊再燃…宗易は以前織田信長の前に召し出され、茶頭になるように誘われたが、すぐに信長自身がその誘いをひっこめたことがある。
＊法…きまり。
＊寸時…ほんのわずかな時間。
＊茶杓…抹茶をすくう細長い匙。
＊茶は宗教…茶の湯は「禅」であり、禅とは譲ること、無になることでなければならないと宗易は考えていた。
＊丸腰…武士が腰に刀を差さないでいること。
＊和敬清寂…宗易の茶道の精神を表したもの。「和」は、互いに心を開いて仲良くすること。「敬」は、互いに敬うこと。「清」は、心もふくめて清らかであること。「寂」は、どんなときにも動じない心。

問一　＝＝線a～dの読みを、それぞれひらがなで答えなさい。

a〔　　　〕　b〔　　　〕
c〔　　　〕　d〔　　　〕

問二　頻出　……線A「真骨頂」・B「目利き」の語句の意味として最も適当なものを、次のア～オからそれぞれ一つ選び、記号で答えなさい。

A
ア 優れた点
イ 第一の条件
ウ 努力すべき目標
エ 深い味わい
オ 本来の姿

B
ア 物の価値を見分けること
イ 周りに目を配ること
ウ 物事の先を見通すこと
エ 目で見て作法を覚えること
オ 人の心を見抜くこと

A〔　　〕 B〔　　〕

問三 ――線①「宗二は仏頂面をして、じっと天井の一劃を見ていた」とあるが、このときの宗二の気持ちを説明したものとして最も適当なものを、次のア～オから一つ選び、記号で答えなさい。

ア 信長に仕えようとする宗久の本心を師の宗易はすでに知っており、非難した自分だけが実は知らされていなかったことに気づいて不満に思う気持ち。

イ 宗久には宗久の考えがあって信長に仕えるのだと宗易に諭されたものの、それではいったい宗久にはどのような考えがあるのだろうかと不審に思う気持ち。

ウ 宗久にも考えがあってのことだと宗易は言うが、たとえどのような考えがあったとしても、大名に仕えるという宗久の茶人としてのありかたには納得できない気持ち。

エ 大名に取り入ろうとする宗久を激しく批判したものの、宗易の説明を聞いて、宗久にも考えがあることに思い至らなかった自分の浅はかさを恥じる気持ち。

オ 信長に仕えようとする宗久を非難したことで師との間に気まずい雰囲気が生まれたが、それを一変するために新しい話題を探そうとしてあせる気持ち。

〔　　〕

問四 ――線②「『では、お師匠様も、いつかは大名に仕える日があるのでござりますか』／憤懣をこらえて、宗二は言った」とあるが、宗二が宗易に対して「憤懣」をおぼえたのはなぜか。その理由を説明しなさい。

〔　　　　〕

問五 ――線③「わしの創意をもっと茶の湯に盛りこむつもりじゃ」とあるが、宗易の「創意」として本文ではどのようなことが書かれているか。十五字以内で答えなさい。

□□□□□□□□□□□□□□□

問六 ――線④「それは、大名をわしの意のままに動かしてみたいからじゃ」とあるが、「大名をわしの意のままに動かしてみたい」とはどういうことか。その説明として最も適当なものを、次のア～オから一つ選び、記号で答えなさい。

ア 大名にあえて仕えることで大名に接近し、自分が理想とする茶の湯の実現に協力するよう働きかけてみたいということ。

イ 自分たちの作った茶の湯の作法に大名を従わせることで、この世の権力者を支配する喜びを味わってみたいということ。

ウ 茶の湯を教えることで大名より上の立場になり、大名を背後で操って、天下を思い通りに動かしてみたいということ。

エ 茶室の中では大名もその権威や権力と関係なく茶の湯のきまりに従わせ、ものの美しさをわからせてみたいということ。

オ この世の位階が全く通用しない茶人独自のきまりを作ることで、茶の湯の世界から大名を追放してみたいということ。

〔　　〕

問七 難 ――線⑤「刀が茶室に持ちこまれている間は、わしの理想とする真の茶の湯とは言えぬ」とあるが、「刀が茶室に持ちこまれている間」は、どうして宗易の「理想とする真の茶の湯」とは言えないのか。その理由を五十字以上六十字以内で説明しなさい。

問八 難 ――線⑥「『蒸すのう』／宗二を見る宗易の目は、弟子の心を隈なく見通しているようであった」とあるが、このときの宗易の気持ちを説明したものとして最も適当なものを、次の**ア**～**オ**から一つ選び、記号で答えなさい。

ア 今まで強気だった宗二が、武士から刀を奪うことに対して急に弱腰になってあきらめてしまったので、何か深いわけでもあるのだろうかと弟子を案じる気持ち。

イ 茶室に刀を持ちこませないのは無理だという宗二の気持ちは十分わかるし、自分も実現の困難な話だと十分承知しているが、それでもその理想を実現しようとする気持ち。

ウ 茶室に刀を持ちこませないのは無理な話だと自分でも思っていたが、弟子の宗二に無理だと言われ、改めて自分の理想とする茶の湯について考え直そうとする気持ち。

エ 今まで大切に育ててきた宗二が、武士から刀を奪うのは無理だと意外にも臆病（おくびょう）な態度を示したことで、一番弟子として期待していただけに師としてがっかりする気持ち。

オ 武士から刀を取り上げるのは無理な話だとは言え、努力すれば必ず実現されるはずなのに、そのことが一番弟子にさえわかってもらえないことをもどかしく思う気持ち。

〔　　〕

15 次の文章を読んで、あとの問いに答えなさい。（句読点なども一字と数える。）

（鹿児島・ラ・サール高改）

［大学生の「僕」は、水墨画の大家である「湖山先生」と出会い、弟子入りをすすめられ、じかに絵の指導を受けている。］

ただ単に墨で絵を描くことは、当然のようになり始めていた。

何度も菊の形を、緻密に毛筆で画仙紙の上になぞっていき、葉の形や、花びらの質感を覚え込み、精密に描く訓練をした。結果的に、形をとることはできるようになり、『菊を墨で描いた絵』は次第に描けるようになっていった。だが、それに習熟するにつれて、問題は大きくなった。どれほど精密に毛筆と墨で菊を描いても、それが湖山先生や＊翠山先生が描く水墨画のような印象を与えなかったことだ。

これだけ練習すれば、どう考えてもうまくなるはずだ、という量の紙を反故にしたあとに、自分が描いた絵を一枚一枚見直していくと愕然とした。それは確かに菊の形をした絵に見える。だが、それ以上でもそれ以下でもなかった。

墨という粒子で構成された絵が最終的に菊の形に正確に配置されても、それが水墨画として完成しないのは、単純に考えても形以外の情報がそこに組み込まれているからだ。その形以外の情報が何なのかが見定められないから、ただひたすら菊を見て、描き続けるしかなかった。

悩むにつれ不安は募り、不安はそのまま焦りになり、それは指先に現れた。

生み出される線は、どこかやつれたものになって、春蘭を描いていたときのような清々しさが消え去り、思ってもみなかったほど、よくない方向に動き出していると感じたときにはもう冬になっていた。

作品の締め切りまで一か月を切っていた。

広い部屋の床が反故にした画仙紙で埋め尽くされ、埋もれるほどに積み重なった後で、僕はばかみたいに単純なことに気が付いた。それは、

「墨で絵を描くことが、水墨画ではないんだ」

ということだった。その言葉は僕の口から独り言のように漏れて、僕の中に染み込んでいった。考えてみれば、それはいまさら疑うべくもないことだった。形や技法のみを追求した絵が必ずしも水墨画にならないことは、何度も何度も繰り返し教わってきた。何度も何度も目にしてきたのだ。

だが、実際に自分が歩み始めると、知っていたはずの当たり前のことにさえ簡単につまずいてしまう。＊斉藤さんや千瑛の顔が浮かんだ。①あの人たちはこんな悩みとずっと闘ってきたのだ。眺めているだけでは分からない。実際に手を動かし、描いて、つまずいてみなければ分からないことばかりだ。僕はため息をついた。

室内を整え、散らばった紙を片づけて、お茶を淹れた。画仙紙を広げ、墨をすり、心を落ち着けて筆をとった。画仙紙を見つめ、筆の重みをそっと感じた後に、また筆を真っ白な梅皿に、穂先のほうを立てかけて置いた。

僕はここからが勇気だと思った。水墨画を水墨画たらしめる要素は、描くことでは見いだせない。描くこと以外の方法で描き方を見いださなければならない。描くという行為以外の場所に、水墨画の本質は存在しているのだ。その場所が何処で、そして何なのか、僕には分からなかった。だが、筆を静かに置いたとき、奇妙なことだけれど、これまでとはまるで違う手ごたえを感じた。何かにほんの少し近づいたような、心が少しだけ解き放たれたような優しい気持ちになった。

②僕はこれまでよりも少しだけ心地よく花を眺めていた。何処かに入り口があるはずだ。そして、何処かに始まりがあるのだ。僕は、時間も空間もまだ存在していない真っ白な画仙紙を見つめながら、その入

り口を探していった。

　それから一週間、筆を持ち上げることもなく、自室で花瓶（かびん）に生けた菊の花を眺めていた。花の前に坐（ざ）して、花の形、葉っぱの付き方、枝の伸び方を仔細（しさい）に眺めて、真っ白な画仙紙を見つめて時を過ごした。

　真っ白な画仙紙に本物の白い菊をゆっくりと[a]スかし見て、そしてまた本物の菊に目を戻す。そしてまた菊を見つめては画仙紙を見る、ということの繰り返しで、はた目から見ればただぼんやりとそこに座っているようにしか見えない。それでも僕は[b]シンケンだった。腕を組んで[c]フキゲンそうにそこに座っていた。花と画仙紙に飲まれて、僕は動けなかった。

　そのうち真っ白な画面を見つめながら、筆の動きや墨の滲（にじ）み、線の[d]雰囲気をイメージして、何百回も、頭の中で絵を描くようになっていた。数限りない失敗とわずかな成功の中で、僕は毛筆を持って絵を描くことを、頭の中で再現できるようになっていた。

　少し集中してイメージしさえすれば、頭の中に筆があり画仙紙があり、それを現実とほとんど同じように動かすことができた。それは棋士が頭の中に盤と駒（こま）を置いているのと同じで、自然に身についていた。モノトーンで筆一本で絵を描くという制約が、そうしたイメージを可能にしているのかもしれなかった。

　何もない自室で、自然光だけで、ひもすがら菊を眺めていると、さまざまなイメージが画仙紙の上にわいてくるようになった。湖山先生もときどき庭を見つめながら、ただぼんやりと座っていることがあったけれど、おそらくこんなイメージを展開し頭の中でいくつもの仕事をしていたのだな、と思い至った。翠山先生にしても、どうしてあれだけ無口で、張り詰めたように静かに過ごしておられるのか何となく分かる気がする。どちらの先生も、筆を持っていなくても、画仙紙の前にいなくても、ずっと絵を描いていたのだ。

　僕はガラスの部屋の大きな壁に向かって、そこを画仙紙だと想定してさまざまな実験を行った。無数の春蘭を壁一面に描いてみたり、竹林をひたすらにそこに描いてみたり、巨木の梅をただひたすら描いてみたり、まず自分が描けるものを可能な限りそこで描き続けた。次に、自分には不可能な技法も記憶を頼りに再現し、うまくいかないときは何度も文字どおり試行錯誤し、描いてみた。

　千瑛の薔薇（ばら）や、斉藤さんの蔓（つる）薔薇、牡丹（ぼたん）に、湖山先生が先日描いて見せてくれた葡萄（ぶどう）の樹まで再現してみた。自分が習得した技法以外は不明な点も多かったが、何度も何度も考え、記憶を辿（たど）っていくと、ふいに閃（ひらめ）くこともあった。何かを想（おも）い詰めて、考え続けて、悩み続ける、というネガティブともいえる行為が、考えもしなかった方向で役に立っていることが少しおかしくもあった。僕は孤独を過ごすことに、とても適した人間なのだろう。

　だがそれらは描いて見せられ、西濱（にしはま）さんの言葉を借りれば『教えられた』画題だった。千瑛は僕が『見いだした美』を見たいと言った。そして、湖山先生は『花に教えを請え』と言われた。③あの二人の言葉には、何処か重なるものがあるような気がした。

　技術はこうして、ひたすらに座り、考え続ければきっと上がっていくだろう。師や先輩に教えを請い、技を盗み、時に磨き、自分の力で再現する。それはたぶん、注意深く観察し、正確に動く手を持っていれば、何処までも同じ速度で伸びていく。けれども『絵を描く』ことは、高度な技術や自分が習得した技術をちらつかせることだけではない。それは技術を伝えてくれた『誰か』との繋（つな）がりであって、自然との繋がりではない。

　そう思って、菊を見つめ直すけれど、やはり答えはまるでやってこなかった。描こうとするたびに、イメージは止まり、それが失敗に繋がることを描く前に察知していた。『たった一筆でさえ美しくあるように』とするなら、起筆（きひつ）のその一筆目がすでに誤りを含んでいた。

水墨画は、考察し、模索しながら描く絵画ではない、ということなのだ。④結局、描くという現象にすら僕はたどり着かなかった。

（砥上裕將（とがみひろまさ）『線は、僕を描く』より）

＊翠山先生…水墨画の大家。

＊斉藤さんや千瑛…それぞれ、「僕」の兄弟子と姉弟子。「僕」は千瑛から、敬語で話さなくていいと言われ「さん」をつけずに呼んでいる。あとに出てくる西濱さんも「僕」の兄弟子。

問一 ――線a～cのカタカナを漢字に直し、――線dの漢字をひらがなに直しなさい。

a〔　　〕　b〔　　〕　c〔　　〕　d〔　　〕

問二 頻出 〜〜線「ひもすがら」の意味として最も適当なものを、次のア～エから一つ選び、記号で答えなさい。

ア 一日じゅう　　イ すがる思いで

ウ ためつすがめつ　　エ 一人ぼっちで

〔　　〕

問三 ――線①「あの人たちはこんな悩みとずっと闘ってきた」とあるが、「僕」には斉藤さんや千瑛がどうしてきたと考えられたのか。百字以内で説明しなさい。

問四 ――線②「僕はこれまでよりも少しだけ心地よく花を眺めていた」とあるが、その理由として最も適当なものを、次のア～エから一つ選び、記号で答えなさい。

ア「僕」はこれまで水墨画の上達のために、繰り返し画仙紙に向かって練習を重ねていたが、水墨画の本質は描く行為以外の部分に含まれると思って筆を置いたとき、正体は分からないまでも現状の行き詰まりを打開する何かを見つけた感じがして、穏やかな気持ちになったから。

イ「僕」はこれまで締め切りが近いのに少しもうまくならず、ぶち当たった壁を越えるにはだいぶ時間がかかりそうであったが、自分はまだ学生であり自由に使える時間が他の人に比べれば充分にあると考え、勇気を出して描く行為をやめたら、かえって落ち着きを増したから。

ウ「僕」はこれまで絶え間なく筆を動かして菊を画仙紙に描いていったが、菊の外形は真似（まね）できても繊細な花びらの情報までは描き込めなかったため、一度筆を置いたうえで花をすみずみまで観察することが大切だと思ったら、菊をいつくしむような気持ちが湧いてきたから。

エ「僕」はこれまで菊の形を緻密になぞっていけば美しい水墨画ができると信じて鍛錬してきたが、菊の形に忠実であるかどうかでなく、時間と空間を描くことが水墨画の本質であることを悟るに至り、筆を一旦置いたとき、なんとなく水墨画に向き合う気力が増したから。

〔　　〕

問五 難 ――線③「あの二人の言葉」とあるが、二人の言葉から「僕」が汲み取った内容を、九十字以内で説明しなさい。

問六 ――線④「結局、描くという現象にすら僕はたどり着かなかった」とあるが、どういうことか。最も適当なものを、次のア～エから一つ選び、記号で答えなさい。

ア「僕」はまじめに画題に向かい、実際に手を動かしたにもかかわらず、大きくつまずいてしまった。そのため紙と筆による練習には限界があると感じ、次に「僕」は逃げるようにして空想での練習を始めた。意外とこれが功を奏し、さまざまな技法を自分のものにするに至ったので、姉弟子や師匠の言葉に励まされるまま、「僕」は起筆しないで空想で腕を鍛え続けることにしたということ。

イ「僕」は画仙紙を前にして菊の絵をどれだけ練習しても、自分の水墨画を水墨画たらしめる、菊の形以外の植物の情報が組み込めないでいた。次に「僕」は画仙紙を用いず、記憶をもとにさまざまな植物を再現することで画題の種類を増やしつつあったが、画仙紙を前にすると菊以外の植物の印象はたちどころに消え、「僕」は一周回ってはじめの状態に戻ってしまったということ。

ウ「僕」は自分の未熟さを練習量でカバーしようとして繰り返し画仙紙に向かったが、いくら描いても水墨画らしくならなかった。次に「僕」は紙も筆も使わないで想像で練習を重ね、水墨画らしさとは何かをつかみつつあったが、やはり紙と墨で描かなければならない現実を直視すると、姉弟子と師匠の叱責を思い出し、「僕」にはそもそも素質がなかったと痛感するに至ったということ。

エ「僕」が作品の締め切りを意識し、筆をとって技術をひたすら向上させようとしていたころは、菊の形や水墨画の技法を追求していた。次に「僕」は筆をとらず頭の中で描き方をイメージするようになった。技術を磨くだけが全てではないと感じつつあったが、このまま筆をとっても納得のいく経過はたどれないだろうと先回りし、「僕」は描き始めることもできなかったということ。

〔　　〕

16 **次の文章を読んで、あとの問いに答えなさい。(句読点なども一字と数える。)** (大阪星光学院高)

［「奈緒子(なおこ)」は東京の旅行代理店で働いていたが、忙しさから体を壊し早期退職してしまう。退職後長野の高原に移住し、自然の中で落ち着いた生活を送り、体の調子も次第に回復してきた。そんな時に、ふと目についたケーキショップでアルバイトをすることになる。本文はそれに続く場面である。］

唐沢穂(からさわみのる)のケーキショップで働くようになってから、奈緒子はしだいに体が軽くなってゆくのを感じた。通勤とも言えない距離はたいした運動にもならないが、笑いを取り戻したし、少しでも決まった収入のあることが、やはり心のゆとりにつながった。しかも働くことが愉(たの)しい。

店主の唐沢はフランスで菓子作りを学んだあと東京のホテルに長く勤めた人で、やはり疲れ、五十歳を目処(めど)に独立して暮らすために高原の村へ移住したという。二年前まで彼には妻がいたが、心臓病で先立たれた。おいしいケーキを作り、売って、夫婦で晩年を愉しく暮らすつもりでいたので、彼はしばらく落ち込んだが、自分で自分を立て直した。生き甲斐(がい)を思い出させてくれたのは変わらぬ客たちで、高原の菓子職人として生きることを愉しんでいた自分に改めて気づいた。

「もし私が先に死んでいても家内はここに住み続けただろうと思ってね」

「私は始めからひとりです」

「最後はみんなひとりになるが、そのことを意識して暮らすのもどうかと思う、①人間は結構したたかだから」

客のいないとき、二人は厨房(ちゅうぼう)と売り場を仕切る窓越しに話した。互いの生活や思考が少しずつ見えてくると、冗談も出る。[A]笑えないときは笑えないことに笑ったりする。唐沢は要領よく指示するが、労使の関係はあってないようなものであった。

彼の作るケーキは小ぶりだが、形と彩りがよく、芸術的なものさえあった。[B]味見をしなくても分かる男はやはり職人で、客に説明できるように奈緒子に試作品を食べさせて、どこがどう美味(うま)いかと訊(き)くのであった。

「表面がビターで下にゆくほど甘く、一口目は大人の味がします」

「それだけ」

「それから中にバナナが隠れています」

「[C]二十点の表現だね、フランス人の客なら買わない」

「[D]日本の高原なら一日十個は売れます、私がひとつ買うし」

彼女は明るく言い返した。すると唐沢も目を丸くして笑うのであった。

昼どき、二人は客の絶えるのを見計らって食事をする。せいぜい十五分の食事は忙(せわ)しないが、時間給のうちなので奈緒子は不満にも思わない。たいていは唐沢の作るフランス風のサンドイッチとスープで済ませるが、たまに奈緒子が二人分の弁当を作ってゆくと、美味いなあ、と彼は気に入った。あり合わせのものを詰めただけの弁当も、彼には特別な味に変わるらしかった。食後のお茶をすすりながら、奈緒子が星を見に暗い庭へ出て転んだ話をすると、

「君は見た感じより明るいね、しっかりしているようで、そそっかしいところもある」

彼は言い、[E]昆虫でも観察するような目で彼女を眺めた。奈緒子は見つめられても嫌ではなかったし、気取らない男には気を遣わなくてよいので自然に振る舞えた。東京の*布施(ふせ)が電話をかけてくるとき、どこかで身構えるのと違って、些細(ささい)なことでも笑い合えるのがよかった。ひとりじゃ笑えないからなあ、と唐沢も似たようなことを言った。勤めはじめてから半年が過ぎたころ、季節は冬であったが、仙台か

ら初めて弟の徹夫が訪ねてきた。その前の電話で父が認知症らしいと聞いていた奈緒子は、その相談だろうと思った。高齢の父は母の死後も埼玉でひとり暮らしをしている。弟に父と一緒に暮らす考えのないことは分かっていたから、父に適当な施設へ移ってもらうか、奈緒子に引き取れという話になるに違いなかった。

夕方、雪の駅へ出迎えると、

「仙台より寒いね、蔵王かと思った」

徹夫はそう言って車に乗り込んだ。長男といっても奈緒子には年下の身勝手な坊やでしかない。②彼も奈緒子を頼りない姉と見ているはずであった。

雪原の小さな家は徹夫を驚かせて、なんのためにこんなところで暮らすのか理解できないと言わせた。外は狐でも出てきそうな暗さで、家の中は北欧風の家具がなんとなく生活を匂わすきりであった。結婚して子供もいる彼は姉の趣味の調度を眺めながら、父親が住めるかどうか値踏みしていた。彼自身は近くにデパートや娯楽施設がなければ暮らせない人間で、気晴らしの旅行先も都会しか選ばない。

「姉さんは勤めも辞めてしまったし、ここが気に入っているようだけど、正直に言って冬を暮らす場所ではないね、もう埼玉へ帰る気はないの」

夕食のとき、徹夫は遠くから訪ねてきた目的を切り出した。

「父さんもひとりで暮らせる時期は過ぎたと思う、といって僕の方で引き取ることもできない、子供たちはこれから受験だからね」

「あなたはいつもそう、姉弟は二人しかいないのに自分の都合でしか行動しない、今の私はひとりで暮らしていても身軽とは言えないわ、自分で自分の始末をつけているのは誰でもない、私よ」

「じきに父さんはそれもできなくなる」

「一度会ってくるわ、電話のようすではそれほど認知症が進んでいるとも思えないし」

奈緒子は話しながら、なんの負担も引き受けようとしない弟に暗い怒りを覚えた。長男が親の老後の面倒をみるという時代でもないのだろうが、子供のひとりとしての責任まで忘れてもらっては困る。親の問題はどこの家でも兄弟の誰かひとりに押しつけられて、あとの人は知らん顔というケースが多いとも聞く。そのくせ遺産相続になると出てきて、兄弟の決別で終わるのが落ちだという。

結論を引き出すために彼はそう言った。

「どこかの施設に入るための費用は埼玉にあるだろう、今のうちに本人にそのことを話してくれないか」

「もし嫌だと言ったら」

「それは姉さんと暮らしたいという意思表示だろうな、父さんと僕は反りが合わない」

奈緒子は仮に父と暮らすとしても、女ひとりで介護はできないだろうと思った。父の望みを聞くのが先だが、そう遠くない将来に備えなければならない。③その意味では徹夫の言うことにも理がある。彼女は弟に期待できないことは分かっていたので、彼にも分け合うべき責任のあることを話す一方で、自分がなんとかするしかないと思った。そうして人に期待されない人こそ楽なのであった。

久しぶりに姉弟が会っているのに夕食は愉しいものではなくなり、話題を変えても会話は弾まなかった。徹夫が仙台へ帰って妻子の前でどういう顔をするのか、彼女は見てみたい気がした。なんとか話をつけたとでも言うなら、彼もいつか自分の子供によって同じ目にあうに違いない。

次の朝、彼はそそくさと帰っていった。姉に一切を押しつけることが目的の、つまらない一泊二日の旅であったろう。わざわざ遠くからやってきたという事実がなにがしかの弁明になるのだろうか。十一時から午後三時まで働いて三千円を手にする姉は買い置きのクッキーを持たせた。

　いつもより早く仙台土産の蒲鉾を持ってケーキショップへゆくと、唐沢はケーキ作りの最中であった。目で挨拶をしてレジを見ると四、五人の客があったとみえる。冬の間も朝からケーキを作る男は売れても売れなくても淡々としている。奈緒子はショーケースの中を確かめ、店の窓を拭き、減っている籠のクッキーを整えた。毎日の決まった動作で、すべきことを改めて考えることはない。一日を送るためのリズムの中に調和があって、彼女もその何分の一かを享受している。

　しばらくして厨房から出てきた男に蒲鉾を渡すと、

「ほう仙台名物か、ありがとう、今夜はこれで一杯だな」

　案外な喜びようであった。

　昼食のとき、彼女は二、三日の休みがほしいと話し、ついでに父のことも話した。唐沢は食事をしながら聞いていたが、しばらくして言った。

「施設云々は検査結果にもよるだろうが、とにかく認知症の人をひとりにしておくのはよくない、早急に何かできるか考えないといけないね」

「弟がそんなふうですから、私が父と暮らすしかないのかもしれません」

「いいのかどうか欧米では高齢の親と暮らす人は少ない、自分たちの生活があるからね」

　唐沢の口から聞く言葉とは思っていなかったので、奈緒子は意外な気がした。

「日本では薄情に思えてしまうのはなぜでしょう」

「うまく言えないが、成人した子供すら突き放せない親が多いように、いつまでもつながっていたい民族なのかもしれない、いわゆる人情の部分でつながろうとするから、却ってややこしいことになる、ある意味では人間が成熟していないとも言えるし、病に対して社会が出遅れているとも言えるだろうな、いずれにしても選択肢は少ないよ」

　彼はそう言いながら、一日も早く父親に会ってくることをすすめた。その結果、まだ軽いようなら進行を遅らせる方法もあるだろうし、重大な事態なら改めて相談に乗ろうとも言った。④奈緒子の中で唐沢の存在が大きく変化した瞬間であった。彼女は高原の菓子職人を心のどこかでそれしかない人に見ていた分だけ、男らしい分別をありがたく思った。そのときになって、どこでも生きてゆける男の沈着さや底の深さにも気づいた。

（乙川優三郎『まるで砂糖菓子』より）

＊東京の布施…「奈緒子」のかつての会社の同僚。

問一 難 ――線①「人間は結構したたかだから」とあるが、「唐沢」は「奈緒子」にどのようなことを言おうとしているのか。その説明として最も適当なものを、次の**ア**～**オ**から一つ選び、記号で答えなさい。

ア ひとりでいる寂しさを強がってごまかすことはできるが、結局それは自分を欺いているに過ぎず、人のぬくもりを求めてしまうものだということ。

イ 死ぬときは必ずひとりだという事実をくつがえすことはできないが、最後は誰かと一緒にいたくなるという現実も心得ておく必要があるということ。

ウ 今後どうなるかもわからないうちに将来のことを決めることはできないが、人と人との縁を大切にしながら楽しく生きていくこともできるということ。

エ 人間は結局のところ孤独な存在だとわりきることもできるが、その時々の状況に合わせて柔軟に生きていくこともできるということ。

オ 人間は自分の都合ばかり考えて生きている弱い存在ではあるが、少しずつ自分の考えを改めていくことで、満足のいく人生を送ることができるということ。

〔　　〕

問二 新傾向 ……線部A～Eの表現に関する説明として最も適当なものを、次のア～オから一つ選び、記号で答えなさい。

ア Aの「笑えないときは笑えないことに笑ったりする」という表現から、唐沢と奈緒子がぎこちなくはあるが少しずつ関係を深めていっている様子がうかがえる。

イ Bの「味見をしなくても分かる男」とあるように、唐沢のことを「男」と表現することで、奈緒子が唐沢のことをとっつきにくい存在として見ていることがうかがえる。

ウ Cの「二十点の表現だね、フランス人の客なら買わない」という発言から、菓子の味をうまく表現できない奈緒子に対していらだっている神経質な唐沢の様子がうかがえる。

エ Dの「日本の高原なら一日十個は売れます、私がひとつ買うし」という発言から、唐沢の手厳しい言葉も気にせず、思ったことを自由に言う奈緒子の意志の強さがうかがえる。

オ Eの「昆虫でも観察するような目で彼女を眺めた」という表現から、唐沢が奈緒子を見る目がどことなくぎこちなく、女性に接することに慣れていない様子がうかがえる。

〔　　〕

問三 難 ――線②「彼も奈緒子を頼りない姉と見ているはずであった」とあるが、「奈緒子」がそのように推測するのはなぜか。七十字以内で説明しなさい。

問四 ――線③「その意味では徹夫の言うことにも理がある」とはどういうことか。その説明として最も適当なものを、次のア～オから一つ選び、記号で答えなさい。

ア 父が弟と一緒に暮らしたいと言うことは考えにくく、結局自分が父親の面倒を見なければならないのならば、今からどうやってこの地で一緒に暮らすことができるかについて考えておいても遅くはないということ。

イ 徹夫や私が父親の介護をすることを計画したとしても、父親の頑固な性格からして子供に面倒をかけまいと受け入れず難色を示すことはわかりきっているので、今の段階から少しずつ説得していくべきだということ。

ウ 自分の今の生活を考えてみると自分ひとりの生活を送ることだけで精一杯でとても父親の面倒を見る余裕がなく、今の段階で長野の高原を引き上げ、埼玉に戻って安定した職を探した方がよいということ。

エ 子供が受験を控えている徹夫は結局のところ父親の面倒を見る余裕がないことはわかりきっているので、特に差し迫った仕事を抱えている訳ではない姉の私が、父親の介護をしなければならないことは自明の理であるということ。

オ 自分が父親の面倒を見るとしても、女ひとりで介護することは難しく、結局どこかの施設の世話にならなければならないことは目にみえており、少しでも早く父親と今後のことについて話し合っておいた方がよいということ。

〔　　〕

問五 難 ——線④「奈緒子の中で唐沢の存在が大きく変化した瞬間であった」とあるが、どのように変化したかについて、百字以内で説明しなさい。

---

17 次の文章を読んで、あとの問いに答えなさい。

（東京工業大附科学技術高）

七〇年代に初めて体験した未知なる国、フランス

古い話ですが、一九七〇（昭和四五）年に僕がフランスへ初めて行った時に感じた①“違い”の話から始めた方が良いかもしれません。日本を発つ前は、「フランスのお菓子は崇高なもの。味もデザインも洗練されているだろう」と思っていました。でも、実際、パリで売られていたお菓子を見れば、ソースは下へ流れ落ちているし、パイも凸凹であまり美しくない。人々が普段食べているお菓子は、土地の香り、民族の香り、生活の香りがするような地に足がついたものでした。僕ら日本人は、勝手にフランス菓子を美化していたんです。

そして、食べてみた感想は「うぁ、甘すぎる」。でも、それは後になって、まだ体が土地に馴染んでいない証拠だと気づきました。例えば、フランスに着いた直後は妙に頭にフケが出て、三〜四か月も経つと徐々に収まってきたんです。それとともに、甘すぎると感じたお菓子の味もちょうど良いと感じるようになっていました。つまり、湿気が多い日本に馴染んだ体質のまま乾燥したパリへ行けばフケが出るように、味覚も急には合いません。逆に、何年か経ってから帰国し、日本のお菓子を食べたら、やたら水分が多く、味も素っ気ないと感じましたが、それがまた数か月もすると「日本のお菓子もなかなか美味いな」と思うように。味覚は食習慣や気候など、土地に根差しているものなんですね。

しかし、なぜそんなにお菓子が甘いのかを考えてみれば、フランス料理はいくら脂分が多くて濃厚でも、砂糖を使用した料理などありません。甘みがあるとしても、フルーツの果糖くらいです。だから、食後には甘いものが欲しくなります。日本の場合は、お芋の煮っ転がしも魚の煮付けも、牛丼も、何でも砂糖を使いますよね。お肉を砂糖で煮詰めてしまうなんて国、世界を見渡しても他になかなか見当たりません。その食習慣があるため、デザートはそこまで甘くない方が良いのです。

それを以前、社内で調査してみたことがあります。現地の味そのままのお菓子から砂糖を3％、5％と減らし、食べ比べしてみたのです。そうしたら、②多くの人は8～10％くらい砂糖を減らすとちょうど良いと感じることがわかりました。西洋と日本は、そのくらい味覚にズレがあるんですね。（中略）

「日本のケーキ」は日本の文化

帰国後の一九七三（昭和四八）年、僕は渋谷にお店を出しました。当時はまだ、海外旅行に行けるのはごく限られた人だけという時代で、街のケーキ屋さんを見渡せばショートケーキ、シュークリーム、プリンやババロアなどを売っている店ばかり。そんな中で、フランスで作っていたお菓子をそのまま店で出したんです。それが世間には鮮明に映ったようで、「本物だ」ともてはやされました（甘すぎる、パサパサしているなどの指摘は、日本人に合うように徐々に微調整していきましたが…）。その後すぐに、他にもフランス帰りの人が手掛ける店ができましたが、③誰も彼もが「本物」と言われていましたね。

一方、ショートケーキなどの街のケーキ屋さんでお馴染みのケーキは、日本ならではの文化だと言えます。お菓子と出合った人たちが、それを土台に日本人の嗜好に合うよう、作り変えていったお菓子だからです。

日本のケーキは、まず「しっとり」がポイント。日本は湿度が高いため、しっとりとした質感が好まれ、パサついているとあまり美味しく感じられないようです。（中略）

フランスのお菓子の特徴

一方、フランスのお菓子は、まず日本とは材料の使い方が違います。例えば、アーモンドの使い方。イチゴのタルトレット*を作る時、「日本のケーキ」として作れば、ビスケット生地でお皿を作り、その上にカスタードクリームを絞ってイチゴを載せれば完成ですが、フランスではビスケットのお皿の上に、アーモンドクリームを薄く刷り込むように絞ってから焼き上げます。他の工程は同じですが、口に入れた時に鼻からすっと抜けるアーモンドの香りがひと味違います。他にもアーモンドは、生のまま使ったり、スライスしたり、ダイス*、パウダー、クリームなど、様々な形で活用しますが、④ちょっとした材料の使い方に趣向が凝らされているのがフランスのお菓子なのです。

また、お酒の使い方も違いますね。昔、日本ではお菓子に入れるお酒＝ラム酒で、あらゆるケーキに使っていました。しかし現地では、ベリー類のお菓子にはさくらんぼで造ったお酒・キルシュ、レーズンにはラム酒、柑橘類にはグランマルニエなどのオレンジリキュール*を使うという組み合わせのセオリーがあり、それに従って作られたお菓子は口の中でまろやかなハーモニーを醸し出します。日本にいた頃は、お酒でお菓子の味わいに奥行きを持たせることができるとは知りませんでした。

「本物」から「個性」の時代へ

僕らの後の世代の人たちは海外へ修業に行きやすくなり、かつて「本物」と騒がれた本場のお菓子が次々と日本へ入ってくるようになりました。いつしか、日本は「本物」を吸収する時代が終わり、ようやく本場と同じ土俵に立てるように。そして、今は正しく基本を知った上で、作り手たちがパーソナリティを出していく時代になりました。

⑤フランスは「伝統の国」と言われていますが、むしろ、それは逆だ

と思います。フランス人は、僕らには「素材同士のコンビネーションには、伝統的なセオリーがある」と教えながら、自分たちは勝手なことをしていたりするんです。「これとこれは合うのか」と聞けば、「確かにセオリーではそうかもしれないけど、これは俺が作った新しい味なんだ」なんて平気で言います。彼らが言うには、枠から出るのは自由で、判断を下すのは消費者。評価が得られなければ消えていくだけで、残されたものだけがまた次の世代に継承されていく。そうやって、常に革新し続けてきたのがフランスという国なのです。

　日本人は真面目だから、現地へ修業に行って一軒、二軒、経験しただけで「自分が学んだフランス菓子はこれ！」と⑥金科玉条のごとく教えを守りがちなところがあると思います。でも、変えてはいけない部分さえわきまえておけば、後は自分が本当に美味しいと思えるものだけを作れば良いのです。もともと日本人はよその文化を独自の形に作りかえるのが得意ですから、自由な発想の作り手がもっと増えれば、日本の洋菓子界は個性が際立ち、さらに面白くなっていくと思います。

（吉田菊次郎「本場の洋菓子と日本のケーキどうちがう？」より）

＊タルトレット…一人用に小さく作った洋菓子のタルトのこと。

＊ダイス…サイコロのこと。料理のレシピにおいては、「四角く切る」、「小さい角切りにする」の意味で用いる。

＊リキュール…アルコールに砂糖、香料などを混ぜて作ったお酒のこと。

問一 難 ――線①「〝違い〟」とあるが、筆者はフランスに行く前に彼の地のお菓子についてどのように考えていたのか。最も適当なものを、次の**ア**～**オ**から一つ選び、記号で答えなさい。

ア フランスのお菓子は地方ごとの特色を生かすべく作られた、個性の強いものであると考えていた。

イ フランスのお菓子は最新流行を取り入れた、おしゃれで手の込んだものであると考えていた。

ウ フランスのお菓子は日本人にとっては敷居が高く、手が届きにくいものであると考えていた。

エ フランスのお菓子は手に入りにくい高級素材で作られた、高価なものであると考えていた。

オ フランスのお菓子は気品にあふれ、味も形も美しく磨き上げられているものであると考えていた。

〔　　〕

問二 ――線②「多くの人は8～10％くらい砂糖を減らすとちょうど良いと感じることがわかりました。」とあるが、なぜ西洋と日本の味覚にはこのような違いが生じるのか。その理由を述べた一文を本文中から探し、その最初と最後の五字を答えなさい（句読点不要）。

□□□□□ ～ □□□□□

問三 ――線③「誰も彼もが『本物』と言われていましたね。」とあるが、どのような人たちが世間の人たちから「本物」と言われたのか。次の□にあてはまる語を、本文中から二十五字以内で抜き出しなさい。

フランスで修業し、□人たち。

□□□□□□□□□□□□□□□□□□□□□□□□□

問四 ――線④「ちょっとした材料の使い方に趣向が凝らされているのがフランスのお菓子なのです。」とあるが、次の文の A ・ B にあてはまる言葉を本文中から探し、それぞれ指定字数で抜き出しなさい。

アーモンドは、生のまま使ったり、スライスしたり、ダイス、パウダー、クリームなど［A（四字）］で活用することで趣向を凝らす。それに対してお酒は、使う材料によってお酒の種類を変え、その［B（五字）］で味に奥行きを持たせる。

A［　　　　］
B［　　　　　］

問五 難 ――線⑤「フランスは『伝統の国』と言われていますが、むしろ、それは逆だと思います。」と筆者が思うのはなぜか。その理由を簡潔に説明しなさい。

［　　　　　　　　　　］

問六 ――線⑥「金科玉条のごとく教えを守りがちなところがある」とあるが、具体的にはどのような行動を想定してそのように述べているのか。最も適当なものを、次の**ア**～**オ**から一つ選び、記号で答えなさい。

ア 日本の店にフランス人の菓子職人を雇ってその人達にお菓子を作らせること。

イ 材料をそろえるのもお菓子を作るのもフランスで学んだとおりに行うこと。

ウ フランスまで実際に行って現地で使った材料を全てそろえてお菓子を作ること。

エ フランス流の製法を最高のものとしてそれ以外の製法を一切認めないこと。

オ フランス菓子を作るために生活様式から服装までフランス人になりきること。

［　　］

▼解答→別冊 p.24

18 次の詩を読んで、あとの問いに答えなさい。（東京・成城学園高）

豆腐　　池井昌樹（いけいまさき）

どこかのふるい方言に
ひとが成仏（じょうぶつ）することを
①おとうふになる
というそうな
成仏するのはごめんでも
ａおとうふになる
のはわるくない
まんいん電車にゆられながら
ひとりのｂとうふは②かんがえる
ときめくむねもとうにうせ
＊鬆（す）がたつような日々だけど
③息子（こども）はまだまだこどもだし
ｃおとうふになる
にはまだはやい
④あたまへねぎなどふりかけて
おろししょうがもひとつまみ
よそゆきがおできょうもまた
どなたのおかずかしらないが
すっかりかどのとれてしまった
⑤わがみをすこし
ふるわせながら

＊鬆がたつ…煮すぎて泡のような穴ができること。

（『童子』より）

問一　――線①「とうふ」と同じ意味で使われている「とうふ」を〰〰線ａ～ｃから一つ選び、記号で答えなさい。ただし、ない場合は「×」と記すこと。

〔　　〕

問二　――線②「かんがえる」とあるが、その内容にあたる部分を詩の中から二箇所探し、その初めと終わりの三字をそれぞれ抜き出しなさい。

□□□～□□□

□□□～□□□

問三　――線③「息子はまだまだこどもだし」とはどのようなことを表しているか。最も適当なものを、次のア～オから一つ選び、記号で答えなさい。

ア「息子」はやんちゃで、毎日元気に遊び回ってばかりいるということ。

イ「息子」はいまだに親の気持ちを理解せず、不満ばかり口にするということ。

ウ「息子」が一人前になるまでには、まだまだお金や手がかかるということ。

エ「息子」の成長が年齢の割には遅く、まだ周囲の助けが必要だということ。

オ「息子」がいくつになっても若々しく、年の差を感じてしまうということ。

〔　　〕

問四 頻出 ――線④「あたまへねぎなどふりかけて／おろししょうがもひとつまみ」とはどのような様子をたとえているか。最も適当なものを、次の**ア**～**オ**から一つ選び、記号で答えなさい。

ア 他人の目を気にしていて、身なりや表情に気をつかっている様子。

イ 他人に苦情を言われないよう、寝ぼけた頭を刺激しようとする様子。

ウ 他人から見抜かれないうちに、自分の妄想を追い払おうとする様子。

エ 他人に若く見られようと、髪型や化粧でごまかそうとする様子。

オ 他人から陰口をたたかれないよう、脳を鍛えるトレーニングをする様子。

〔　　〕

問五 ――線⑤「わがみをすこし／ふるわせながら」とはどのような様子を表しているか。最も適当なものを、次の**ア**～**オ**から一つ選び、記号で答えなさい。

ア 都会の生活になじめない自分の今後の人生を悲しく感じる様子。

イ 退屈な日常に埋没してしまいそうな自分に嫌悪感を抱いている様子。

ウ 都会での生活の中で自分が人からどう見られるか不安で仕方のない様子。

エ 常に緊張している自分の張りつめた神経を解きほぐそうとする様子。

オ 平凡な生活を繰り返している自分を元気づけようとする様子。

〔　　〕

問六 難 この詩にはどのような心情が込められているか。答えとなる次の文の A ～ C に入る三字以上五字以内の最も適当な言葉を、詩の中から探し、抜き出しなさい。

今となっては A た温和な人になり、若かった頃の B ような情熱はもはやないが、家族のために満員電車に揺られて職場に通う毎日は C と感じている心情。

A □□□□□
B □□□□□
C □□□□□

19 次の詩を読んで、あとの問いに答えなさい。

（智辯和歌山高）

自由に必要なものは　　長田弘

不幸とは何も学ばないことだと思う
①ひとは黙ることを学ばねばならない
沈黙を、いや、沈黙という
もう一つのことばを学ばねばならない
楡の木に、欅の木に学ばねばならない
枝々を揺らす風に学ばねばならない
日の光りに、影のつくり方を
川のきれいな水に、［A］のつくり方を
ことばがけっして語らない
この世の意味を学ばねばならない
少女も少年も猫も
老いることを学ばねばならない
［B］ことを学ばねばならない
もうここにいない人に学ばねばならない
見えないものを見つめなければ
目に見えないものに学ばなければ
②怖れることを学ばなければならない
古い家具に学ばねばならない
リンゴの木に学ばねばならない
石の上のトカゲに、用心深さを
③モンシロチョウに、時の静けさを
馬の、眼差しの深さに学ばねばならない
哀しみの、受けとめ方を学ばねばならない
新しい真実なんてものはない
④自由に必要なものは、ただ誠実だけだ

（『一日の終わりの詩集』より）

問一 頻出 この詩において、最も顕著に用いられている表現技法は何か。漢字で答えなさい。

〔　　　〕

問二 ――線①「ひとは黙ることを学ばねばならない」とあるが、ここには作者のどのような思いが込められているか。最も適当なものを、次のア〜エから一つ選び、記号で答えなさい。

ア わきまえや謙虚さを忘れ、すべてをくわしく説明できるようになることが学ぶことであると考えられていることに対する批判。
イ 様々なことを学習し、専門用語を用いて説明すればどんな人にでも理解できるはずだという思い込みに対する疑問。
ウ 豊富な知識を持っている人が、多くを語りはっきりと自己主張することが正しいとされる風潮に対する警告。
エ 自然現象のように不可知なものを怖れるあまり、積極的にそこから学ぼうとしないあり方に対する危惧。

〔　　　〕

問三 ［A］に入ることばとして最も適当なものを、次のア〜エから一つ選び、記号で答えなさい。

ア 闇　イ 雲　ウ 虹　エ 泥

〔　　　〕

問四 難 B に入る最も適当な言葉を答えなさい。

〔　　〕

問五 ——線②「怖れること」とあるが、それはどのようなことか。最も適当なものを、次のア〜エから一つ選び、記号で答えなさい。

ア たたえあがめること。
イ こわがり避けること。
ウ つつしみ敬うこと。
エ 無視し遠ざけること。

〔　　〕

問六 新傾向 ——線③「モンシロチョウに、時の静けさを」とあるが、「モンシロチョウ」のどんな様子から「時の静けさ」を学ぶことができると考えられるか、説明しなさい。

〔　　〕

問七 難 ——線④「自由に必要なものは、ただ誠実だけだ」とあるが、それはどのようなことか。最も適当なものを、次のア〜エから一つ選び、記号で答えなさい。

ア 知識重視の学歴社会である現代にあって、人よりも博学であることを鼻にかけるのではなく、自然界の神秘や生命の不思議さなどにも謙虚に向き合い、誰もが見落としている真実を発見することが誠実さにつながるということ。
イ 科学の発達した現代では、人間が全てを理解しているように思われがちだが、そのようなおごりを捨てて自然の恵みや先人の思いなどを素直に受け入れ、世界をあるがままに見つめることで精神の自由が得られるということ。
ウ 言葉は生活に不可欠なものだが、言葉で表現することで理解できたつもりになるのではなく、言葉では表現できない自然界の現象や社会の複雑さなどを正確に分析し、科学的な事実を認識することが大切だということ。
エ 具体的な形をもつものだけがこの世の真実ではなく、姿や色彩を伴わないあいまいな存在にも意味を見い出し、偏見のない純粋な態度で接することで常識にとらわれない自由な行動がとれるようになるということ。

〔　　〕

20 **次の文章を読んで、あとの問いに答えなさい。(句読点なども一字と数える。)なお、本文中の〈　〉内は和歌の現代語訳を補ったものである。** (東京・日比谷高)

広い空間を見はるかすとき、われわれは何か目立つものに注目し、それと「われ」とを結びつけることによって、安心感を覚える。遠くにあれば*ランドマークだし、手でつかむことのできる手すりのようなものでもよい。こうした拠り所を得ることによって、世界との関係は安定し、彼方へと広がる空間のなかにわれわれは安住することができる。この関係が破綻するとき、例えば、きつねに化かされたように、どうしても同じ道を堂々巡りするようなとき、われわれはパニックに陥ったりする。方向音痴と自覚しているひとは、その自覚そのものによって、このような危機に対する予防措置を施しているように思われる。もちろん、きつねに化かされるのは稀な経験であり、日常的には安定した関係が築かれている。

ここで考えようとするのは、富士山や村の一本杉のようなランドマークのことではない。いまわたしが考えようとしているのは、より根底的で無記的(目立つもののない)な、空間の見渡しを支配している幾何学的な構造である。無記的で幾何学的であるとはいえ、わたしのまなざしに属するものであり、日本的感性に固有の構造があるように思われる。まず、次の*永福門院(一二七一〜一三四二)のうたを観賞することにしよう。

A　月かげはもりの梢にかたぶきてうす雪しろしありあけの庭
(『玉葉集』九九七番)

彼方に黒い影を見せる森の上に月はかかり、いま沈もうとしている。近くを見ると、庭には雪がほの白く広がっている、という情景である。

ここで注目すべきは、遠景と近景の取り合わせである。この取り合わせを柱として、このうたは構成されている。言い換えれば、中景はない。同じ歌人のうたを、更に二首挙げる。

B　さ夜ふかき*軒ばの嶺に月はいりてくらき*ひばらに嵐をぞ聞く
(同、二一二三番)

C　をちこちの山は桜の花ざかり野べは霞にうぐひすの声
(同、一四八番)

前のうたは、同趣の構図だが、近景に視覚的なイメージではなく、聴覚的知覚を置いている。歌人は部屋のなかにいて、*御簾をあげた窓から彼方を見やっている。この視野において遠くの嶺はちょうど「軒ば」の位置に見えている。彼女からは外の近景は目に入らず、「嵐」の声によって近くの森を知覚している(「ひばら」は「檜原」である)。

後の方のうたにおいて、「をちこち」は「遠近」の読みであるから、この字義に従えば近くの山を含んでいるはずである。しかし、構図的には、山は遠景を構成する。その山々には花ざかりの桜が群れている。その手前の野には霞がかかっているのだが、どこからともなくうぐいすの鳴き声が聞こえてくる、そんな風景である。これも、遠景と近景を取り合わせたもので、中景には「霞」が置かれているが、それは言わば空白である。

このように中景を欠く空間構成は、なつかしい絵画的表現の典型的な情景ではなかろうか。『源氏物語』の一節を、*谷崎訳で引用しよう。「*おこり」を患った「*君」が、その病をよく治すという*行者を北山に訪ねる。「*お勤め」をしたあとのことである。

……うしろの山へお上がりになつて、京の方を御覧になります。はるばると霞がかゝつて、四方の梢がほんのり煙つてゐる具合など、「何と絵によく似てゐることよ（四方の木ずゑ、そこはかとなう、けぶり渡れるほど、絵にいとよくも似たるかな）。こんな所に住む人は心に思ひ残すこともないであらうな」と仰せになりますと、「まだ此のあたりの景色は浅うございます。田舎の方にある海山の有様などを御覧になりましたら、どんなに御絵が御上達なさるでございませう……（「若紫」）。

広く霞がかっている。遠景としては、「木ずゑ」があちこちに姿をのぞかせており、目の位置とこの遠景のあいだは「けぶり渡って」いる。①そのような情景が「絵のようだ」と言われている。つまり、霞が中景を覆い、そこにあるものを隠している状態が「絵のよう」なのである。この時代の絵画の作例はほとんど残っていないが、この言葉自体が証言となる。もちろん、『源氏物語』のなかには他にも「絵のよう」と形容されている光景があるが、この「けぶり渡る」が絵画的光景の一つの代表的なものであることは、誰にも異論のないところであろう。霞は、高温多湿な日本の風土に深く根ざした自然の風景であるとともに、やまと絵以来の日本の絵画における基本的な手法ともなった。（中略）西洋のルネサンス期に確立した透視画法が、遠景と近景を連続的につなげる中景に関わる遠近法であるのに対して、この日本的遠近法が中景を省略することによる効果を利用していることは、大いに注目すべきところである。このような空間把握に関連して、和歌の表現においてかなめとなっているのは、「〜渡る」という広がりを表わす補助動詞である。

能因法師のうたを、参照しよう。

心あらむ人にみせばや津の国のなにはわたりの春のけしきを

（『後拾遺集』四三番）

〈情趣を解する心があるであろう人に見せたいものだ。津の国の難波あたりのこの美しい景色を。〉

（『新日本古典文学大系』より）

「難波わたり」は大まかに言えば「難波のあたり」の意だが、「辺り」と「わたり」には違いがある。「わたり」にはこちらから向こうへという動勢が含まれており、見るひとの見はるかす心の動きと、そのまなざしのスキャンする広がりが含意されている。『逆引き広辞苑』を引くと、「〜渡す」という複合他動詞が二八例、「〜渡る」という複合自動詞が五一例挙げられている。「〜渡す」に関して面白いのは、その多くがひとを与格として働きかけるものが多く（売り渡す、明け渡す、申し渡す、譲り渡す等々）、それにひきかえ、われわれの関心事である広がりあるいは距離を貫く運動を表わすもののうち、今でも使われているのは「見渡す」くらいしか見当たらない。「射渡す」（矢を射て遠くまで届かせる）のような言いまわしは、文脈なしに単語だけ示されても、すぐには見当がつかないのではないかと思われる。

空間表現で例も多く、味わいの深いのは「〜渡る」という自動詞である。今でも使われているのは、行き渡る、冴え渡る、染み渡る、知れ渡る、晴れ渡るなど数個にすぎないが、いずれにおいても「渡る」は広がりの意味を添加している。「晴れ渡る」などは、決まりきった言いまわしでしか使われないので、無自覚的に用いられることが多いが、もとの意味を意識してみると、なかなか味わいの深い語である。『日本国語大辞典』は、この「〜渡る」に空間的な広がりの意味（あたり一面に〜する）と、時間的な持続の意味（ずっと〜し続ける）を挙げている。後者の意味の典型的な歌語は②「恋ひわたる」で（万葉末期に用例がある。四四七六番)、いつまでも恋心を懐きつづけるという意味とされる。しかし、この言いまわしには、遠くの恋人に思いを届かせようとする憧れの気持ち(空間的意味)が含意されているようにも感じられる。

右に見た『源氏物語』の文において、霞が「けぶり渡る」と言われていたことにも見られるように、中景ぬきの遠近法において、遠景と近景のあいだの空間は、「渡る/渡す」の動勢によって満たされているように感じられる。言うまでもなく「見渡す」ひとのその指向性である。

(佐々木健一『日本的感性』より)

*ランドマーク…航海者や旅人の手引きとなる陸上の目印。
*永福門院…鎌倉時代の歌人。
*軒ば…軒のはし。
*ひばら…檜の繁ったところ。
*御簾…貴人のいる部屋のすだれ。
*谷崎…谷崎潤一郎(一八八六〜一九六五)。小説家。
*おこり…病気の一種。
*君…ここでは、『源氏物語』の主人公である光源氏を指す。
*行者…仏道を修行する人。
*お勤め…仏前で経を読むこと。
*若紫…『源氏物語』の巻名。
*能因法師…平安時代の歌人。
*津の国のなには…現在の大阪府及びその一帯。
*スキャン…ここでは、風景を読み取ること。
*複合他動詞、複合自動詞…二語の動詞の複合によってできた他動詞、自動詞。
*ひとを与格として…ここでは、人に対しての意。

問一 頻出 〰〰線a「ように」・b「なかなか」と同じ意味・用法で用いられているものを、次のア〜エからそれぞれ一つ選び、記号で答えなさい。

a ように
- ア 彼は将来の夢について次のように情熱を込めて語った。
- イ 子どもたちは遠足を楽しみにしているように見えた。
- ウ 私は庭の花がきれいに咲くように毎日水をやった。
- エ 彼女は明日こそは晴れるようにと一心に祈った。

b なかなか
- ア その店員の対応はなかなかそつがない。
- イ 様々な意見が出てなかなか結論に至らない。
- ウ 世界記録はなかなか達成できるものではない。
- エ この鳥は都会ではなかなか目にすることがない。

a(　　) b(　　)

問二 新傾向 本文中のA・B・Cの三首の和歌について述べたものとして最も適当なものを、次のア〜エから一つ選び、記号で答えなさい。

- ア A・B・Cの和歌には共通して近景に聴覚的なイメージが、遠景に視覚的なイメージが配置されている。BとCの和歌では中景として「嵐」や「霞」が描写されている。
- イ A・Bの和歌は同じような構図であり、遠景に「月」が置かれ、近景に「梢」や「軒ば」が配置されている。Cの和歌には遠景の「山」のみが描かれて近景は描かれていない。
- ウ A・B・Cの和歌のすべてに視覚的な遠景のイメージが置かれている。近景の視覚的なイメージとしては、Aの和歌の「ありあけの庭」やCの和歌の「霞」などがある。

エ　Aの和歌では近景に視覚的なイメージが置かれ、Bの和歌では近景に聴覚的な知覚が配されている。A・Bの和歌の遠景には「月」が置かれ、Cでは「桜」が置かれている。

〔　　〕

問三　――線①「そのような情景が『絵のようだ』と言われている」とあるが、「そのような情景」に相当する箇所を、本文中の古文から二十一字で抜き出しなさい。

問四 頻出 ――線②「恋ひわたる」とあるが、この歌語に対して筆者はどのように考えているか。最も適当なものを、次のア～エから一つ選び、記号で答えなさい。

ア　永遠に続くかと思われる恋心も、時が経ち二人の暮らす場所が隔たるにつれて徐々に薄れていくことを表す歌語だと考えている。

イ　時が経過しても消えることのない恋心を示す歌語であるとともに、恋する気持ちが距離を超えていく意味もあると考えている。

ウ　恋には時間や距離の隔たりは関係ないことを示す歌語であり、今だけが大切なのだという気持ちがこもっていると考えている。

エ　時が過ぎても恋しく思う気持ちは変わらないが、距離が隔たると恋心を抱き続けることは困難であることを表す歌語だと考えている。

〔　　〕

問五 新傾向 本文では西洋と日本の「遠近法」について言及されているが、筆者がここで述べている西洋的遠近法と日本的遠近法の違いを六十字以内で説明しなさい。

21 次の文章を読んで、あとの問いに答えなさい。（句読点なども一字と数える。）

（東京・西高）

和歌史の中で「命」という語がどのようにうたわれたかに興味をもったきっかけは西行の歌による。

①年たけてまた*越ゆべしと思ひきや命なりけり*小夜の中山　西行

この歌の「命なりけり」という詠嘆の深い表現が、後世まで西行を想起させる独特のフレーズとして記憶されていることに心が動いたからである。たとえば『*猿蓑』に収められた芭蕉と*去来の著名な*連句を思い起こしてみてもいい。

*草庵にしばらく居ては打ち破り　芭蕉
命うれしき*撰集の沙汰　去来

これについて『去来抄』は、この*付句がはじめ「和歌の*奥儀はしらず候」であったことを告白している。芭蕉がそれを評して、「草庵」の句の背後に西行とか*能因などの境涯を感じ取って付句を考案したのはよいのだが、②「和歌の奥儀」というように、西行像がもろに出すぎるような付け方は面白味が少ないとし、ただ面影ばかりをそれと匂わせて付けるのがよいといって、「命うれしき撰集の沙汰」と手直しをしたという。

「和歌の奥儀はしらず候」は、東国に下降した西行が*頼朝と対面した時、頼朝がききたがった和歌についての質問をはぐらかして答えたものだが、「撰集の沙汰」の方は、西行が*高野に在った時、撰集の下命が俊成にあったと聞いて、歌稿を整理して俊成に届けた時の勇躍した思いを念頭に置いて作っている。そうした時の西行の面影を彷彿とさせるものとして「命うれしき」という言葉が選ばれているのである。「命うれしき」も「命なりけり」も、ともに「命があればこそだ」と、生の根源の力が身内に湧いてくるのを自覚した言葉である。

小夜の中山を再度越えて東国を目指した西行は六十九歳。京都の公家と関東の頼朝と、*奥州の藤原氏との間に立って、重要な政治的役割を負っていたともいわれる。おそらく、生涯最後の長途の旅という感慨もあったであろう。*嶮岨な小夜の中山を、思いがけぬ老後の旅に越えてゆく感慨が、「命なりけり」という感動の言葉を印象深く味わわせる。

それは「小夜の中山」という寂寥感のある地名の効果もあろう。初句の「年たけて」という大人しい老いの表現には落ち着きがあるが、それは「また越ゆべしと思ひきや」という、反語を含んだ強い詠嘆の律へとつづき、③ここで痛切な余韻を残して切れ目を取っている。ために、「命なりけり」と唐突にうたい起こされた下句の詠嘆は、きわめて強い印象とともに訴えの力を発揮し、老いの境涯を克服して行なう、行為者の深い意志の力や、それを遂げようとする気力の源にある「命」というものへの感動が切実に心にひびいてくる。

芭蕉が「命うれしき」という言葉に、最多数の人が西行を想起するにちがいないと見定めたことも、やはりこの歌の「命なりけり」が頭にあったからであろう。もしこれが、「心うれしき撰集の沙汰」であったなら、どれほど力弱くなってしまうことか。「心」とは、④なお部分であるが、「命」なら全的な表現になる。身も心も一切を含めての全的なあらわれが「命」である。⑤西行の「命なりけり小夜の中山」には、そうした全的な感動のこもる詠嘆がある。

しかし、もちろん西行がいつもこのようにうたっていたわけではない。いつもこのような言葉でうたっていれば、むしろ感動は少ないだろう。晩年の苦しい旅を遂げようとする一心の中で、はじめて「命なりけり」の自覚が湧いたのであり、衰えに向かう肉体と、肉体の衰えを越えなければならない意志とのはざまにあって、苦しみつつも強い「命」のよろこびを味わっているのである。しかし、誰しもが西行のようにはいかない。西行のこの「命」の詠嘆には、強壮な肉体が、その意志を荷ない得た幸運への深い*嗟嘆の情がある。

（馬場あき子『歌よみの眼』より）


*思ひきや…思っただろうか。

*小夜の中山…静岡県掛川市の東部にある峠。

*『猿蓑』…芭蕉の「俳諧七部集」の第五集。

*去来…向井去来。芭蕉の門人。

*連句…俳諧は長句(五七五)と短句(七七)を付け連ねる連歌の形式を受け継ぐ。発端の長句(発句)が独立して俳句と呼ばれるようになった明治以降、連歌、俳句と区別した呼称。

*草庵にしばらくゐては…粗末な家にしばらく住んでいたが。

*撰集…平安末期・鎌倉初期の歌人藤原俊成が編纂した勅撰集『千載和歌集』。

*付句…長句に付ける短句のこと。

*奥儀はしらず候…奥深い教えは分かりません。

*能因…平安時代の歌人。

*頼朝…源頼朝。

*高野…和歌山県北東部にある高野山。

*奥州の藤原氏…平安末期、平泉を拠点にした豪族。

*嶮岨…道が険しいこと。

*嗟嘆…感心してほめること。

問一 頻出 ——線①「年たけてまた越ゆべしと思ひきや命なりけり小夜の中山」の歌の解釈として最も適当なものを、次の**ア**〜**エ**から一つ選び、記号で答えなさい。

ア 生きていればこそこの険しい小夜の中山を年老いても再び越えることができたのだなあ。
イ 生きるためにこの険しい小夜の中山を年老いても再び越えてゆかねばならないのだなあ。
ウ 生きるとは老後に再びこの険しい小夜の中山を越える困難さそのものであったのだなあ。
エ 生きてきたのは老後に再びこの険しい小夜の中山を越えてゆく夢のためだったのだなあ。

〔　　〕

問二 ——線②「『和歌の奥儀』というように、西行像がもろに出すぎるような付け方は面白味が少ないとし、ただ面影ばかりをそれと匂わせて付けるのがよいといって、『命うれしき撰集の沙汰』と手直しをした」とあるが、芭蕉が「和歌の奥儀」を「命うれしき撰集の沙汰」と手直ししたのはなぜか。そのことを次のように説明するものとする。□に適当な表現を、本文中の言葉を用いて、十五字以内でまとめて答えなさい。

「和歌の奥儀はしらず候」は、頼朝とのやり取りがそのままに再現されていて、西行の姿をすぐに思わせるので深みがないのに対し、「命うれしき撰集の沙汰」は、「命なりけり」の歌と勅撰集に選ばれるときのエピソードを背景に、西行の□感じとらせて、面白味があるから。

問三 ――線③「ここで痛切な余韻を残して切れ目を取っている」とはどういうことか。最も適当なものを、次のア～エから一つ選び、記号で答えなさい。

ア「小夜の中山」の体言止めに加えて「命なりけり」という詠嘆表現で思いを区切り、命への喜びともいえる余韻を残しているということ。

イ「また越ゆべしと思ひきや」という倒置表現を用いて「小夜の中山」という体言止めを導き、寂寥感に満ちた余韻を残しているということ。

ウ「また越ゆべしと思ひきや」という切実な感慨が「命なりけり」というさらに感慨深い詠嘆で断ち切られ、余韻を残しているということ。

エ「年たけて」という穏やかな表現のもつ落ち着きが「思ひきや」という反語を含む強い詠嘆で断ち切られ、余韻を残しているということ。

〔　　〕

問四 ――線④「なお部分であるが」の「なお」と同じ意味・用法のものを、次のア～エから一つ選び、記号で答えなさい。

ア こちらの方がなお良かったと思う。

イ 過ぎたるはなお及ばざるがごとし。

ウ 締め切りまではなお二週間もある。

エ それならばなおのこと都合が良い。

〔　　〕

問五 新傾向 ――線⑤「西行の『命なりけり小夜の中山』には、そうした全的な感動のこもる詠嘆がある」とはどういうことか。本文中の言葉を用いて、具体的に八十字以内で答えなさい。

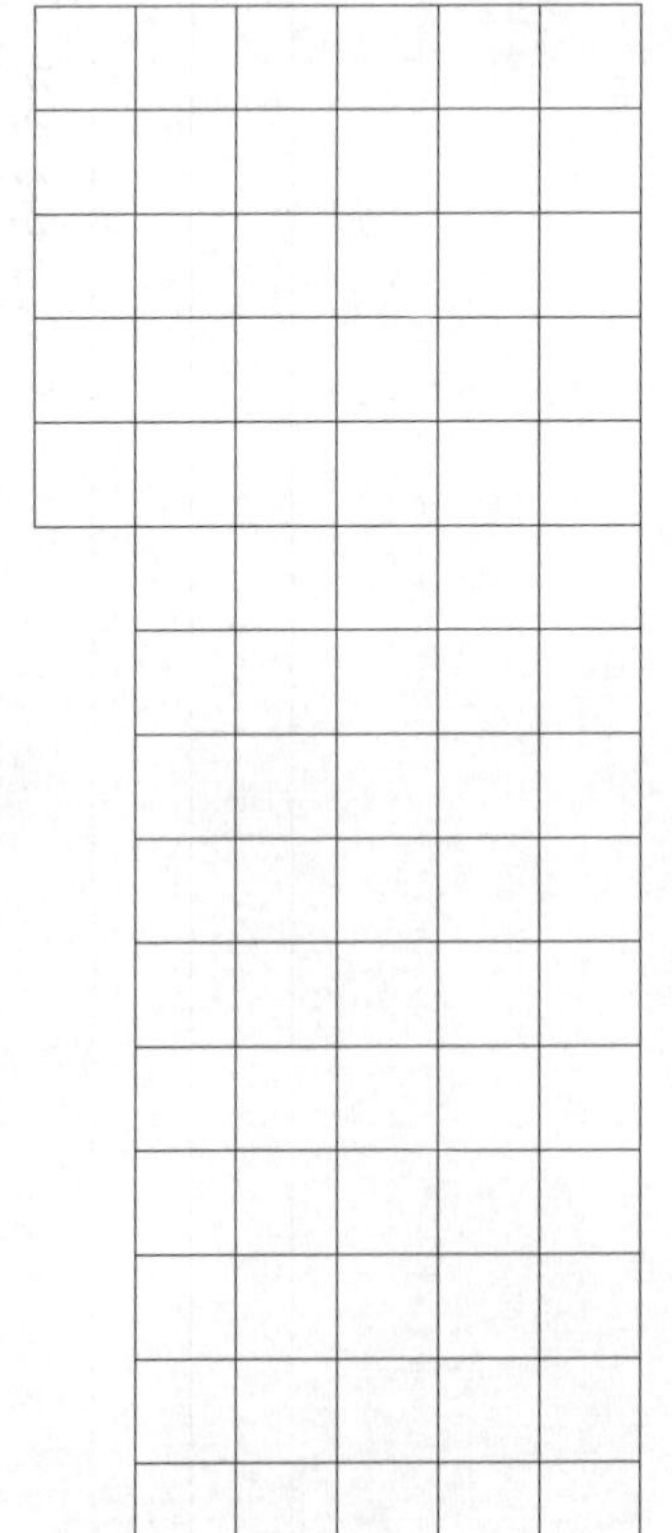

22 次の俳句とその鑑賞文を読んで、あとの問いに答えなさい。

（神奈川・平塚江南高）

残月や魚と化したる夢さめて　中勘助

「残月」は*有明月であり、*繊月。秋季。夢の中で魚となって自在に泳いでいた。目覚めて外を見ると明るくなった空には繊月がかかっていた、というのである。「残月」が夢の魚にふさわしい。まだ確かに目が覚めていない状態にいる作者には、魚になっていたとき恐れた釣り針のように見なされ、ぎょっとしたのではないか、と想像されるからだ。

この句、事実をよんだものに違いないだろうが、上田秋成の*『雨月物語』が意識下に働いていたように思える。『雨月物語』巻之二、「夢応の鯉魚」の章である。主人公の三井寺の興義という僧は、絵の名手として世に聞こえていた。漁師から魚を買いこれを湖に放ち、魚の遊ぶのを描いていた。ときにはまどろみの夢の中で魚と遊んださまを描いたりもした。あるとき興義は病気になり死んでしまった。しかし三日後、積年の放生の功徳によって息をふきかえし、金色の鯉魚に化して体験した一部始終を語る、というものである。その中にも*鏡山に隈なく澄む月が出てくる。その月と句の残月とが響応する。残月は、[A]思いが残っていることをも暗示していよう。

田安宗武も「たのしさを何にたとへむ池の中魚のおよぎてあそべるがごと」とよんでいるように、水中を自在に泳ぐ魚には、「[B]」などの比喩もあるように、自由への憧れが託されている。いろいろなものへの変身願望は誰にもあるであろう。魚になりたい、という人は多いのではないか。

（関森勝夫『文人たちの句境』より）

*有明月…夜が明けても空に残っている月。
*繊月…細い形の月。
*『雨月物語』…江戸時代の怪異小説集。
*鏡山…滋賀県南部にある山。

問一　鑑賞文中の[A]に入る内容として最も適当なものを、次のア～エから一つ選び、その記号で答えなさい。

ア　夢で体験した恐ろしい
イ　夢への名残り惜しい
ウ　夢で見た魚を憐れむ
エ　夢から覚めてほっとした

〔　　〕

問二　鑑賞文中の[B]に入る語句として最も適当なものを、次のア～エから一つ選び、その記号で答えなさい。

ア　水を得た魚のようだ
イ　魚心あれば水心
ウ　水清ければ魚棲まず
エ　水魚の交わりのようだ

〔　　〕

23 次の問いに答えなさい。　（東京・産業技術高専）

問一 頻出 「五月雨の空吹き落とせ大井川」（松尾芭蕉）と同じ季節をよんだ俳句はどれか。次のア〜エから一つ選び、記号で答えなさい。

ア 桑の葉の照るに堪へゆく帰省かな（水原秋桜子）
イ いろいろの灯ともす舟の月見かな（正岡子規）
ウ 鶯の声遠き日も暮れにけり（与謝蕪村）
エ ほっかりと梢の日あり霜の朝（高浜虚子）

［　　　］

24 次の文章を読んで、あとの問いに答えなさい。　（東京・国分寺高）

A けふばかり人も年よれ初時雨　（元禄五〔一六九二〕年）

右の句よりも三年以前に、芭蕉は、

B 人々をしぐれよやどは寒くとも

と詠んでいる。「人々を」の「を」が理解しにくい語法であるが、おそらくは漢文訓読語のようなところから導入されたものと思われる。「人々ニ対シテ——コノ人々ヲモテナスタメニ——時雨ヨ降レ」というほどの意義であろう。このとき、「人々」は多分に抽象化された扱いをうける。眼前現実の知友門人なのではあるが、いったん抽象化理想化される。「あるべき人々」なのである。——つまり「風雅の友」——。これによって、知友門人その他の人々という現実の束縛から、意図的に離れる。「人々」と表現するからこそ、人間的な現実の臭みから離れる、といってもよい。

そのような意味としての「人々」に対して、*中七の「やど」は、逆に、意味として、人の住む宿、あるいは人の集まる「やど」である。この「人々」と「やど」との対比に、また、時雨（自然）というものに対する作者のこころが、明確に見えてくるであろう。*風流韻事を、空想的に楽しんでいるのではないのである。それが現実に、どのような風雅の席であろうとも、いったん理想化し抽象化した「人々」に対して、このような「人々」に対してこそ、伝統の時雨よ降れ、と呼びかけるのであるが、呼びかけながらも、それと同時に「やど」の「寒」さという苦痛を、常に意識しているということが重要である。ひとにとって、生身の生活にとって、「しぐれ」はやはりつらい厳しいものである。そうした自然を、はっきりと見すえつつ、それでも、かの「人々」のもてなしに、「しぐれ」よ「降れ」と呼びかけているのである。だから、比喩的にいえば、作者の風雅心は、ここにおいて二枚腰なのだ。はっきりと生活者の次元から、自然としての厳しい時雨を見ながら、そちらも十分に承知しながら、それでもなお、「人々」に対しては、伝統の「しぐれ」よ「降れ」というのである。文芸の近世化とは、①このようなことをいうのであろう。また、文芸復興とは、このようなことをいうべきであろう。そしてまた一句のこころに、そのようななまなましい生活人のこころを貫いて、ぬきがたい風雅心のあることも、認められるであろう。

「けふばかり人も年よれ」の句は、それから三年後の作である。一句における「人」が、先の句における「人々」と同様の意味を含むことは、十分想像される。眼前同席の人々であると同時に、「あるべき人」「風雅の友」であろう。そのような「人」について、「年よれ」と命令しているのである。先の句においては、「人々」に対して、そのもてなしに、時雨よ降れ、といったのであったが、この句では、「初時雨」に対して「人」よ年よれ、という。「人」が変化して、自然に従え、というのであり、表現は、表現として一層、文字通り「造化随順」である。年代記風にいえば、三年かけて、これほど進んで行ったのだともいえよう。

一句の意味は、古注に「初時雨のさびしき体を、若き人は心も付かじ。けふばかりは、世の人に年をよせて哀を知らせたしとの句也」(『師走嚢』明和元(一七六四)年刊)と解されて以来、「されば人々も老の心になりて、けふの時雨を味ひ感じしるべしと也」(杜哉『芭蕉翁発句集蒙引』寛政年間成)と、やや細かくなり、

　時雨の寂しさは枯淡の境地に達した老いの心にふさわしい。折から降り出した初時雨に、若い人々よ、今日ばかりは年寄りの心境になって、この寂びた情趣をしみじみ味わってほしい。

(新潮日本古典集成『芭蕉句集』)

と、さらに精細な最近の注解にいたるまで、ほぼ一貫した理解がなされてきた。「人」は「若い人々」であり、あるいは、「平生血気の若い人たちも」(小学館版日本古典文学全集『松尾芭蕉集』)である。「年よれ」は「年寄りの心境になって」である。しかし、②ここには誤解があると思われる。

人は、たとえ抗い難く命令されたところで、みずから「年よる」ことはできない。「年よる」ことは、どこまでも自然の時間がもたらす客観的な現象である。細かくいえば「年ガ自ヅカラ寄ル」のである。その客観的現象を、仕方なく容認したところで、人が主体的にできるのは、かりに「年とる」という比喩的な行為でしかない。そこに、「此吟は不思議なる詞(ことば)を以て一句と為所也」(信胤『笈の底』寛政七(一七九五)年成)という古注が、かえりみられるべき理由があるだろう。

人がみずから選択して年よる、というような「不思議なる」ことが、即座にも論理的にも、実現するとは思われません。しかし、せめてできることなら、それも風雅を心得た「人」であるのならば、その「人」においては、「年よる」ということが実現してほしいのです、というのであろう。そのとき「年よれ」は、単に「年老いた心境になって」というような、「心」にのみかかわるものでないことは、いうまでもない。身も心も、である。

芭蕉には、また、

C　旅人と我名よばれん初しぐれ　(『笈の小文』)

という有名な一句があった。「ことしはじめての時雨に、樹々は鮮かに紅葉して、その姿を変える。このわたくしも、なにやら落ち着けない気分に襲われる。わが身も旅人に様を変えて、この時雨の中へ浮かれ出て行こう」というほどの意味であろうが、この一句と比べても、③「人も年よれ」の一句は、はるかに深く微妙な、自然との切れ続きに到達していることが感じられる。

季節（時間）のおとずれとしての初時雨が到来して、自然を変容せしめる。そのことに最も深いところで、このわが身が応答して、何事かをなすには、どうしたらよいのか。かつては、われとわが身の外装を、かりに「旅人」と変容せしめて、それで応答したのであった。だが、それでも内に残る「我」そのものは、何の変容もなし得ていないではないか。実は、そのように、わたくしの作為によって外界に真実呼応することができるとするところに、最も深刻な、わたくしへの執着があるのであろう。いまはわが身も心も、自然の時間にさらして、自然とともに変容することが、わたくしの応答としてはふさわしいであろう。ただし「年よる」という自然の現象は、あくまでも、わたくしの側（がわ）のそのような決意と無関係に進行するものではある。ただ、せめてできることならば、かりに、「年よる」ということの主格に、「人」が立つことが実現してほしい。その祈願を、「けふばかり」はかなえてほしい。それが、今日この日の「初時雨」が、わたくしにもたらす心おどりそのものの表現なのです、ということになるだろう。「人」は、すでに述べたように、同席の人々であると同時に、「風雅の友」である。だが、もう一歩進めていえば、さらに一般的に「人」であろう。真実「人」であるならば、という意味での人であろう。一句は、「人」が真実「人」である場合、真実「人」ではない自然の時間に、心身をさらすことを通して、自然のさまざまの現象の奥にある、真実「自然」であるところのものを、感得することができる、といっているように思われる。

（上野洋三（うえのようぞう）『芭蕉の表現』より）

＊中七…俳句（五・七・五）の中の「七」の部分。
＊韻事…詩文を作る、風流なわざ。
＊造化…天地。宇宙。自然。
＊随順…従って逆らわないこと。
＊也…〜だ。〜である。

問一　文中の＝＝線をつけた五つの「とも」のうち、同じ用法のものが二つある。それは、次のア〜オのうち、どれとどれか、記号で答えなさい。

ア　人々をしぐれよやどは寒くとも
イ　どのような風雅の席であろうとも、
ウ　ぬきがたい風雅心のあることも、
エ　これほど進んで行ったのだともいえよう。
オ　自然とともに変容することが、

〔　　〕と〔　　〕

問二　――線①「このようなこと」とあるが、どういうことか。その内容を説明したものとして最も適当なものを、次のア〜エから一つ選び、記号で答えなさい。

ア　知友門人たちを「あるべき人々」と理想化し抽象化する見方とともに、時雨の降る宿の寒さを具体的に表現する力ももっていること。
イ　人の生活にとって時雨はつらく厳しいということも承知の上で、「風雅の友」へのもてなしとして、時雨よ降れと呼びかけていること。
ウ　現実には、生活者として自然の厳しさを受け入れざるを得ないが、理想としては、「人々」に風情（ふぜい）ある伝統の時雨が降ることを願うこと。
エ　風流韻事を空想的に楽しむことをやめ、生活者の次元から自然としての時雨の厳しさを見ることを通して、近代的文芸を目指したこと。

〔　　〕

問三　――線②「ここには誤解があると思われる」とあるが、この「誤解」の内容にかかわる筆者の考えを述べたものとして最も適当なものを、次のア～エから一つ選び、記号で答えなさい。

ア「年よれ」とは「年寄りの心境になって」ではなく、「実際に年を取ってから」という日常に根ざした現実的な意味である。
イ「人」とは単なる「若い人」や「血気の若い人」ではなく、「風雅を解する若い人」というはっきりと限定された意味である。
ウ「年よれ」とは実際に意識して年を取るのではなく、「心境だけでも年を取る」というきわめて高度に精神的な意味である。
エ「年よれ」とは「心境」だけに対するものではなく、「心身ともに自然に身をゆだねる」という、外的な形式を超えた意味である。

〔　　〕

問四 難　――線③「『人も年よれ』の一句は、はるかに深く微妙な、自然との切れ続きに到達している」とあるが、その理由を述べたものとして最も適当なものを、次のア～エから一つ選び、記号で答えなさい。

ア「我」を自然そのものの時間にさらすことによって、「自然」を感得できているから。
イ「年よる」の主格に「人」が立つことによって「自然」に押し流されなくなるから。
ウ　わたくしの作為によって外界の変化に呼応することで、「自然」を感得できるから。
エ「年よる」という自然にしかできないことを意識的に行うことで、「自然」と一体化できるから。

〔　　〕

問五 難　A・B・Cの句について筆者が述べていることとして最も適当なものを、次のア～エから一つ選び、記号で答えなさい。

ア　Aの句には、その年初めての時雨に対する心のたかぶりが見られるが、Cの句からそれを読み取ることはできない。
イ　時雨の到来に際し、Cの句では変容しないで残る「我」が認められるが、Aの句では身も心も自然とともに変容することが願われている。
ウ　Aの句の「人」とBの句の「人々」は同様の意味を含み、「あるべき人」「風雅の友」という、現実とは対照的な存在を表している。
エ　Bの句はAの句より三年前の作であり、人と自然との関係を表面的にしかとらえられていないが、Aの句はその点での深化が見られる。

〔　　〕

4 古典の読解

▼解答→別冊 p. 30

25

次の文章を読んで、あとの問いに答えなさい。（東京・お茶の水女子大附高）

船を知ること

＊徒人（ただうど）は、漁り船（いさりぶね）といへば、おなじやうにつくるものと思ふべけれど、＊こは①さつくりても、をのづからよくととのひて出来（いでき）しもあり、ここは良くかしこは悪しきもあり、うち見てはいかにも良きが、乗り得てみれば違ふもありて、②一つも同じからぬものぞかし。波風しのぐと思へば、行くことにぶきもあり。行くこと＊ときものは、弱きもあり。いづれ③いささかもふしなきはなきものなり。乗りこころみて、それを明らかに知り得てこそ、遠くへも＊はせつべけれ。むかしある人が、「人を見て、いかにも良き人なり、いささかも悪しきところなきと思はば、まづ思ひかへして、聖（ひじり）は知らず、かしこき人とても、いづこもＡくまなく良き人はなきものなるを、④さみゆるはわが心のＢくらみしなり。まづその人の悪しき所々、よく知りての後に、挙げ用ひ給（たま）へ」と、何がしが言ひしと聞きしが、＊翁（おきな）が船に乗るも、＊いま言ふごととして悪しき所々を知れれば、悪しき方へは波風受けず、弱きには波風ある日沖を乗らであ りしかば、つひに⑤危うきをもまぬかれし。

（松平定信（まつだいらさだのぶ）『花月草紙（かげつそうし）』より）

＊徒人…普通の人。
＊こ…これ。
＊とき…形容詞「疾（と）し」の連体形。「速い」の意。
＊はせつべけれ…きっと進めることができるに違いない。
＊翁…老人。ここでは筆者である松平定信を指す。
＊いま言ふごととして…今言ったように。

問一 頻出 ――線Ａ「くまなく」・Ｂ「くらみしなり」の意味として最も適当なものを、次のア～オからそれぞれ一つ選び、記号で答えなさい。

Ａ
ア 欠点がなく
イ この上なく
ウ 尊敬できて
エ 違いがなく
オ 名高くて

Ｂ
ア 劣っていたのだ
イ 期待していたのだ
ウ 比べていたのだ
エ 見誤っていたのだ
オ ゆるんでいたのだ

Ａ〔　　　〕Ｂ〔　　　〕

問二 ――線①・④の「さ」は現代語では「そう」という意味の指示語にあたるが、それぞれ何を指すか。本文中から抜き出しなさい。

①〔　　　〕

④〔　　　〕

問三 ――線②「一つも同じからぬものぞかし」・⑤「危うきをもまぬかれし」・③「いささかもふしなきはなきものなり」の解釈として最も適当なものを、次のア～オからそれぞれ一つ選び、記号で答えなさい。

②
ア　一つは同じものがあったのだよ。
イ　一つは同じであるはずだよ。
ウ　一つも同じではないものだよ。
エ　一つも同じはずではなかったよ。
オ　一つも同じにしてはいけないのだよ。

③
ア　少し癖のないものが多すぎる。
イ　少しは癖に慣れるのだ。
ウ　少しは癖を直すものだ。
エ　少しも癖はないのである。
オ　少しも癖がないものはないのだ。

⑤
ア　危険をまぬかれたいものだ。
イ　危険をまぬかれることができた。
ウ　危険をまぬかれることができなかった。
エ　危険をまぬかれるはずがない。
オ　危険をまぬかれる必要がある。

②［　　］　③［　　］　⑤［　　］

問四 新傾向　この文章は、〰〰線「船を知ること」という題で、人を知ることとの共通点が記されているが、それはどのようなことか。最も適当なものを、次の**ア**～**オ**から一つ選び、記号で答えなさい。

ア　扱いやすいものを吟味して使う必要があること。
イ　欠点が少ないものを見つける必要があること。
ウ　欠点がないものを選び抜く必要があること。
エ　欠点を把握した上で活用する必要があること。
オ　親しい人に相談して選択する必要があること。

［　　］

26　次の文章を読んで、あとの問いに答えなさい。（句読点なども一字と数える。）

（大阪教育大附高平野）

ある所に*偸盗(ちゆうたう)入りたりけり。主人(あるじ)起きあひて、帰らんところを*うちとどめんとて、その道を待ちまうけて、障子の破れよりのぞきをりけるに、盗人(ぬすびと)、物ども少々とりて袋に入れて、ことごとくもとらず、少々を取りて帰らんとするが、*下げ棚の上に鉢に灰を入れて置きたりけるを、この盗人何とか思ひたりけん、①つかみ食ひて後、袋にとり入れたる物をば、元のごとくに置きて帰りけり。

待ちまうけたる事なれば、*伏せてからめてけり。この盗人の振舞(ふるま)ひ心得がたくて、②その子細(しさい)を尋(たづ)ねければ、盗人言ふやう、「我もとより盗みの心なし。この*一両日食物(いちりやうじきもつ)絶えて、A術(ずち)なくひだるく候(さうら)ふままに、はじめてかかる心つきて、参り侍(はべ)りつるなり。しかあるを*御棚(おんたな)に麦の粉(こ)やらんとおぼしき物の手に触(さは)り候ひつるを、ものの欲しく候ふままにつかみ食ひて候ひつるが、はじめはあまり飢(う)ゑたる口にて、何の物とも思ひわかれず。数多度(あまたたび)になりて、はじめて灰にて候ひけりと知られて、そののちは食べずなりぬ。食物ならぬものを食べては候へども、これを腹に食ひ入れて候へば、ものの欲しさがやみて候ふなり。これを思ふに、この飢ゑに耐へずしてこそかかるあらぬさまの心もつきて候へば、灰を食べてもやすくなほり候ひけりと思ひ候へば、とるところの物を元のごとくに置きて候ふなり」と言ふに、あはれにも不思議にも覚えて、*かたのごとくの*贓物(ざうもち)などとらせて帰し遣(や)りにけり。「のちのちにもさほどに*詮(せん)尽きん時は、Bはばからず来たりて言へ」とて、常に*とぶらひけり。盗人も③この心あはれなり。主人の憐(あは)れみ、また④優なり。

（『古今著聞集(ここんちよもんじゆう)』より）

*偸盗…「盗人」に同じ。
*うちとどめんとて…うち殺そうと思って。

＊下げ棚…吊り棚。
＊伏せてからめてけり…組み伏せて捕らえて縛りあげた。
＊一両日…一日、二日の間。
＊しかあるを…そうであったが。
＊御棚…あなたの家の棚に。
＊あはれにも…りっぱである（すぐれている）とも。
＊かたのごとくの贓物などとらせて…（盗人が、いったん手をつけた）ごくわずかの盗品などを与えて。
＊詮尽きん時は…方策が尽きるような時は。
＊とぶらひけり…訪れた。

問一 頻出 ══線A「術なく」・B「はばからず」の意味として最も適当なものを、次のア～オからそれぞれ一つ選び、記号で答えなさい。

A ア 情けなく　イ 意味もなく　ウ 避けようもなく　エ 何の考えもなく　オ どうしようもなく

B ア 気がねせず　イ あきらめず　ウ 気落ちせず　エ やけにならず　オ 恐れず

A〔　　　　〕　B〔　　　　〕

問二 ──線①「つかみ食ひて」とあるが、「偸盗（盗人）」は何を何だと思ってこのようなことをしたのか。次に合う形で、それぞれ本文中から抜き出しなさい。

〔　　　　〕を〔　　　　〕だと思った。

問三 ──線②「その子細を尋ねければ」とあるが、どのようなことを尋ねたのか。二十字以上、三十字以内で答えなさい。

問四 難 ──線③「この心」とあるが、盗人がどのように思ったことをいうのか。具体的に答えなさい。

〔　　　　〕

問五 ──線④「優なり」について、ここでの意味と同じ「優」を使っているものを、次のア～オから一つ選び、記号で答えなさい。

ア 俳優　イ 優劣　ウ 優柔
エ 優遇　オ 優雅

〔　　　　〕

27 **次の文章を読んで、あとの問いに答えなさい。（句読点なども一字と数える。また、1〜4は段落を示す。）**（東京・早稲田実業高改）

①七月頃、「下衆(げす)ども」が馬に大量の瓜(うり)を積み、大和の国から京へと運んでいた。途中、木陰で休み、瓜を食べていると、②翁が現れ、「瓜を一つ食べさせてくれ」と頼んだ。百姓たちが断ると、翁は、「では自分で瓜を作って食べるとしよう」と言ったので、百姓たちは笑いあった。

1　翁かたはらに木の端の有るを取りて、居たるかたはらの地を掘りつつ、畠(はたけ)のやうになしつ。その後にこの③下衆ども、何わざをこれはするぞと見れば、この食ひ散らしたる瓜の種どもを取り集めて、このならしたる地に植ゑつ。その後、程もなく、その種にて、双葉にて生(お)ひ出(い)でたり。この下衆ども、これを見て、あさましと思ひて見るほどに、その双葉アの瓜ただ生ひ生ひて、這(は)ひまつはりぬ。ただ繁(しげ)りに繁りて、花咲きて瓜なりぬ。その瓜ただ大きに成りて、皆めでたき瓜に熟しぬ。

2　その時に、この下衆ども④これを見て、⑤こは神などにやあらむとa恐れて思ふほどに、翁この瓜を取りて食ひて、この下衆どもにいはく、主(ぬし)たちイの食はせざりつる瓜は、かく瓜作り出(い)だして食ふと言ひて、下衆どもにも皆食はす。瓜多かりければ、道行く者どもをも呼びつつ食はすれば、b喜びて食ひけり。食ひはてつれば、翁、今はまかりなむと言ひて立ち去りぬ。行き方を知らず。

3　その後、下衆ども、馬に瓜を負ほせて行かむとて見るに、籠(こ)は有りてその内ウの瓜一つもなし。その時に下衆ども、手を打ちてあさましがること限りなし。＊早う、翁エの籠オの瓜を取り出しけるを、我らが目をc暗まして、見せざりけるなりけりと知りて、d嫉(ねた)がりけれども、翁行きけむ方を知らずして、さらに甲斐(かひ)なくて、皆大和に帰りてけり。道行きける者どもこれを見て、かつはe怪しみ、かつは笑ひけり。

4　下衆ども瓜を惜しまずして、二つ三つにても翁に A せたら⑥ましかば、皆は B ⑦れざらまし。⑧惜しみけるを翁も憎みて、かくもしたるなめり。

＊下衆ども…百姓たち。
＊早う…なんとまあ。

問一　——線①「七月」は、昔の暦では、四季（春夏秋冬）のうちのどれにあたるか。漢字で答えなさい。〔　　〕

問二　頻出　——線②「翁」の訓読みを、現代仮名遣いで答えなさい。〔　　〕

問三　——線③「下衆ども」を言い換えた言葉を、段落1・2の中から一つ抜き出しなさい。〔　　〕

問四　難　═線ア〜オの「の」の中で、二つだけ、同じ文法的働きをするものがある。その二つの記号を答えなさい。〔　　〕と〔　　〕

問五　難　段落1の中から、次の①、②の単語をそのままの形で抜き出しなさい。

①　「下衆ども」の驚く気持ちを表している単語（形容詞）。

②　瓜の成長ぶりを強調するために使われている単語（副詞）。

問六　段落1の内容を受けている指示語を、――線④の「これ」以外に、本文中から抜き出しなさい。

①〔　　　〕②〔　　　〕

問七　――線⑤「こ」は何を指しているか。本文中から抜き出しなさい。

〔　　　〕

問八 頻出 ～～線a～eの単語（動詞）の中で、「下衆ども」の感情を表しているものをすべて選び、記号で答えなさい。

〔　　　〕

問九　――線⑥「ましかば」と、⑦「ざらまし」を使った構文は、「もし～したなら、……はしなかっただろうに」という意味を表す。A、Bに入る動詞の組み合わせとして最も適当なものを、次のア～オから一つ選び、記号で答えなさい。ただし、選択肢は終止形にしてある。

ア　A 負ふ　B 惜しむ
イ　A 作る　B 憎む
ウ　A 食ふ　B 取る
エ　A 見る　B 笑ふ
オ　A 与ふ　B 喜ぶ

〔　　　〕

問十 頻出 ――線⑧「惜しみけるを翁も憎みて、かくもしたるなめり」について、次の(1)、(2)の問いに答えなさい。

(1)　翁は「下衆ども」を憎んでこのようなことをしたが、よりいっそう「下衆ども」をこらしめるために翁のしたことが書かれている一文がある。その文の初めの三字を答えなさい。

□□□

(2)　翁が「下衆ども」をこらしめた方法は不思議なものだった。その方法が明らかにされている部分を三十四字で抜き出し、初めと終わりの三字をそれぞれ答えなさい。

□□□～□□□

問十一　この文章は、いずれも「今は昔」で書き出される千話以上の説話を集めた、我が国最大の説話集に載せられているものである。その古典作品名を、漢字で答えなさい。

〔　　　〕

28 次の文章を読んで、あとの問いに答えなさい。

（鹿児島・ラ・サール高）

＊かぞいろはあはれとみらむつばめすらふたりは人に契（ちぎ）らぬものを

むかし、男（a）ありけり。女（むすめ）に、男（b）あはせたりけるが、失（う）せにければ、また、異人（こと）に、婿とらむとしけるを、むすめ聞きて、母にいひけるやう、「男に具（ぐ）してあるべき＊末を、あらましかば、ありつる男ぞあらましか。①さる＊宿世（すくせ）の、なければこそ死ぬらめ。たとひ、したりとも、身の＊くせならば、またもこそ、死ぬれ。さること思（おぼ）し②かく」などいひ（A）ければ、母聞きて、おほきに驚きて、父に、語りければ、父、これを聞きて「我死なむこと、近きにあり。③さらむ後には、いかにして、世にあらむ」とて、「さる事は、思（お）ひよるぞ」といひて、なほ、あはせむ（B）としければ、むすめの、親に申しけるは、「さらば、この家に巣くひて、こ生みたるつばくらめの、男つばくらめを、取りて殺して、つばくらめに、しるしをして、はなち給（たま）へ。さらむに、またの年、男つばくらめ具して、来たらむ折に、それを見て、④思し立つべきぞ」といひければ、げにもと思ひて、家に、こ生みたる、つばくらめを取りて、男つばくらめをば、殺して、女（め）つばくらめには、首に、赤き糸を、付けてはなち、つばくらめ帰りて、またの年の春、男（c）も具せで、ひとり、首の糸ばかり付きて、まうで来たれば（C）、それを見てなむ、おやども、また、男あはせむの心もなくて、やみにけり。むかしの、女の心は、今（いま）様（やう）の、女の心には、似ざりけるにや。つばくらめ、男ふたりせずといふこと、文集（もんじふ）の文なりとぞ。

（『俊頼髄脳（としよりずいのう）』より）

＊かぞいろ…両親。
＊末…一生の運命。
＊宿世…前世からの運命。
＊くせ…きまり。

問一 ══線a〜cの「男」はそれぞれ何をさすか。最も適当なものを、次のア〜オからそれぞれ一つ選び、記号で答えなさい。ただし、同じ記号を二度以上用いないこと。

ア 父親　イ 息子　ウ ある男
エ 雄燕（つばめ）　オ 子燕

a〔　　〕 b〔　　〕 c〔　　〕

問二 ——線①「さる宿世」とはどういうことか。最も適当なものを、次のア〜オから一つ選び、記号で答えなさい。

ア 世間の役に立つ男の将来を手助けできること。
イ 男なら誰（だれ）でも良いと最後には開き直れること。
ウ ひとりの男と一生連れ添って生活できること。
エ すばらしい男を見つけだして結婚できること。
オ 親が以前婿と決めていた男と結婚できること。

〔　　〕

問三 ——線②「かく」は「このように」という意味であるが、どうしたというのか。最も適当なものを、次のア〜オから一つ選び、記号で答えなさい。

ア 結婚しようと決めた。
イ 相手次第だと思った。
ウ つばめに将来を託す。
エ 再婚しないと決めた。
オ 若者がよいと思った。

〔　　〕

問四 頻出 ……線A「いひければ」・B「あはせむとしければ」・C「まうで来たれば」の動作の主体はそれぞれ何か。最も適当なものを、次のア〜オから一つ選び、記号で答えなさい

ア 父親　イ 母親　ウ 娘
エ 雄燕　オ 雌燕

A〔　　〕B〔　　〕C〔　　〕

問五 難 ——線③「さらむ後には、いかにして、世にあらむ」を、言葉を補って現代語に訳しなさい。

〔　　　　　　　　〕

問六 ——線④「思し立つべきぞ」とあるが、どういうことを「思し立つ」というのか。最も適当なものを、次のア〜オから一つ選び、記号で答えなさい。

ア 新たに子を産むこと。
イ ツバメを殺したこと。
ウ 私が再婚すること。
エ 独立し家を出ること。
オ 別の住居を造ること。

〔　　〕

問七 新傾向 冒頭の歌の〜〜〜線「つばめすらふたりは人に契らぬものを」とはどういうことか。その説明になるように、次の空所①〜④にあてはまる表現を、それぞれ考えて答えなさい。

①　でさえ、②　のだ。まして③　は④　ということ。

①〔　　〕
②〔　　〕
③〔　　〕
④〔　　〕

29 次の文章を読んで、あとの問いに答えなさい。

（兵庫・灘高）

*源三位入道の嫡子仲綱のもとに、*九重に聞こえたる名馬あり。*鹿毛なる馬の、ならびなき逸物、乗り走り心むき、またあるべしとも覚えず。名をば木の下とぞ言はれける。*前右大将これを伝へ聞き、仲綱のもとへ使者たて、①「聞こえ候ふ名馬を見候はばや」とのたまひつかはされたりければ、*伊豆守の返事には、「さる馬は持つて候ひつれども、このほどあまりに乗り損じて候ひつるあひだ、しばらくいたはらせ候はんとて、田舎につかはして候ふ」「さらんには力なし」とて、その後沙汰もなかりしを、多くなみゐたりける平家の侍ども、「あつぱれその馬は、をとひまでは候ひしものを」「昨日も候ひし」「けさも庭乗りし候ひつる」なんど申しければ、「さては*惜しむごさんなれ。②にくし、請へ」とて、侍してはせさせ、文なんどしても、一日がうちに五六度、七八度なんど請はれければ、三位入道これを聞き、伊豆守よびよせ、「たとひこがねをまろめたる馬なりとも、③それほどに人の請はう物を、惜しむべきやうやある。すみやかにその馬、*六波羅へつかはせ」とこそのたまひけれ。伊豆守力およばで、一首の歌を書きそへて、六波羅へつかはす。

　こひしくはきてもみよかし身にそへるかげをばいかがはなちやるべき

宗盛卿、歌の返事をばし給はで、「あつぱれ馬や。馬はまことによい馬でありけり。されどもあまりに主が惜しみつるがにくきに、やがて主が名のりを*金焼きにせよ」とて、仲綱といふ金焼きをして、むまやに立てられけり。客人来つて、「聞こえ候ふ名馬を見候はばや」と申しければ、「その仲綱めに鞍おいてひきだせ、仲綱め乗れ、仲綱め打て、張れ」なんどのたまひければ、伊豆守これを伝へ聞き、「身にかへて思ふ馬なれども、④権威についてとらるるだにもあるに、馬ゆゑ仲綱が天下の笑はれぐさとならんずるこそ安からね」とて、大いにいきどほられければ、三位入道これを聞き、伊豆守に向かつて、「何事のあるべきと思ひあなづつて、⑤平家の人どもがさやうのしれ事を言ふにこそあんなれ。その儀ならば、命いきても何かせん。⑥便宜をうかがうてこそあらめ」とて、わたくしには思ひも立たず、*宮をすすめ申したりけるとぞ、後には聞こえし。

（『平家物語』より）

*源三位入道…源頼政。
*九重…朝廷。
*鹿毛…馬の毛色で、茶褐色のもの。
*前右大将…平宗盛。平清盛の子。
*伊豆守…仲綱をさす。
*惜しむごさんなれ…「惜しむにこそあんなれ」に同じ。
*六波羅…平家一門の屋敷のある場所。
*金焼き…焼いた鉄を押し付けて印をつけること。
*宮をすすめ申したりける…高倉宮(以仁王)に働きかけたことをさす。

問一 頻出 ——線①「聞こえ候ふ名馬を見候はばや」を、現代語に訳しなさい。

［　　　　］

問二 難 ——線②「にくし」とあるが、前右大将がそのように思ったのはなぜか。理由を答えなさい。

［　　　　］

問三　——線③「それほどに人の請はう物を、惜しむべきやうやある」の意味として最も適当なものを、次のア～オから一つ選び、記号で答えなさい。

ア　それほどに人が欲しがるものなのに、惜しくなりはしないのか。
イ　それほどに人が欲しがるものならば、惜しくなるのはもっともだ。
ウ　それほどに人が欲しがるものを、惜しんだりしてはいけない。
エ　それほどに人が欲しがるものを、惜しまずに与えるのはよくない。
オ　それほどに人が欲しがるものならば、後できっと惜しくなるだろう。

〔　　〕

問四　新傾向　～～線「こひしくは……」の歌の中では、ある言葉に二つの意味が掛けられている。その言葉を意味の違いがわかるように、漢字で書き分けなさい。

〔　　〕

問五　——線④「権威についてとらるる」とはどういうことか。具体的に答えなさい。

〔　　〕

問六　難　——線⑤「平家の人どもがさやうのしれ事を言ふ」とあるが、これは平家の人々のどういう行動をさすか。三十字以内で具体的に答えなさい。

問七　——線⑥「便宜をうかがうてこそあらめ」の内容として最も適当なものを、次のア～オから一つ選び、記号で答えなさい。

ア　いずれ機会を見て平家を討ち滅ぼしてやろう。
イ　いっそのこと馬を殺してしまうのがよかろう。
ウ　なんとか馬を取り戻す方法がないか考えよう。
エ　権威ある人にとりなしてもらう手段を探そう。
オ　平家の人々の機嫌をとりながら生き延びよう。

〔　　〕

30　次の文章を読んで、あとの問いに答えなさい。（句読点なども一字と数える。）

（奈良・東大寺学園高）

［昔、贅沢（ぜいたく）な暮らしをしている男がいた。ある時、男はそのような暮らしが罪深いものであると気付き、財産を捨てて生きていく決意をして、妻子とともに家を出た。本文はこれに続く場面である。］

さて、遥（はる）かに行きて、思ひかけぬ山の麓（ふもと）に、＊庵形（いほりかた）のやうに構へて、＊笊器（さうき）といふ物を日に三作りて、この娘にて売りに出だしける。かくて[A]世を渡りけるほどに、ある時、この笊器を買ふ人なし。むなしく返りぬ。また次の日の分、具して持て出でたれども、その日も買ふ者なし。また次の日の分具して、九の笊器を持て行きたりけれども、この日も買ふ者なし。娘、思ひ嘆きて、「かくてのみ日は重なる。我が父母の命もながらへがたかるべし。いかさまにせむ」と、①わづらひけるほどに、道に銭を＊一貫落としたりけり。この女、笊器をこの銭に結び付けて、笊器の価を数へて銭を取りて、残りの銭と笊器とをば、もとの所に置きて来にけり。

さて、②このよしを語りければ、父、大きに驚きていふやう、「[B]何わざ営まむとて持ちたる銭にかありつらむ。親の物にてもありつらむ、主の物にてもあるべし。たとひ取るにても、一の笊器を置きて一の価をこそ取るべけれ。いかなる者か、一人して笊器を九買ふ事あるべき。③かかる濁りある心持たらむ者は、うとましく覚ゆ。早、みな持て行きて、もとの銭に貫き具して、ただ笊器を取りて来よ」といふ。娘、行きて見るに、この銭なほありければ、もとのままにして、笊器を取りて来て見れば、父も母も、ともに手を合はせて、頭を垂れて死ににけり。「あな、悲しのわざや。④我もありては何かせむ」とて、娘もそばに居て死ににけりとなむ。

（『閑居友（かんきょのとも）』より）

＊庵形のやうに構へて…粗末な小屋を作って。

＊笊器…竹で編んだかご。

＊一貫…「貫（かん）」は銭の単位。一文銭（もんせん）1000枚で一貫。100文ずつひとつの束にまとめる。

問一 頻出　――線A「世を渡りけるほどに」・B「何わざ営まむとて」の本文中における意味として最も適当なものを、次のア～エからそれぞれ一つ選び、記号で答えなさい。

A
- ア　生計を立てていたところ
- イ　商売がうまくいっていたとき
- ウ　世間から離れたのをきっかけに
- エ　あちこち移り住むうちに

B
- ア　何がほしいと思って
- イ　何にもならないと考えて
- ウ　何とかしたいと考えて
- エ　何をしようと思って

A〔　　〕　B〔　　〕

問二　――線①「わづらひけるほどに」とあるが、これはどういうことか。最も適当なものを、次のア～エから一つ選び、記号で答えなさい。

- ア　笊器が一つも売れないのは、両親の作った笊器の出来が悪いからではないかといら立っていたということ。
- イ　このまま笊器の売れない日が続くと、両親を養えなくなってしまうのではないかと思い悩んでいたということ。
- ウ　両親の命は長くないだろうから、両親が死ぬまでは笊器が売れていないことをごまかそうとたくらんでいたということ。
- エ　笊器の売れない日が続いているので、食料を買い与えることができずに両親を病気にさせてしまったということ。

〔　　〕

問三　――線②「このよしを語りければ」とあるが、「このよし」の内容として最も適当なものを、次のア～エから一つ選び、記号で答えなさい。

ア　道にお金が落ちているのを見つけたので、持っていた笊器を置いて、お金はすべて持ち帰ったということ。

イ　道にお金を落としてしまったので、残りのお金は落とさないように笊器に結び付けて持ち帰ったということ。

ウ　道にお金が落ちていたので、持っていた笊器はすべて置いて、その分の代金を持ち帰ったということ。

エ　道にお金と笊器を知らぬ間に落としてしまったので、何も持たずに手ぶらで帰ったということ。

〔　　〕

問四　新傾向　～～線「この銭なほありければ」とあるが、仮に笊器一つの代金を十文とすると、道に銭はいくら残っていたのか。算用数字で答えなさい。

〔　　〕

問五　難　――線③「かかる濁りある心持たらむ者」とあるが、父は娘のどのような点を「濁りある」と評したのか。八十字以内で答えなさい。

問六　難　――線④「我もありては何かせむ」の意味として最も適当なものを、次のア～エから一つ選び、記号で答えなさい。

ア　私にお金があったら何かできることがあったはずだ。

イ　生まれ変わったら何か両親の供養となることをしていこう。

ウ　そばにいたとしても両親を救うことはできなかっただろう。

エ　私がこれ以上生きていたとしても何の価値もない。

〔　　〕

31 次の漢文を読んで、あとの問いに答えなさい。（東京・産業技術高専）

無(シ)二問(フ)レ道(ヲ)者一。

問一 この漢文の書き下し文として正しいものはどれか。次のア～エから一つ選び、記号で答えなさい。〔　　〕

ア 者無し道を問ふ。
イ 者道を問ふ無し。
ウ 道を無し者問ふ。
エ 道を問ふ者無し。

---

32 次の漢詩と書き下し文を読んで、あとの問いに答えなさい。（北海道・函館ラ・サール高改）

勧酒　于武陵(うぶりょう)

勧君金屈巵　君に勧む　金屈巵(きんくつし)
満酌不須辞　満酌(まんしゃく)　辞するを須(もち)いず
花発多風雨　花発(ひら)けば　風雨多し
人生足別離　人生　別離足る

問一 頻出 この漢詩の形式を漢字四字で答えなさい。

問二 頻出 ――線「人生足別離」とあるが、その下にある書き下し文に従って、返り点を付けなさい。ただし、送りがなは不要である。

人　生　足　別　離

33 次の漢文の書き下し文を読んで、あとの問いに答えなさい。（神奈川・柏陽高）

范氏の亡ぶるや（范氏が滅亡したとき）、百姓（農民で）、鐘を得たる者有り。負ひて走らんと欲すれば、則ち鐘大にして負ふべからず。椎を以て（木づちで）之を毀たん（砕こう）とすれば、鐘況然として（大きな音をたてた）音有り。人の之を聞きて己より奪はんことを恐れ、遽に其の耳を掩ふ。人の之を聞くを悪むは可なり。己自ら之を聞くを悪むは悖れり（道理に反している）。人主（君主）と為りて其の過ちを聞くを悪むは、猶ほ此のごときに非ずや。

（『呂氏春秋』より）

問一 この文章の内容を説明したものとして最も適当なものを、次のア～エから一つ選び、記号で答えなさい。

ア 他人の鐘を盗んだのはいいが、あまりに重くて運ぶことができずにすぐ犯行が露見してしまったということから、特に君主は道理に反するようなことを絶対にしてはならないということを表している。

イ 鐘の音がしないように持ち去ろうとしていろいろと策略をめぐらせたが、それが大きな過ちであると気づき、すぐに改心したということから、非を認めて謝罪すれば許されるということを表している。

ウ 他人の鐘を持ち去るのに運べないので割ろうとしたが、音が鳴るのをいやがり自分の耳をふさいだということから、特に君主は過ちを犯したらそれをしっかり認識するべきだということを表している。

エ 幸運にも鐘を手に入れた人が運ぶときに過って落としてしまい、大きな音をたてて鐘が粉々に割れてしまったということから、いつまでも幸運が続くと思い込んではいけないということを表している。

〔　　　〕

34 次のあらすじとそれに続く漢文の書き下し文を読んで、あとの問いに答えなさい。（埼玉・慶應義塾志木高）

〜前半部のあらすじ〜

管仲（かんちゅう）と鮑叔（ほうしゅく）は若い頃からの友だちだった。管仲は公子糾（こうしきゅう）に、鮑叔は公子小白（しょうはく）に仕えていた。公子糾が後継者争いに敗れたため側近であった管仲も投獄されたが、鮑叔は新王桓公（かんこう）に管仲を推薦し管仲を助けた。のちに桓公が天下の覇者となったのは管仲の活躍のおかげだった。

管仲曰（いわ）く、「吾（われ）、始め困（くる）しみし時、嘗（かつ）て鮑叔と①賈（こ）す。財利を分かつに、多く自らに与ふ。鮑叔、我を以（もっ）て貪（たん）と為さず。我aの貧なるを知ればなり。吾、嘗て鮑叔の為（ため）bに事（こと）を謀（はか）るも更に窮困（きゅうこん）す。鮑叔、我を以て［A］と為さず。時に利と不利と有るを知ればなり。吾、嘗て三たび②仕（つか）へて三たび君に逐（お）はる。鮑叔、我を以て③不肖と為さず。我cの時に遭（あ）はざるを知ればなり。吾、④嘗て三たび戦（たたか）ひて三たび走る。鮑叔、我を以て怯（きょう）と為さず。我に老母有るを知ればなり。公子糾敗（やぶ）れ、*召忽（しょうこつ）、之に死（し）す。吾、幽囚（ゆうしゅう）せられて、辱（はずかし）めを受（う）く。鮑叔、⑤我を以て恥無しと為さず。我dの*小節（しょうせつ）を羞（は）ぢずして、*功名eの天下に顕（あらわ）れざるを恥（は）づるを知ればなり。我を生みし者は父母なるも、我を知れる者は［B］なり。」と。

（『史記』管晏（かんあん）列伝より）

＊召忽…斉の大夫。管仲と同じく糾の守り役であった。
＊小節…小さな節義。
＊功名…手柄と名誉。

問一　――線①「賈（こ）す」と同じ意味の言葉を、次のア〜オから一つ選び、記号で答えなさい。

ア 競ふ　イ 考ふ　ウ 奪ふ
エ 乞ふ　オ 商ふ

〔　　〕

問二 **頻出** ＝線a〜eの「の」のうち、用法の異なるものを一つ選び、記号で答えなさい。

〔　　〕

問三 ［A］に入る最も適当な語を、次のア〜オから一つ選び、記号で答えなさい。

ア 貧　イ 愚　ウ 賢　エ 偽　オ 善

〔　　〕

問四 ――線②「君に逐（お）はる」の意味として最も適当なものを、次のア〜オから一つ選び、記号で答えなさい。

ア 主君から逃げてきた　イ 主君に追い出された
ウ 主君が亡くなった　エ 主君を代えた
オ 主君と争った

〔　　〕

問五 **難** ――線③「不肖」の意味として最も適当なものを、次のア〜オから一つ選び、記号で答えなさい。

ア 乱暴者　イ 臆病者　ウ 働き者
エ 愚か者　オ 無礼者

〔　　〕

問六 ――線④「嘗て三たび戦ひて三たび走る」とあるが、その理由として最も適当なものを、次のア～オから一つ選び、記号で答えなさい。

ア 三度仕えた主君と何度も戦うことは忍びなかった。
イ 鮑叔の老母が生きていたので、見捨てることができなかった。
ウ 自分の真価を見抜く君主に会うまでつかまるわけにはいかなかった。
エ 自分に不利なことばかりが続き、逃げる以外に方法が見つからなかった。
オ 老母の面倒を見なくてはいけないので、死ぬわけにはいかなかった。

〔　　〕

問七 難 ――線⑤「我を以て恥無しと為さず」の意味として最も適当なものを、次のア～オから一つ選び、記号で答えなさい。

ア 私にまったく非がないとは思わなかった。
イ 私を恥ずべき存在だと見なした。
ウ 我が身を恥じるべきだと言った。
エ 私を恥知らずだとは思わなかった。
オ 私の過ちを許そうとはしなかった。

〔　　〕

問八 新傾向 B に入る最も適当な語を、本文中から抜き出しなさい。

〔　　　　〕

35

次の文章を読んで、あとの問いに答えなさい。（句読点も一字と数える。）なお、Aは『論語』の一部であり、孔子の弟子について書かれたものである。□の中のaはAの現代語訳である。

（東京・国立高）

A 子貢曰く、貧しくて諂うことなく、富みて驕ることなきは如何。子曰く、可なり。①未だ貧しくして道を楽しみ、富みて礼を好む者には若かざるなり。子貢曰く、＊詩に云う、切するが如く、磋するが如く、琢するが如く、磨するが如しとは、其れ斯れを謂うか。子曰く、＊賜や。始めてともに詩を言うべきのみ。諸に往を告げて、来を知る者なり。

a 子貢が孔子に尋ねます。「貧しくても人に対してへつらうことがなく、富んでいても驕らないという人はいかがですか。」と。孔子は「②まあ、いいだろう。」とまずいい、しかし「貧しくても道を楽しみ、富んでいても礼を好む人には及ばないな。」と付け加えます。それを聞いて子貢はハタと思い当たり、「それが詩でいう『切磋琢磨』なのですね。」という。これを聞いて孔子は「子貢よ。はじめて『ともに』詩のことを話せるという関係になれたな。お前は『往』を告げられて『来』を知る者だ。」と喜ぶ。

そんな話です。
子貢は外交、ビジネス両面においても成功をおさめた、孔子のパトロンのような弟子です。いわば富んでいる人です。「富む」ということに本当に無頓着な人は、富むことはできません。子貢が富んでいるのは、富に興味があったからです。孔子の弟子である彼は、他の弟子よりも、また孔子よりも富んでいることに対して、ちょっと後ろめたさがあったのではないでしょうか。

孔子のもっとも愛した弟子で、「*しばしば空し」と称された顔回は貧しい人でした。「富と貴きとは、これ人の欲するところなり」と孔子がいうように、富むことも貴きことも、道に外れずに得たのなら問題はない。しかし、富や貴いことは怖いし、才能に恵まれているということも怖い。富んでいれば貧しい人に対して驕慢の心を持ちやすい。（中略）そして驕慢の心は、人を本質から遠く引き離す。恵まれているというそれだけで、人は「本質」から遠く離れやすいのです。しかし、子貢は顔回のように貧しさの中にはいられない。子貢は、富や成功を淡々と捨てることはできない。そしてそんな彼にとって富を手放せないということは、ひとつの欠落であったでしょう。

彼は富という、手放せない欠落を何とかしようと努力します。「驕ることなき」を常に心にかけ、努力をしていたのです。そして、この「貧しくても人に対してへつらうことがなく、また富んでいても驕らないという人はいかがですか」という発言になります。それに対して孔子は「可なり」といいます。それはそれでじゅうぶんにすごいし、正しい。

しかし、孔子はそれで完璧だとも思わない。なぜなら、「貧しくてもへつらうことなく、富んでも驕らない」というのは、いうは易いが、実行するのはとても難しいことだからです。孔子はそれを知っていました。

孔子の言と子貢の言との違いを比べてみると、そこに「楽しみ」の有無があることに気づくでしょう。（中略）貧しいときには道を「楽しめ」ば自然にへつらいから遠ざかり、富むときには礼を「好め」ば自然に驕りから遠ざかる。そう孔子はいっています。

それに対して子貢のそれは息苦しい。（中略）

貧しいときには思わずへらへらとへつらってしまい、富貴の身となれば思わず驕慢の心を起こす。それが人間です。それを「すべきではない」というのは、たしかに正論なのですが、それは簡単ではない。無理をすれば、自分の首をしめます。

しかし、枝葉と根本でいえば、へつらいや驕りは外に現れたもの、すなわち枝葉です。それをコントロールするのではなく、「本」である道を楽しみ、そして礼を好めばいい。それによって自然に枝葉が伴ってくるのを待つ、それが孔子の方法なのです。

③さて、それを聞いて子貢はハタと「切磋琢磨」の詩に思い当たる。

切・磋・琢・磨の四字にはみな微妙な違いがあります。骨を削ることを「切」といい、象牙を加工することを「磋」といい、*玉を磨くことを「琢」といい、石を磨くのを「磨」といいます。切磋琢磨の四字はすべて素材に磨きをかけて、あるモノにすることをいいます。それはあるいは実用的なモノであり、より付加価値のついたモノです。しかし、できあがったそれらのモノは「枝葉」です。「本」は素材そのものであり、そしてそれに正しく接する行為です。（中略）

せっかくいい象牙があっても、それを玉に対するような磨き方で加工したら台無しにしてしまう。素材を正しく活かすためには、まずはこの素材が何なのかを正しく知り、そしてそれに対する正しい対処法、コトを知ることです。

人間でいうならば、素材とは天性です。『*中庸』に「天の命ずる、これを性という」とあるように、人ひとりひとりには天から与えられた素材としての「性」がある。子貢ならば富を得るという性、顔回ならば貧を楽しむという性です。富を得る性をもつ子貢が、顔回に憧れて、その性から離れたことをするのは天命に反する。無理が起こる。そんな無理をせずに、自分の、「性」にあった方法で道を探求する。それを孔子は勧めたのです。

そして子貢も、その真意を悟り、この詩を引用しました。（中略）

子貢の『詩経』の引用をうけて、孔子は「賜や。始めてともに詩を言うべきのみ。諸に往を告げて、来を知る者なり」といいます。はじめてともに詩について語ることができるようになったなあ、と喜び、「往を告げて、来を知る者になった」と告げるのです。

「往」と「来」、行って戻るです。「往」は過去であり、「来」は未来。師匠は「往」、すなわち過去のことを告げる存在です。（中略）孔子の語る言葉は＊先哲の言葉であり、＊先聖の事跡です。また、孔子が教えるのは伝統の＊礼楽であり、伝統の詩書、すなわち「往」、過去のことです。

「学」とはからだ全体を使ってそれを④徹底して学ぶことでした。能の稽古もそうです。師匠の謡や型を徹底して学ぶ。それだけでも何十年もかかります。しかし、それだけではダメだと、能を大成した世阿弥はいいます。それでは「無主風」になってしまう。すなわち主体性が無い芸風で終わってしまうというのです。

この無主風を『論語』の用語でいえば「来」がないということになります。（中略）一を聞いて一だけを知る。過去や伝統にしがみつくだけになってしまう。弟子が、伝えられたことのその底にある本質を摑んでいれば、まだいわれていないことを自分に照らして知ることができる。それが「来」なのです。

（中略）

⑤孔子は弟子たちに「往」を告げて「来」を知ることを求めていました。「来」を知るとはモノの深奥に流れているコトに気づき、その人、その状況に応じて自由に応用することによって実現するのです。伝統は、現代に活かすことができてこその伝統です。

子貢はここではじめて一を聞いて二を知る弟子になれたのです。

（安田登『身体感覚で『論語』を読みなおす。』より）

＊詩…『詩経』という中国最古の詩集。
＊賜…子貢の名。
＊「しばしば空し」…「米びつがたびたび空っぽになった」という意味で、顔回の貧しい状態を指している。
＊玉…美しい石。宝石。
＊『中庸』…中国の古典の一つ。
＊先哲・先聖…昔の賢者・聖人。
＊礼楽…行いをつつしませる礼儀と心をやわらげる音楽。

問一 難 ――線①「未だ貧しくして道を楽しみ、富みて礼を好む者には若かざるなり」とあるが、「未だ貧しくして道を楽しみ、富みて礼を好む者」に「若かざる」者とは何か。現代語訳の中から抜き出しなさい。

［　　　　］

問二 ――線②「まあ、いいだろう」とあるが、このような言い方をした理由として最も適当なものを、次のア〜エから一つ選び、記号で答えなさい。

ア 外に現れた枝葉の部分をコントロールするようなやり方を用いるよりも、子貢に合った無理のない探求方法を勧めたかったから。

イ 富や成功によって生ずる驕慢の心さえ楽しめる子貢だから可能だが、一般的には実行するのが難しいので、完璧とは言えないから。

ウ 子貢が孔子の教えに従って努力していることが分かったので、ともに詩のことを話せる関係になるまであと少しだと思ったから。

エ　貧しさや富にこだわるのは本質を外れているが、肯定してやることで、自然に枝葉が伴ってくるのを待つのが孔子のやり方だから。

〔　　〕

問三　――線③「さて、それを聞いて子貢はハタと『切磋琢磨』の詩に思い当たる」とあるが、子貢はここでいう「切磋琢磨」をどのように理解しているか。最も適当なものを、次のア～エから一つ選び、記号で答えなさい。

ア　天から与えられた素材の本質をつかむことが重要なので、そのためにはいろいろなやり方があるということ。

イ　へつらいや驕りの心をもたないためには、互いに刺激し合い競い合う楽しさを忘れてはならないということ。

ウ　素材を知り正しく対処するということが、自分の「性」にあう方法で道を探求することに通じるということ。

エ　付加価値をつけたモノにするということが、「枝葉」をコントロールして道を楽しむことに通じるということ。

〔　　〕

問四　――線④「徹底」という熟語と同じ構成のものを、次のア～オから一つ選び、記号で答えなさい。

ア　裁縫
イ　就職
ウ　世界
エ　勉強
オ　日没

〔　　〕

問五　難　――線⑤「孔子は弟子たちに『往』を告げて『来』を知ることを求めていました」とあるが、能を学ぶ弟子にとって「『来』を知る」とはどのようなことか。本文中の言葉を用いて、五十字以内でわかりやすく説明しなさい。

5 漢字と語句

▼解答→別冊 p.43

36 次のA～Eについて、——線のカタカナを漢字に直しなさい。

A ① 大学をシュセキで卒業する。
② 学校の設立にサンカクする。
③ 昨年の実績をシヒョウとする。
④ カイコの作った繭から絹糸をつむぐ。
⑤ フタイテンの決意を抱く。
（東京・戸山高）

①〔　　〕②〔　　〕③〔　　〕
④〔　　〕⑤〔　　〕

B ① 必ず成功するというカクショウが得られた。
② 行政が主催する催し物にキョウサンする。
③ オンダンな気候の土地に住む。
④ 修学旅行の思い出を心にキザむ。
（神奈川・多摩高）

①〔　　〕②〔　　〕③〔　　〕④〔　　〕

C ① 結論をミチビく。
② ロウホウが届く。
③ 出場をジタイする。
④ オサナい時の思い出。
⑤ 長年のコウセキをたたえる。
（国立工業・商船・電波高専）

①〔　　〕②〔　　〕③〔　　〕
④〔　　〕⑤〔　　〕

D ① 人口のスイイを慎重に見守る。
② この川のリュウイキには古い家が多い。
③ 近所の農家ではコクモツを栽培している。
④ 彼の優れた点はマイキョにいとまがない。
（東京・両国高）

①〔　　〕②〔　　〕③〔　　〕④〔　　〕

E ① カンジャに付き添う。
② ソクセキで演奏する。
③ さまざまなセンタクシがある。
④ ジュンシンな気持ち。
⑤ ミイりのよい仕事。
（東京・慶應義塾女子高）

①〔　　〕②〔　　〕③〔　　〕
④〔　　〕⑤〔　　〕

37 次のA〜Eについて、——線の漢字の読み方を、ひらがなで答えなさい。

A
① 漢詩を吟詠する。
② 高名な学者に私淑する。
③ 衷心より感謝する。
④ 吉報を待ち焦がれる。
⑤ 気高い精神の持ち主。
（東京・戸山高）

①〔　　〕②〔　　〕③〔　　〕
④〔　　〕⑤〔　　〕

B
① 港に帆船の写真を撮りに行く。
② 海底に通信用のケーブルを埋設する。
③ 木々が鈍い日差しを浴びてぼんやり見える。
（神奈川・多摩高）

①〔　　〕②〔　　〕③〔　　〕

C
① 野の花を摘む。
② 悪事を企てる。
③ 脈絡のない話。
④ 悔恨の念にかられる。
⑤ 昆虫のさなぎが羽化する。
⑥ 委員会に諮って決定する。
（国立工業・商船・電波高専）

①〔　　〕②〔　　〕③〔　　〕
④〔　　〕⑤〔　　〕⑥〔　　〕

D
① 入学式でお祝いの言葉を賜る。
② 評議会の議長が罷免された。
③ 滞っていた日記をまたつけ始めた。
④ 貯金がだんだんと殖えていく。
（東京・両国高）

①〔　　〕②〔　　〕③〔　　〕④〔　　〕

E
① 発表の準備を怠る。
② 極彩色が施された壁画。
③ 一切合財を処分する。
④ 思惑どおりに物事が進んだ。
⑤ 日常生活に差し支えない。
（東京・慶應義塾女子高）

①〔　　〕②〔　　〕③〔　　〕
④〔　　〕⑤〔　　〕

38 次の問いに答えなさい。

問一　次の――線「後カイ」の「カイ」を漢字に直した場合、その漢字の部首は何か。最も適当なものを、ア～オから一つ選び、記号で答えなさい。

（三重・高田高改）

ごめんなさい。そういう後カイは、たくさん、ある。

ア きへん　イ さんずい　ウ りっしんべん
エ にんべん　オ てへん

〔　　〕

問二　次の漢字を楷書（かいしょ）で書いたとき、総画数が最も多いものを、ア～エから一つ選び、記号で答えなさい。

（東京・産業技術高専）

ア 色　イ 吸　ウ 弟　エ 両

〔　　〕

39 次の問いに答えなさい。

問一　次の――線「差イ」の「イ」と同じ漢字を用いた熟語を、ア～オから一つ選び、記号で答えなさい。

（三重・高田高改）

一プラス一が二になるというような数学上の論理に東西南北、差イがあってはたまらない。

ア 行イ　イ 容イ　ウ 驚イ
エ 推イ　オ 権イ

〔　　〕

問二　次の――線のカタカナに同じ漢字があてはまるものを、ア～エから一つ選び、記号で答えなさい。

（東京・産業技術高専）

ア ｛子供のころから水泳は彼のトク技だった。／事態を長引かせるのはトク策ではない。
イ ｛相手宅を訪モンするときは時間を告げておきましょう。／映像関連の部モンで最優秀賞に選ばれた。
ウ ｛演奏が終わるとホールはマン場の拍手に包まれた。／昔から風邪はマン病のもとだと言われる。
エ ｛強豪を相手に互カクの戦いを繰り広げた。／新しいモデルはカク張ったデザインが特徴だ。

〔　　〕

問三　次のA～Cの熟語を選択肢のカタカナにあてはめたとき、最も適当なものを、ア～ウからそれぞれ一つ選び、記号で答えなさい。

（神奈川・東海大付相模高）

A　仮設 ｛ア カセツの事務所。／イ 新しい橋のカセツ。／ウ カセツを立てて実験する。
B　対象 ｛ア 左右タイショウの構図。／イ 中学生タイショウの授業。／ウ 比較タイショウして検討する。
C　革新 ｛ア 保守とカクシンの立場。／イ 事件のカクシンに触れる。／ウ 勝利をカクシンする。

A〔　　〕　B〔　　〕　C〔　　〕

問四 次の①〜⑥のA・Bには同じ読み方の漢字があてはまる。それぞれの空欄にあてはまる漢字一字を答えなさい。 （東京・明治大付中野高）

① 校庭をA放する。／民族B放運動が起こる。
② 上役のA心を買う。／公害問題にB心を持つ。
③ 議長をAめる。／解決にBめる。
④ 責任を追Aする。／利潤を追Bする。
⑤ 隣国の領土をAす。／危険をBす。
⑥ 消息をAつ。／生地をBつ。

① A〔　　〕 B〔　　〕
② A〔　　〕 B〔　　〕
③ A〔　　〕 B〔　　〕
④ A〔　　〕 B〔　　〕
⑤ A〔　　〕 B〔　　〕
⑥ A〔　　〕 B〔　　〕

---

40 次の問いに答えなさい。

問一 次の――線の言葉の類義語を、あとの語群の漢字を組み合わせた熟語で答えなさい。 （東京・明治大付中野高）

① 事情について申し開きをする。
② 弁明の機会が与えられないとは口惜しい。
③ 行く末はどうなるか分からない。
④ 弟はつむじ曲がりだから反対ばかりする。
⑤ 彼は言うこともすることも風変わりだ。

【語群】

抜	残	屈	明	奇
来	偏	釈	念	将

① 〔　　〕 ② 〔　　〕 ③ 〔　　〕
④ 〔　　〕 ⑤ 〔　　〕

問二 「淡白」の対義語を、次のア〜オから一つ選び、記号で答えなさい。 （三重・高田高）

ア 強固　イ 濃厚　ウ 柔軟
エ 軽薄　オ 深紅

〔　　〕

41 次の問いに答えなさい。

問一　次にあげる三字熟語の読みがなをひらがなで答え、またその意味を、ア～オからそれぞれ一つ選び、記号で答えなさい。

（東京・堀越高）

①　金輪際　②　野放図　③　下馬評
④　茶飯事　⑤　正念場

ア　だらしがないこと
イ　ありふれたこと
ウ　部外者がするうわさや批判
エ　大事な局面
オ　断じて・底の底まで

①　読み〔　　〕意味〔　　〕
②　読み〔　　〕意味〔　　〕
③　読み〔　　〕意味〔　　〕
④　読み〔　　〕意味〔　　〕
⑤　読み〔　　〕意味〔　　〕

問二　次にあげる漢字を組み合わせ、三字熟語を完成させなさい。なお、①と②の口は「くにがまえ」である。

（東京・堀越高改）

①　口＋気＋雨＋井＋分
②　日＋古＋土＋口＋心＋立＋也

①〔　　〕②〔　　〕

問三　次の四つの四字熟語中の□に入れるものとして、共通する漢字一字を答えなさい。

（神奈川・柏陽高）

山紫水□　□鏡止水　風光□媚　□窓浄机

〔　　〕

問四　次のA～Cの□の中に漢字を入れ四字熟語を完成させたとき、最も適当なものを、ア～エからそれぞれ一つ選び、記号で答えなさい。

（神奈川・東海大付相模高）

A　□材適所
ア　要　イ　人　ウ　適　エ　一
B　□我夢中
ア　夢　イ　無　ウ　舞　エ　霧
C　晴□雨読
ア　耕　イ　書　ウ　孝　エ　天

A〔　　〕B〔　　〕C〔　　〕

問五　次の各語は四字熟語の半分である。残る二字の読み方をそれぞれあとから選び、漢字に直しなさい。

（東京・多摩大目黒高）

①　前代（　　）　②（　　）同音　③（　　）直入
④　喜怒（　　）　⑤　一朝（　　）

いっせき　いく　みもん　たんとう　あいらく

①〔　　〕②〔　　〕③〔　　〕
④〔　　〕⑤〔　　〕

問六　次の①〜④の三つの四字熟語の□にあてはまる漢字を組み合わせて、三字熟語を完成させなさい。　（東京・明治大付中野高）

（例）[馬]耳東風　新涼[灯]火　東奔西[走]→答…走馬灯

① 優柔□断　一網打□　□路整然
② 大器晩□　広□無辺　離合□散
③ □実無根　千載□遇　公明正□
④ 電光□火　□科玉条　□行錯誤

①〔　　〕②〔　　〕
③〔　　〕④〔　　〕

42　次の問いに答えなさい。

問一　次の□に入る語として最も適当なものを、ア〜エから一つ選び、記号で答えなさい。　（神奈川・柏陽高）

みんなの利益になることを彼が説明したので、彼の意見に□者がたくさん現れた。

ア　弄する　イ　与する
ウ　呈する　エ　供する

〔　　〕

問二　次の①〜⑤の言葉について、適当ではない使われ方をしている文を、ア〜エからそれぞれ一つ選び、記号で答えなさい。　（東京・明治大付中野高）

① 大それた
ア　社長の座をねらうとは、何て大それたやつなんだ。
イ　彼がそんな大それた考えなどするはずがない。
ウ　その事故は、彼にとって大それた災難だった。
エ　そんな大それた真似をするなんて、考えられない。

② 気が置けない
ア　父の一番の楽しみは、気が置けない友人たちとの旅行だ。
イ　あの人は気が置けないので、注意した方がよいということだ。
ウ　彼の伯父は私の親友と気が置けない仲である。
エ　そんなことまで話せるとは、気が置けない関係なのですね。

③ ところかまわず
ア　大掃除なので、ところかまわず水拭きをしなさい。
イ　ところかまわず床にものを置くものではありません。
ウ　ところかまわず大声で話すと、周りに迷惑です。
エ　彼はところかまわず座り込むことがある。

④ あまねく
ア　彼の業績はあまねく世間に知れ渡っている。
イ　あまねく国民にはその事実を公表するべきである。
ウ　その絵の魅力は、陽光があまねく大地を覆っているところだ。
エ　空が曇り、あまねく冷たい風が私の頬を打った。

⑤ いみじくも
ア　いみじくも上司たるものは、常に部下に気を遣うべきだ。
イ　いみじくもそんなことを考え出したものだと感心する。
ウ　彼らはヒマラヤの登頂をいみじくも成し遂げた。
エ　「三寒四温」とはいみじくも言ったものだ。

①〔　　〕②〔　　〕③〔　　〕
④〔　　〕⑤〔　　〕

問三 次の――線の意味・用法に最も近いものを、ア～オからそれぞれ一つ選び、記号で答えなさい。（東京・堀越高）

① 彼はサッカー場へ詰めかけた口だ。
ア アルバイトの口をきいてもらう。
イ まだまだ宵の口だ。
ウ 口をそろえて猛抗議する。
エ 彼女は甘いものならいける口だ。
オ まず彼が話の口を切った。

② 登校途中で雨にあう。
ア 友達が交通事故にあう。
イ ユニホームが体にあう。
ウ 運動会の勝利を喜びあう。
エ 公園で級友に偶然あう。
オ 母の料理は私の口にあう。

③ 環境問題が話題にのぼる。
ア 会社でトップの地位にのぼる。
イ 富士山にのぼる。
ウ 山間から朝日がのぼる。
エ 受験者は二万人にのぼる。
オ 優勝争いの候補にのぼる。

①〔　　〕②〔　　〕③〔　　〕

43 次の問いに答えなさい。

問一 難 次の――線の語句のうち、慣用表現として正しいものをア～エから一つ選び、記号で答えなさい。（東京・産業技術高専）

ア 厳しい修行を耐え抜いて押しも押されぬ立派な職人になった。
イ 急な連絡を受けて取るものも取りあえず現地へ向かった。
ウ 不運が重なったこともあって後へも先へも引けぬ状況に陥った。
エ 本場の有名店にも負けるとも劣らない見事な味だった。

〔　　〕

問二 次の――線の慣用句の□にあてはまるひらがな二字をそれぞれ答えなさい。（東京・明治大付中野高）

① やさしい問題だと□をくくると失敗する。
② あなたと話しても□があかない。
③ 自分の軽率な行動に□をかむ。
④ お使いを断るために勉強を□に使う。
⑤ 約束の時間に遅れて□が悪い思いをした。

①〔　　〕②〔　　〕
③〔　　〕④〔　　〕
⑤〔　　〕

問三　次の（　）内の意味になるよう、□にそれぞれ身体に関する漢字を入れ、慣用句を完成させなさい。（東京・堀越高）

①□を出す（新しいことを始めること）
②□がきく（相手に無理がとおること）
③□が固い（秘密を言わないこと）
④□を折る（一生懸命に働くこと）
⑤□が立たない（相手にかなわないこと）
⑥□が高い（価値がよくわかること）
⑦□が痛い（考えがまとまらず困ること）
⑧□を長くする（待ちこがれること）
⑨□を落とす（がっかりすること）
⑩□を引っ張る（相手の邪魔をすること）

①〔　　〕②〔　　〕③〔　　〕
④〔　　〕⑤〔　　〕⑥〔　　〕
⑦〔　　〕⑧〔　　〕⑨〔　　〕
⑩〔　　〕

問四　次のA群とB群の慣用句について、□には共通して身体に関わる一字が入る。最も適当なものを、ア～エからそれぞれ一つ選び、記号で答えなさい。（神奈川・東海大付相模高）

A群　目から□へ抜ける・□をあかす・□にかける
ア　口　イ　足　ウ　眉　エ　鼻
B群　□で風を切る・□を持つ・□を貸す
ア　脛（すね）　イ　手　ウ　肩　エ　目

A〔　　〕　B〔　　〕

問五　次の□にあてはまる言葉を、ア～コからそれぞれ一つ選び、記号で答えなさい。（東京・明治大付中野高）

①A先生の分かりやすい説明の後なのですが、私が□ながら最後に一言付け加えます。
②私の立てた□な計画のために、みんなが迷惑を被った。
③いつもけんかばかりしているB君とCさんが同じ班だなんて、まさに□だ。
④よく□と言うように、悪いことばかりが続くものではない。
⑤D君は一晩中、原稿用紙をにらみつけて、□を重ねてやっと作文を書き上げた。

ア　蛍雪の功　イ　画竜点睛（がりょうてんせい）　ウ　呉越同舟　エ　塞翁（さいおう）が馬
オ　四面楚歌（そか）　カ　推敲（すいこう）　キ　助長　ク　杜撰（ずさん）
ケ　杞憂（きゆう）　コ　蛇足

①〔　　〕②〔　　〕③〔　　〕
④〔　　〕⑤〔　　〕

6 文法

▼解答→別冊 p. 50

44 次の問いに答えなさい。

問一 次の――線「よかっ」の品詞は何か。ア～オから一つ選び、記号で答えなさい。（三重・高田高）

もっとたくさん笑顔を見せてあげればよかった。

ア 動詞　イ 形容詞　ウ 形容動詞
エ 助動詞　オ 助詞

〔　〕

問二 次の――線「うっかり」と異なる品詞のものを、ア～オから一つ選び、記号で答えなさい。（三重・高田高）

研学の徒はあまり頭のいい先生にうっかり助言を乞（こ）うてはいけない。

ア いわゆる　イ かえって　ウ やっと
エ 決して　オ やはり

〔　〕

問三 次の――線「平明に」は形容動詞であるが、これと異なる品詞のものを、ア～オから一つ選び、記号で答えなさい。（三重・高田高改）

そのわりに文章は平明にはならなかった。

ア はるかに　イ 微妙に　ウ かりに
エ 論理的に　オ 透明に

〔　〕

問四 頻出 次の――線①「ように」・②「あらかじめ」・③「答え」・④「ない」の品詞名を、それぞれ漢字で答えなさい。（東京・十文字高改）

私たちが人生で当面する問題には、クイズやテストの①ように②あらかじめ③答えが用意されているものは④ない。

①〔　〕　②〔　〕
③〔　〕　④〔　〕

問五 「一致しなければならない」を、例にならって品詞に分け、その品詞名を答えなさい。（大阪教育大附高平野改）

【例】 名詞｜助詞｜動詞
ピアノ｜を｜演奏する

一致しなければならない

問六　次の――線の語の品詞が他と異なるものを、ア〜エからそれぞれ一つ選び、記号で答えなさい。（東京・多摩大目黒高）

①
ア しっかり水分をとることは大切だ。
イ あらゆる場面を想定して対策を練る。
ウ あの若さで当選するのはたいしたものだ。
エ いかなる困難にもくじけない強い心。

②
ア 休まずにどんどん進む。
イ とある町のできごとであった。
ウ いっせいにスタートする。
エ 最後に会ってからずいぶん時間が経った。

③
ア 今日は夕飯を食べたくない。
イ 今日が日曜ではないことに気が付いた。
ウ おいしくないお菓子を無理して食べた。
エ 時計が壊れて動かない。

④
ア 彼はいつでも親切だ。
イ 明日の方が天気はよさそうだ。
ウ 不用品が山のようだ。
エ 三日で一冊の本を読んだ。

⑤
ア 兄弟らしい二人が座っていた。
イ 人間らしい生活を願う。
ウ 角を曲がると学校らしい建物が見える。
エ 山頂の風景はすばらしいらしい。

①〔　　〕②〔　　〕③〔　　〕
④〔　　〕⑤〔　　〕

45 次の問いに答えなさい。

問一　次の――線「べたべたと」が直接かかっていく文節を、文中からそのままの形で抜き出しなさい。（城北埼玉高改）

謙太郎（けんたろう）はべたべたとマンガとアイドル写真集の告知が貼られたガラスの自動ドアを割って本屋にはいった。

〔　　　　〕

問二　難　次の＝線a・bの「ならない」と同じ意味、同じ使い方で用いられているものを、ア〜オからそれぞれ一つ選び、記号で答えなさい。（広島大附高改）

笑いがそのように笑う―笑われる関係のうちにおいてとらえられる傾向があるからといって、けっしてすべての笑いをそのような関係の中でとらえなければならない[a]ことにはならない[b]。

ア うそをついてはならない。
イ トンビはタカにはならない。
ウ この橋はわたってはならない。
エ すぐ行かなくてはならない。
オ 妹のことが心配でならない。

a〔　　〕　b〔　　〕

問三　次の══線a〜cの「に」についてのあとの説明文の［①］〜［⑤］に最も適当なものをそれぞれ【語群】から選び、答えなさい。

（福岡・久留米大附高改）

マネーという富はもっと巨大に（a）この国に（b）蓄えられ、医療も、教育も、通信も、全て無料で国が提供するような裕福な国に（c）なっていたかもしれないが、……

aは［①］の［②］形の活用語尾である。b・cは、どちらも［③］であるが、意味は、bは［④］の対象を示し、cは変化の［⑤］を示している。

【語群】
名詞　動詞　形容詞　形容動詞　副詞
連体詞　助動詞　格助詞　接続助詞　副助詞
未然　連用　終止　連体　仮定
可能　受け身　場所　時間　原因　結果

①〔　　〕②〔　　〕
③〔　　〕④〔　　〕
⑤〔　　〕

問四 難 次の——線「ほど」のうち、意味・用法が他の三つと異なるものを一つ選び、記号で答えなさい。

（東京・産業技術高専）

ア　初冠雪は一週間ほど前のことだった。
イ　彼ほどの人物ならばきっと成功するだろう。
ウ　今回の出来事ほど悲しいことはない。
エ　判断が遅れれば遅れるほど事態は悪化する。

〔　　〕

問五　次の——線の助詞「て」「を」「で」「に」の用法について最も適当なものを、ア〜キからそれぞれ一つ選び、記号で答えなさい。ただし、同じ記号を二回以上使わないこと。

（神奈川・慶應義塾高改）

「て」
①　そこで、バスを降りて船に乗り換えた。
②　兄は今、アメリカに行っている。
③　一週間に二度、英会話の学校に通っている。
④　山田さんは今会議に出ていますから、少々お待ちください。
⑤　文法の問題は難しくてよく理解できない。

ア　どんな状態で動作・作用が現れるかを表す。
イ　状態を表す。
ウ　省略形。
エ　動作が進行している状態を表す。
オ　一つの動作が終わって次の動作・作用に移る場合。
カ　動作を習慣的に繰り返す場合。
キ　原因・理由を表す。

①〔　　〕②〔　　〕③〔　　〕
④〔　　〕⑤〔　　〕

「を」
①　大学で政治学を勉強する。
②　子どもを買い物に行かせた。
③　水を飲みたい。
④　鈴木さんは昨年K大学を卒業した。

⑤ 道の右側を歩く。

ア 動作の目的を表す。
イ 欲求や願望の対象を表す。
ウ 使役の動作主を表す。
エ 目標や対象を表す。
オ 移動が行われている場所を表す。
カ 狭い場所から広い場所へ出る場合を表す。
キ 動作の基点を表す。

① 〔　　〕 ② 〔　　〕 ③ 〔　　〕
④ 〔　　〕 ⑤ 〔　　〕

「で」

① 十万円で買えるテレビ。
② 一人でフランス語を学んだ。
③ この机は木でできている。
④ 大学で経済学を学ぶ。
⑤ 箸で食べられますか。

ア 原因・理由を表す。
イ 手段を表す。
ウ 材料を表す。
エ 動作の行われる具体的な場所を表す。
オ 動作の主体を表す。
カ 範囲を表す。
キ 動作・作用の行われる状態を表す。

① 〔　　〕 ② 〔　　〕 ③ 〔　　〕
④ 〔　　〕 ⑤ 〔　　〕

「に」

① 泥棒に金を盗まれた。
② このマンションの一階はコンビニになっている。
③ 信号が青に変わる。
④ 体力の限界に達した。
⑤ 弟に朝ごはんを作らせた。

ア 受け身の動作主を表す。
イ 前からそのような状態になっていることを表す。
ウ 変化の結果や状態を表す。
エ 使役の動作主を表す。
オ 動作の到着点を表す。
カ 動作の目的を表す。
キ 動作や作用の向けられる対象を表す。

① 〔　　〕 ② 〔　　〕 ③ 〔　　〕
④ 〔　　〕 ⑤ 〔　　〕

問六 次の＝＝線「から」のうち、他と異なるものを一つ選び、記号で答えなさい。（国立工業・商船・電波高専改）

ア ……人が精神の緊張状態から解放される時に、……
イ ……開放感にひたれるからのことで、……
ウ ……自分たちから遠い、切実でない話、になって……
エ ……この段などからうかがえるのではないかと……

〔　　〕

問七 頻出 次の——線「そうだ」「そうで」を文法的に説明したものとして最も適当なものを、ア〜コからそれぞれ一つ選び、記号で答えなさい。

（鹿児島・ラ・サール高改）

① 案外元気そうだ。私はそう思った。
② 「病気が治らない」とか言って笑っているのだそうである。
③ そしてそうであるかぎり、満ち足りた死もみいだせない。

ア 伝聞の助動詞「そうだ」終止形
イ 伝聞の助動詞「そうだ」連用形
ウ 様態の助動詞「そうだ」終止形
エ 様態の助動詞「そうだ」連用形
オ 副詞＋断定の助動詞「だ」終止形
カ 副詞＋断定の助動詞「だ」連用形
キ 名詞＋断定の助動詞「だ」終止形
ク 名詞＋断定の助動詞「だ」連用形
ケ 形容詞の一部
コ 形容動詞の一部

①〔　　〕②〔　　〕③〔　　〕

問八 次の——線「自分は捕らえられた」に含まれている「られる」と同じ用法のものを、ア〜オから一つ選び、記号で答えなさい。

（東京学芸大附高改）

……世界というものが、焦点を外れて泳ぎ出して行くような気持ちに自分は捕らえられた。

ア 海辺の生態系に大きな変化が見られる。
イ 家庭訪問で先生が家に来られるのを待つ。
ウ 遠くにあってふと故郷が案じられることがある。
エ 愛し合う家族がそう簡単に別れられるものではない。
オ ロープが漁師の手によって巧みにたぐり寄せられる。

〔　　〕

46 次の問いに答えなさい。

問一 頻出 次の――線①～⑤について、a動作主、b敬意を含まない形（終止形）を答えなさい。また、それはc誰から誰への敬意を表しているか。aとcについては文中の言葉で答えなさい。

（東京・明治大付明治高）

・生徒「おはようございます。先生は昨晩のニュースを①ご覧になりましたか。」

・店員「お客様が②召し上がった料理は当店の名物でございます。」

・「この古い写真は父の友人から③お預かりした大切なものなんだ。」と僕は山田（やまだ）君に言った。

・私は「先日の演奏会の御礼を母が④申しております。」とピアノの先生に⑤お話ししました。

①　a〔　　〕　b〔　　〕　c〔　　〕から〔　　〕へ

②　a〔　　〕　b〔　　〕　c〔　　〕から〔　　〕へ

③　a〔　　〕　b〔　　〕　c〔　　〕から〔　　〕へ

④　a〔　　〕　b〔　　〕　c〔　　〕から〔　　〕へ

⑤　a〔　　〕　b〔　　〕　c〔　　〕から〔　　〕へ

問二 難 あなたは会社員です。仕事の取引相手から、自分の上司の佐藤（さとう）部長あてに電話がかかってきましたが、佐藤部長は不在です。相手に佐藤部長の不在を丁寧に伝えるには何と答えればよいか。次の□に入る適当な表現を答えなさい。

（埼玉・慶應義塾志木高）

申し訳ございませんが、□

〔　　〕

7 文学史

▼解答→別冊 p.54

47

次の問いに答えなさい。

問一 頻出 志賀直哉の作品を、次のア～クから二つ選び、記号で答えなさい。（東京・慶應義塾女子高）

ア 破戒　イ 山椒魚　ウ 暗夜行路
エ 月に吠える　オ 細雪　カ 蟹工船
キ にごりえ　ク 城の崎にて

〔　　〕〔　　〕

問二 小説「トロッコ」の作者を、次のア～オから一つ選び、記号で答えなさい。（広島大附高）

ア 井上靖　イ 宮沢賢治　ウ 太宰治
エ 夏目漱石　オ 芥川龍之介

〔　　〕

問三 与謝野晶子の歌集を、次のア～エから一つ選び、記号で答えなさい。（東京・共立女子第二高）

ア あこがれ　イ みだれ髪
ウ たけくらべ　エ 若菜集

〔　　〕

問四 新傾向 夏目漱石についての、説明はア～エ、作品はオ～クから、それぞれ一つ選び、記号で答えなさい。（東京・共立女子第二高）

ア 年少時より漢詩をたしなみ、親友正岡子規から俳句を習う。東京大学を卒業後しばらくして留学し、その後、自己本位の思想的立脚点を得て、創作活動に入り、長編小説を多く発表した。

イ 久米正雄・菊池寛らと第三次「新思潮」を発刊。鋭い美的感覚が作品の形式的整備にむけられ、短編小説に優れ、初期は説話文学を典拠とした作品を書き、中期には芸術至上主義的信念に貫かれた作品を発表した。

ウ 東京大学卒業後、四年の留学後、訳詩集を発表する一方、作家活動に入り、乃木希典の殉死に影響された作品を発表。晩年は、歴史小説や史伝を執筆した。

エ 詩人として浪漫主義文学運動の渦中に身をおいたが、後に小説家に転じ、自然主義文学の代表作家となり、父をモデルとした歴史小説を発表した。

オ 舞姫　カ 明暗　キ 舞踏会　ク 夜明け前

説明〔　　〕　作品〔　　〕

問五 三島由紀夫の作品を、次のア～カから一つ選び、記号で答えなさい。（東京・早稲田実業高）

ア 海と毒薬　イ 老人と海　ウ 潮騒
エ 海潮音　オ 海辺の光景　カ 海辺のカフカ

〔　　〕

48 次の問いに答えなさい。

問一 次にあげる作品を時代の古い順に並べ、記号で答えなさい。（東京・慶應義塾女子高）

ア 大鏡　イ 源氏物語　ウ 新古今和歌集
エ 竹取物語　オ 徒然草

〔　〕→〔　〕→〔　〕→〔　〕→〔　〕

問二 次のA・Bは文学作品を説明した文章である。作品名として最も適当なものを、ア〜エからそれぞれ一つ選び、記号で答えなさい。（神奈川・東海大付相模高）

A 松尾芭蕉が河合曾良と共に江戸を出発し、東北地方を中心に歩いた旅をもとにした紀行文。作品中には約五十句の俳句が詠まれている。

ア 高瀬舟　イ 奥の細道
ウ 徒然草　エ 土佐日記

B 中宮彰子に仕えた紫式部が作者とされ、平安時代を代表する物語文学。前半には主人公の恋愛模様と栄華が描かれる。

ア 源氏物語　イ 伊勢物語
ウ 宇治拾遺物語　エ 今昔物語集

A〔　〕　B〔　〕

問三 頻出 次の文章の A 〜 E にあてはまる語を、ア〜コからそれぞれ一つ選び、記号で答えなさい。（東京・堀越高）

『徒然草』は、 A 時代に成立した代表的な随筆であり、作者は B である。古典文学の中で「三大随筆」とされるものは『徒然草』の他に、 C が書いた D 、鴨長明の書いた E がある。

ア 奈良　イ 平安　ウ 鎌倉　エ 松尾芭蕉
オ 兼好法師　カ 清少納言　キ 紀貫之　ク 竹取物語
ケ 枕草子　コ 方丈記

A〔　〕　B〔　〕　C〔　〕
D〔　〕　E〔　〕

問四 『十訓抄』は、鎌倉時代に書かれた説話集である。同じ時代に書かれた説話集を、次のア〜オから一つ選び、記号で答えなさい。（京都・洛南高）

ア 方丈記　イ 徒然草　ウ 今昔物語集
エ 宇治拾遺物語　オ 平家物語

〔　〕

---

49 次の問いに答えなさい。

問一 紀貫之と関係の深い作品を次のア〜クから二つ選び、記号で答えなさい。（東京・多摩大目黒高）

ア 古今和歌集　イ 万葉集　ウ 新古今和歌集
エ 徒然草　オ 方丈記　カ 枕草子
キ 蜻蛉日記　ク 土佐日記

〔　〕〔　〕

問二 『蜻蛉日記』の作者はだれか。最も適当なものを、次のア〜エから一つ選び、記号で答えなさい。（千葉・東邦大付東邦高）

ア 紀貫之　イ 紫式部
ウ 藤原道綱母　エ 西行

〔　〕

問三 新傾向 『万葉集』、『古今和歌集』の説明として最も適当なものを、次のア～エからそれぞれ一つ選び、記号で答えなさい。

（東京・共立女子第二高）

ア 六歌仙・撰者らの和歌およそ千五百首を所収。繊細・優美な歌風で、最初の勅撰和歌集。

イ 長歌・短歌・旋頭歌などを合わせて約四千五百首を所収。素朴・雄健な歌風の、現存する最古の歌集。

ウ 後鳥羽院の院宣で撰進され、和歌およそ千九百首を所収。幽玄・妖艶な歌風で、八番目の勅撰和歌集。

エ 撰者は未詳であるが、和歌およそ千五百首を所収。平明な歌風で、自然詠に秀歌が多い私家集（個人の和歌集）。

万葉集〔　　〕　古今和歌集〔　　〕

問四 新傾向 『今昔物語集』の説明として正しいものを、次のア～クからすべて選び、記号で答えなさい。

（東京・慶應義塾女子高）

ア 平安時代の成立である。

イ 鎌倉時代の成立である。

ウ ジャンルは随筆である。

エ ジャンルは物語である。

オ 作者は紀貫之らである。

カ 作者はわかっていない。

キ 融の大臣の一生を描く。

ク 藤原道長の栄華を描く。

〔　　〕

---

50 次の問いに答えなさい。

問一 『大和物語』は平安時代の作品である。それと異なる時代のものを、次のア～オから一つ選び、記号で答えなさい。

（東京・拓殖大第一高）

ア 方丈記　イ 竹取物語　ウ 源氏物語

エ 枕草子　オ 伊勢物語

〔　　〕

問二 藤原定家が撰者となって編んだ歌集を、次のア～オから一つ選び、記号で答えなさい。

（兵庫・灘高）

ア 万葉集　イ 古今和歌集　ウ 千載和歌集

エ 山家集　オ 新古今和歌集

〔　　〕

高校入試のための総仕上げ

模擬テスト

- 実際の入試問題のつもりで，1回1回時間を守って，模擬テストに取り組もう。
- テストを終えたら，それぞれの点数を出し，下の基準に照らして実力診断をしよう。

点数	診断
80 ～ 100点	国立・私立難関高校入試の合格圏に入る最高水準の実力がついている。自信をもって，仕上げにかかろう。
60 ～ 79点	国立・私立難関高校へまずまず合格圏。まちがえた問題の内容について復習をし，弱点を補強しておこう。
～ **59**点	国立・私立難関高校へは，まだ力不足。難問が多いので悲観は無用だが，わからなかったところは復習しておこう。

第1回 模擬テスト

時間50分

▼解答→別冊p.57

得点 ／100

1 次の文章を読んで、あとの問いに答えなさい。（句読点なども一字と数える。）（計44点）

テレビの本放送が開始されたのは一九五三年で、私は幼稚園に行っていました。我が家にテレビがやって来たのは、私が小学校に入ってしばらくしての頃ですが、ご多分にもれずテレビ好きの子供になった私は、その内にテレビに関して気になることを聞くようになります。①今ではそういう言い方をする人がほとんどいなくなりましたが、テレビが登場してしばらくの間は、「テレビは下らないから見ない」とか「テレビは下らないから子供に見せない」と言う人が、当たり前にいたのです。私はそれがショックでした。

特定のテレビ番組に②「俗悪」のレッテルが貼られるのは一九六〇年代末になってのことで、PTA関係の団体が「子供に見せたくない番組」などを決定して発表するのは、一九七〇年代になってからのことと思います。「子供に見せたくないんなら見せんなよ。お前ん家のテレビじゃないか」なんてことをそんな時代に思いましたが、登場から二十年ばかりの間にテレビは大きな影響力を持ち、それに反比例して、家庭での親の力は低下していたのです。でもしかし、「テレビは下らないから子供に見せない」が当たり前に言われていた③一九五〇年代に、まだ「俗悪番組」や「低俗番組」はなかったのです。

大人が「下らない」と言うような番組は、子供にとって「おもしろい番組」です。だから、あるんだったら探してでも見たいようなものですが、一九五〇年代のテレビにそういうものはありませんでした。あったのは「ａタイクツな番組」で、「チャチで安っぽい番組」でした。日本にテレビが登場した時代は、戦後の日本映画の黄金期です。映画館に行けば「本物」が見られました。しかも、テレビが画像のｂアラい小さな白黒であるのに対して、映画館にあるのは色付きの大型画面で、そこには別世界の住人でもあるような映画スターがオーラ全開で登場します。もちろん、テレビには映画スターなんか登場しません。大スター達は映画会社の専属ｃケイヤクに縛られていましたし、テレビごときものに出る必然がありませんでした。テレビはまだそういうもので、テレビドラマに出て来る俳優は、どこで見つけたのか分からないスター性のない地味な役者で、プロ野球で言えば、④二軍選手だけの試合みたいなものでした。

ドラマのセットなんかは、映画のそれに比べたら数層倍チャチでした。生放送が当たり前だった時代には、放送中にセットの一部が倒れるなんていうことが珍しくありませんでしたが、そんなこと以前に、初期のテレビ放送は、一回見ればチャチであることが歴然としていました。だから「テレビはチャチだから見ない」と言われるのなら分かります。でも⑤「テレビは下らない」というのは、それとは違ったもののように思います。というのは、世の中には「ドラマというものは虚構だから下らない」とか、「*歌舞音曲の類もチャカチャカしているから下らない」と思う人がいたからです。

今更「歌舞音曲」という言い方もないでしょうし、「あのドラマは下らない」という言い方をする人はあっても、「ドラマそのものが下らない」という決めつけをする人もそうはいないでしょう。どうしてそうなってしまったのかと言えば、テレビというものが普及して、多くの人が「チャカチャカした音楽」や「嘘であるドラマ」が身近なところに存在することに、慣れてしまったからです。

ません。かつてテレビが「下らないもの」と言われて拒絶されていたのは、「自分の苦手とするものが我が家に勝手にやって来る――その不快感に堪えられない」であったからだろうと思うのです。

テレビは「向こうからやって来るもの」です。それがテレビの最大の特徴だと思われます。テレビ以前なら、娯楽であれなんであれ、「こちらから見に行く」が必要でしたが、テレビにはそれはありません。家庭に置かれたテレビ受像機に向かって、勝手にやって来てしまうのです。

それ以前の「向こうからやって来るもの」は、文字ばっかりの新聞と、声だけのラジオしかありません。動く絵と音が同時にやって来るテレビは、その情報量が全然違って、しかも「見ろ」という喚起が強いのです。その昔、「趣味は?」と尋ねられて「テレビ鑑賞」と書いていた大人がいて、子供の私は「テレビがそんな上等なものか?」と思いましたが、ラジオなら「聞きながら仕事が出来る」であっても、テレビは無理です。だから、うっかり家の中でテレビを点けてしまったら「鑑賞」ということになってしまったのでしょう。

テレビというのは、勝手に向こうからやって来て、一方的にその応対を強いるようなものです。だから、「それが気に喰わない、我が家の家風に合わない」という理由で、「テレビは下らない」という一喝が起こってしまったのだと思うのです。

テレビは、それ以前にあった文化のあり方を大きく様々に変えてしまいましたが、その第一となるべきものは、⑥批評というものを無効にしてしまったことだと思います。

ドラマからニュース、ドキュメンタリーにスポーツ[d]チュウケイ、音楽番組にアニメ、お笑い、「その他」でもあるようなヴァラエティまで、テレビが扱うものは幅広く、しかも「一回限り」を前提とするような大量生産で、これらを全部受け止めるとなったら大変です。しかもテレビは、「そこにカメラを向けたら映ってしまった、それが番組になってしまった」というあり方をするもので、だからこそ「番組の内容」と同時に、「なぜそれを送るのか?」という媒介手段(メディア)のあり方も問題にされます。こんなものはテレビ以前にはなくて、「テレビ批評」というのはそれ自体がむずかしいものなのですが、私の言う「テレビは批評を無効にしてしまった」は、それとは方向が違います。テレビは「向こうから我が家へやって来るもの」で、だからこそどこの家でも「我が家の家風に合う、合わない」のジャッジが生まれてしまいました。つまり、あまりにも多くの批評家が乱立した結果、批評がその基軸を失って無効になってしまったと、私は言いたいのです。

テレビは直接民主主義で成り立っていると言ってもよろしかろうと思います。テレビ局にえらい人はいても、テレビというものの中にテレビを動かせるえらい人や[e]ケンイはいません。民主主義を運営する原理は多数決ですが、テレビを動かすものは視聴率です。「視聴率至上主義」と批判されても、視聴者の支持は有権者の支持と同じなのでいたし方がありません。おそらくその初めは、テレビがそういうものだとは思われていなかったでしょう。でも、テレビが「向こうから家に直接やって来るもの」である以上、そうなってしまうのも仕方がなかったのです。

初期のテレビ番組は明らかにチャチでした。でも「チャチだからテレビはだめだ」と否定する視聴者もいなかったように思います。どうしてかと言うと、それもまたテレビが向こうからやって来るからです。外へ出掛ける時は「よそ行き」を着ます。家にいる時は「普段着」です。テレビ以前の文化は、基本的に「よそ行き」でした。「普段着の文化」というものは、寝そべったまま享受出来るようなもので、古くこれに該当するものは「*講談本とマンガ」で、これは「レベルの低いもの」でした。ここにテレビが加わって、文化状況は大きく変わるのです。改まった格好をして外へ出て行って見るのなら、「たいしたもの」である方がいいのです。でも、ご大層な「たいしたもの」に家にやって来られても困ります。テレビは、その受像機が置かれる家庭の生活状況に合わせて、「チャチだからだめ」ではなくて、「チャチであるのがちょうどいい」になったのです。

テレビは、その受け手の生活レベルに合わせて進歩をして行きます。白黒放送がカラーになり、でもその進歩は地デジになって止まってしまったのかもしれません。

テレビはそれ以前にあった様々の文化ジャンルを変質させました。たとえばの話、テレビが登場した頃に「黄金時代」と言われていた映画は、テレビの登場から十年もたったら「斜陽産業*」です。「テレビに客を奪われた」と言われました。それは事実でもありましょうけれど、⑦テレビは「娯楽」と言われるもののあり方を変えて、「娯楽の王者」と言われた映画を根本から揺さぶったのです。

テレビの最大の特徴は、「そこにカメラを向けたら映ってしまった。それを適当にまとめて放送したら番組になってしまった」というところです。「それまで〝娯楽〟としてカウントされなかった〝暇潰し(ひまつぶ)し〟や〝いたずら〟のようなものが〝娯楽〟として成り立ってしまう」というのがテレビで、テレビが「下らないヴァラエティ」を生み出し、「下らないヴァラエティばかり」になってしまうのは、ある意味で必然なのです。

テレビが出現しても、ある時期までは「映像表現の基準は映画である」と考えられていました。今でもまだそう考える人はいるかもしれません。しかし、映画に比べてテレビは「いい加減なもの」です。「いい加減になりうるもの」がテレビで、これはそれ以前にあった「ちゃんとしていなければ、お客様を迎えられない」という文化のあり方を揺さぶってしまったのです。

「テレビは下らないものである」と言うと怒る人がいるかもしれませんが、「時には真面目になることも可能な、下らないもの」であれば、文句はないはずです。基準は「下らない日常」にある――でも時々は、それを超えて真面目になったりシリアスになったりなんだかすごいものにもなれる。それでいいんじゃないかと思いますが、やはり「悪貨」は良貨を駆逐してしまうのです。

（橋本治(はしもとおさむ)『その未来はどうなの？』より）

＊歌舞音曲…華美な歌や踊り、音楽を総称していう言い方。
＊講談本…調子をつけて語られる武勇伝などを本にしたもの。
＊斜陽産業…時勢の変化で落ちぶれてきつつある産業のこと。

問一　――線①「そういう言い方」とあるが、これはどのような言い方のことを言っているのか。簡潔に答えなさい。（6点）

〔　　　　　〕

問二　――線②「PTA関係の団体が『子供に見せたくない番組』などを決定して発表する」とあるが、このようなことが行われるようになった理由を、筆者はどのように考えているか。本文中の語句を用いて「〜から」につながるように、三十字以内で答えなさい。（6点）

から

問三　――線③「一九五〇年代に、まだ、『俗悪番組』や『低俗番組』はなかった」とあるが、筆者がこのように考える理由の説明として最も適当なものを、次のア～オから一つ選び、記号で答えなさい。（5点）

ア　その頃のテレビは教養番組しか放映されなかったから。
イ　子供の頃の筆者は、真面目な番組ばかりを見せられていたから。
ウ　テレビ番組そのものが俗悪・低俗だと思われていたから。
エ　テレビ制作者が映画に負けないものを作るという固い意志を持っていたから。
オ　俗悪・低俗というのは大人の見方であり、子供にとっては「おもしろい」ものだから。

〔　　〕

問四　＝＝線a～eのカタカナを、それぞれ漢字に直しなさい。（1点×5）

a〔　　〕　b〔　　〕　c〔　　〕
d〔　　〕　e〔　　〕

問五　――線④「二軍選手」とあるが、「一軍選手」にあたるものを本文中から探し、五字以内で抜き出しなさい。（5点）

□□□□□

問六　――線⑤「『テレビは下らない』というのは、それとは違ったもののように思います」とあるが、「テレビが下らない」と言われた理由を筆者はどのように考えているか。本文中の語句を用いて、四十字以内で答えなさい。（6点）

問七　――線⑥「批評というものを無効にしてしまった」とあるが、このことの説明として最も適当なものを、次のア～オから一つ選び、記号で答えなさい。（5点）

ア　テレビ番組が多すぎて、一つ一つの番組をしっかりと見ることができなくなったということ。
イ　テレビ番組には意図せぬものが映ってしまうので、そのようなものを批評しても無効だということ。
ウ　テレビ番組には、音楽番組やアニメなど批評に適さないものも数多く存在するということ。
エ　テレビ番組を批評するには高度な専門知識を必要とするので、誰（だれ）もができるわけではないということ。
オ　テレビ番組は誰もが見られるので、どのように批評することも可能になったということ。

〔　　〕

問八　――線⑦「テレビは『娯楽』と言われるもののあり方を変えて、『娯楽の王者』と言われた映画を根本から揺さぶった」とあるが、娯楽のあり方を具体的にどのように変えたのか。本文中の語句を用いて、四十五字以内で説明しなさい。（6点）

2 次の文章を読んで、あとの問いに答えなさい。（計31点）

［「ぼく」は第二次世界大戦後まもない長野県で暮らす二十歳前の青年である。］

一匹のウスバシロチョウが道案内をするようにぼくの目前をとんでいた。道が折れまがると、またもや蝶はこちらにいらっしゃいというように、道につれてふわふわと漂ってみせた。たしかにそれは漂っているというのが当っていた。透明な大気がその軽いからだをささえ、あるかないかの風がすこしずつ彼女をはこんでいった。

「おいおい、ウスバシロチョウ。あんまりのんきすぎやしませんか」と、ぼくは胸のうちで呟いた。「今だからいいようなものの、①ここにいる人間は昔はちょっと残忍な男だったんだぜ。お前の同類を数知れず殺戮したんだぞ」

この冗談は数秒後に事実となってあらわれた。＊灌木のかげから、ひとりの少年が捕虫網をかざして（彼の腰に＊三角罐がついているのをぼくはとっさのうちに見てとった）いきなりとびだしてきたのである。最初の②おそろしい網のひとふりは、いささか手元が狂って、蝶は辛うじてその下をかいくぐった。いくらおっとりしたウスバシロチョウでも、驚かされたときはかなり迅く飛翔することができる。それなのに目のくらんだ蝶は逃げさろうとして、徒らにひとところを円を画いてとびまわった。追いかけざまに少年はあせって網をふりおろした。二度、三度、そのたびに蝶は奇跡のように身を守った。というより、少年の手つきがあまりにも未熟であったのだ。それは見ていてももどかしかった。昔の衝動がぼくを駆った。はせよって、少年の手から捕虫網をひったくり、片手でかるく網をふった。うまい具合に、空高く舞いあがろうとしていた蝶の姿は絹網のなかに消えていた。

ぼくは翅をいためぬように注意深く蝶をとりだし、その胸をおしながらうしろを見かえった。このあたりには珍しい、さっぱりした身なりの、中学に入りたてくらいの年齢の少年であった。彼はほとんどあっけにとられて立ちすくんでいた。だが、その何も知らぬ澄みきった瞳には、あきらかに驚嘆のいろが窺われた。

「どうもありがとう」――彼はおずおずと、差しだされた蝶をうけとって、＊パラフィンの三角紙にしまいこんだが、獲物はどうも少ないようであった。

「どんなものが採れた？」とぼくは尋ねてみた。少年は目をあげて、ちょっとためらって、それから思いなおしたように、語尾を口のなかでぼかすように言った。

「テングチョウと……ミヤマチャバネセセリ……」

ぼくには少年の気持がよくわかった。まったく趣味のちがう人たちにむかって、七面倒な昆虫の名前なんか口にして何になろう。せいぜいいぶかしげな沈黙か、こうるさい好奇心をひきおこさせるだけにすぎない。ぼく自身、かつてどれほど嫌な想いをしたことだろう。テングチョウってなんだね……どれどれ、なあんだ、普通の蝶々じゃないか。そして折角の採集品の＊鱗粉でもはがされるのが落ちなのだ。

ぼくは③少年の危惧をなくするように、なにげない調子でこう言ってやった。

「ヒメギフチョウは？　ここいらにはかなりいる筈だよ」

すると見る見る、彼の瞳には新鮮な歓びがあがってきた。見ていてそれは快かった。

「ヒメギフがいるんですか？　ギフチョウは？」

「ギフチョウも信州にはいるんだけど、割に分布区域がはっきりしているようだね。ぼくも実際のところは知らないんだが、記録ではこの辺にはヒメギフだけらしいね。……いつごろから採集やってるの？　蝶だけかい？」

「今年で三年目です。今年から甲虫なんかも集めているんですが、名前がよくわからないんで……。一番好きなのはテクラ属です」

「テクラ……テクラ」ぼくはききなれぬ名を頭のなかでくりかえしてみた。「ああ、昔のゼフィルスだね」

　しかし少年はZephyrusという名を知らなかった。それは一時代まえの属名で、*後翅にほそい尾状突起を有する小灰蝶の一群を意味し、蝶類愛好家にとっては故郷のように懐しい名であり、その名を冠した雑誌さえ発行されていたことがある。そんなことにも、ぼくが捕虫網をふりまわしていたころからの年月が知らされた。

　中学時代からこの地にあこがれ、つとめて採集記や郷土昆虫の目録に目をとおしていたことが役にたった。ぼくは持ちあわせた紐で靴底をしばりながら、少年にこの地方のゼフィルスについて語った。それから、彼がポケットからとりだした毒管のなかの甲虫の種名を、訊かれるままに教えてやった。

「でも、こんなのは図鑑なんかには載っていませんね」

「そりゃあそうだよ。図鑑で名がすっかりわかるのは、蝶とか蟬くらいのものさ。膜翅目なんかになると、専門家だってなかなかわからないらしいんだ」

「それじゃあぼくもいろんな昆虫をあつめようっと。そのほうが面白いや」少年は目をかがやかせて言った。もう初めて会った者へのはにかみも忘れてしまったようであった。「きっとぼくにだって新種が見つけられるね」

　ちょうど昔、ぼくが*魔術師の叔父に顕微鏡をのぞかせてもらったときのようなおどろき、またぼくが思いきって専門家に標本を送り、ながい間不明だった種類を同定してもらったときのような歓び、そういった同好の先輩への子供らしい尊敬をまじえた感情が、少年の華奢な顔にうかんでいた。その顔は特に美しいともいえなかった。ただ、なにかぼくの心を突つくものを含んでいた。おそらく*重たげに三八式歩兵銃をあつかう少年か、*国防色の作業衣をきて鑢をかける少女か、それとも*上目使いに近づいてくるバスを見つめるセイラー服の少女のいずれかを、わずかながら憶いださせるものがあったからではなかったか。

「君はひとり？」

「え、いいえ、姉さんと一緒。……さっき疲れたって草のなかで寝ちゃったんです。もう、来るころだがなあ」

「家は、こっち？」

「ううん。松本の親類んちに遊びにきたんだけど、明日はもう帰らなくちゃ……。ねえ、*三城牧場まで一緒にいかない？　そうだと素敵なんだがなあ」

　彼は初めとは打って変った子供っぽい調子で、ねだるようにぼくを見あげた。彼一人であったなら、言われなくてもおそらくぼくはそうしたことであろう。しかしそのとき、下のほうの道の曲り目から、ひとりの少女の姿があらわれた。大形のハンカチらしいもので頭をつつみ、軽快なズボン姿にテニス靴をはいていた。ひと目で、彼女が少年の姉であることがぼくにはわかった。彼がすぐそちらに笑いかけたからというよりも、彼女の顔立ちが——かなり弟とは異なっていて、ずっと繊細に造られていたとはいえ——たとえばナミテントウが千変万化の斑紋をもっていても同じ種類であることがわかるように、なにか少年と根源的な類似をしめしていたからであった。おそらく彼女はぼくより一つか二つ上の年齢だったかも知れないが、整った輪郭といぶかしげな表情が、その顔をかなり大人びたふうに感じさせた。彼女は弟に声をかけようとしてそのまま立ちどまり、軽そうなボストンバッグをぶらぶらさせ、それからうつむきがちにゆっくりと近づいてきた。

しかしぼくの内部にははじめから動揺が起(おこ)っていた。その少女が弟の何層倍も、ぼくをわけもなく惹(ひ)きつける特殊な要素を有していたからにちがいなかった。蘇(よみがえ)ってくる*昔の淡い心情のなかで、彼女のほそい項(うなじ)を、黒目がちの瞳を、ハンカチの間からこぼれでている茶がかった髪をぼくは見た。すると真新しい狼狽(ろうばい)がぼくをその場に居たたまれなくさせた。

「じゃあ、ぼくは先にゆくよ」

そう言って、ぼくは立ちあがっていた。

④「え？　三城にいくんじゃないの？」と、おどろいたように少年がいった。

ぼくは極めて断定的にうなずき、指先で右手のほうをさし示した。おあつらえむきに、道はそこで二つにわかれ、右手のほうは藪(やぶ)のなかを渓流(けいりゅう)のほうへ下ってゆくらしかった。もう歩きだしていたぼくは、背後で「さようなら」という残り惜しげな少年の声をきき、ちょっとふりかえって、弟のそばに近づいていた少女と視線があった。彼女はすこし笑ったように見えた。それは人が当惑のときにみせる、あの曖昧(あいまい)な手品にも似た微笑である。戸惑いしたぼくは、そこでひとつお辞儀をした。なんだってお辞儀なんぞしたのだろう。そして少なからぬ羞恥(しゅうち)と自分への腹立ちに、滅法いそいでがさがさと藪のなかへわけいって行った。

径(みち)におおいかぶさる灌木の葉をひきむしりながら、邪魔になる枝を乱暴にふみこえながら、ぼくはあるいた。歩いたというより駈(か)けたのかも知れない。径は渓流までくだって、そこで尽きていた。

じめじめした植物の匂(にお)い、水際(みぎわ)にたまって朽ちた落葉の匂いが鼻をついた。澄明(ちょうめい)な山みずが、勢いよく、半ば水にひたった羊歯(しだ)の葉をゆすぶりながれていた。陽(ひ)のひかりは上方の濶葉樹(かつようじゅ)にさえぎられ、ところどころにこぼれおちては、ほとんど薄れきって水辺の腐植土のなかに吸いこまれた。ぼくはひとつの岩に腰をかけ、ゆらいでやまぬ山水のまたたきを見、ひとつのリズムにつらぬかれたせせらぎの音に耳をかたむけた。⑤自分にもよくわからぬ内気ないらだちが、ながいことぼくを落着(おちつ)かせなかったが、それがなにを意味するか、ぼくはさぐろうともしなかった。むしろいまはその柔(やわら)かな倦怠(けんたい)をのぞんだ。そしてそれはかなえられ、ぼくはかたい岩を枕(まくら)に、絶えざる水音を守唄(もりうた)にうとうととまどろんだ。

（北杜夫(きたもりお)『幽霊』より）


*灌木…低い木のこと。

*三角罐…採集した蝶を入れておく容器。

*パラフィンの三角紙…採集した蝶を包むための紙。

*鱗粉…チョウやガのはねについている粉。

*後翅…昆虫の二対のはねのうち後ろの一対。

*魔術師の叔父…「ぼく」が慕う叔父で、手品が得意。

*重たげに三八式歩兵銃をあつかう少年、国防色の作業衣をきて鑢(やすり)をかける少女、上目使いに近づいてくるバスを見つめるセイラー服の少女…いずれも「ぼく」が第二次世界大戦中に心をひきつけられた人物。なお、「三八式歩兵銃」とは旧日本陸軍の銃のこと。「国防色」は陸軍軍服のカーキ色(枯草色)やそれに類似した色。「セイラー服」は女学生の制服で、セーラー服とも。

*三城牧場…長野県松本市にある牧場の名。

*昔の淡い心情…「ぼく」がこれまでいろいろな人に対して心をひきつけられ、あこがれをもったことを指す。

問一　――線①「ここにいる人間は昔はちょっと残忍な男だった」とあるが、どういうことか。わかりやすく説明しなさい。（７点）

〔　　　　〕

問二　――線②「おそろしい網のひとふり」とあるが、なぜ「おそろしい」というのか。その理由として最も適当なものを、次のア〜エから一つ選び、記号で答えなさい。（６点）

ア「ぼく」はしだいに蝶に親しみを感じており、網は蝶にとって「おそろしい」存在であると考えるようになっていたから。

イ「ぼく」は突然の少年の行動を理解することができて、「おそろしい」ほど下手な網の振り方を直してやりたいと思ったから。

ウ「ぼく」はだんだん蝶の標本を作ることに夢中になっており、蝶を逃がすことを「おそろしい」と感じるようになっていたから。

エ「ぼく」は蝶の標本を作っていたことを後悔しており、かつての自分の心を「おそろしい」ことだと感じるようになっていたから。

〔　　〕

問三　――線③「少年の危惧」とあるが、その内容として最も適当なものを、次のア〜エから一つ選び、記号で答えなさい。（６点）

ア　蝶を捕まえることを幼い趣味だとののしられて、からかいの種になり、結局は大切な自分の蝶の標本を破壊されてしまうのではないかと危ぶむ気持ち。
イ　蝶を捕まえることに嫌悪感を表され、捕まえた蝶を見られて、珍しい蝶を標本にすることはいけないことだと怒られるのではないかと不安に思う気持ち。
ウ　蝶を捕まえることに対して、単に子どもっぽい遊びとされて、価値を認められず、蝶を愛する自分の誇りを傷付けられてしまうのではないかと恐れる気持ち。
エ　蝶を捕まえることに好奇心をもたれ、捕まえた蝶を見られて、特別な蝶ではないと失望され、そのあげくに蝶を傷付けられるかもしれないと心配する気持ち。

〔　　〕

問四　――線④「『え？　三城にいくんじゃないの？』と、おどろいたように少年がいった」とあるが、なぜ「ぼく」は「三城」に行くのをやめたのか。その理由として最も適当なものを、次のア〜エから一つ選び、記号で答えなさい。（６点）

ア　少年の姉の魅力にひきつけられたものの、その姉と一緒に三城に行くことに対してはためらいを感じたから。
イ　少年の姉が近寄りがたい雰囲気をもっていると感じたために、その姉と一緒には三城には行けないと感じたから。
ウ　少年の姉が現れて、少年と共に三城へ行くことがはっきりしたので、自分が少年に付きそう必要がなくなったから。
エ　少年の姉に会いたいために三城に行こうと考えていたが、その姉が目の前に現れたので、行く必要がなくなったから。

〔　　〕

問五　――線⑤「自分にもよくわからぬ内気ないらだち」とあるが、ここでいう「いらだち」を説明したものとして最も適当なものを、次のア〜エから一つ選び、記号で答えなさい。（６点）

ア「ぼく」の態度が少年と姉を失望させてしまったことで、自分を恥ずかしく感じるとともに無力感にとらわれている。

イ「ぼく」が少年の姉と一緒にいることを避けてしまったことで、自分自身に対して無意識のうちに怒りを感じている。

ウ「ぼく」が少年と一緒に三城に行くことを断ってしまったことに対して、自分の心の冷たさに嫌気が差している。

エ「ぼく」が人と付き合うよりも孤独を愛する性格であることに対して、人が理解してくれないだろうと想像して絶望している。

〔　　〕

3

次の文章は、平安時代の僧、仙命上人についての説話である。これを読んで、あとの問いに答えなさい。（句読点なども一字と数える。）（計25点）

*この聖、①さらにみづから朝夕の事を知らず。一人使ひける小法師、山の*坊ごとに一度めぐりて、一日の*餉を乞うて養ひけるほかには、何も人の*施を受けざりけり。時の后の宮*願をおこして、世にすぐれて貴からん僧を*供養せんとこころざして、あまねく尋ねたまひけるに、この聖のやむごとなき由を聞きたまひて、すなはち、御みづから布袈裟を縫ひたまひて、②「ありのままに言はば、*よも受けじ」とおぼして、*とかくかまへて、この小法師に心を合はせてなむ、「思ひがけぬ人の*たまはせたりつる」とて奉りければ、聖、これを取ってよくよく見て、③「*三世の仏、得たまへ」とて、谷へ投げ捨ててげれば、いふかひなくてやみにけり。

（『発心集』より）

*この聖…比叡山延暦寺の僧、仙命上人のこと。
*坊…僧の住居。
*餉…炊いた米を乾燥させたもの。
*施…ほどこし。
*願…神仏に祈願すること。
*供養…衣服・食べ物などを提供すること。
*よも受けじ…まさか受けとるまい。
*とかくかまへて…何かとこしらえごとをして。
*たまはせたりつる…下さったものです。
*三世の仏…前世・現世・来世に出現する仏たち。

問一　――線①「みづから朝夕の事を知らず」とあるが、これは、聖が「自分の日常のことを考えていなかった」ということである。それでは聖は食べ物をどのようにして入手していたのか、説明しなさい。（7点）

〔　　〕

問二　――線②「ありのままに言はば、よも受けじ」について、次の(1)、(2)の問いに答えなさい。

(1)「ありのままに」言うとは、どのように言うことか。具体的に答えなさい。（6点）

〔　　〕

(2)「よも受けじ」と后の宮が判断したのはなぜか。その理由を本文より十五字以内で抜き出しなさい。（6点）

□□□□□□□□□□□□□□□

問三　――線③「谷へ投げ捨ててげれば」とあるが、それはなぜか。その理由として最も適当なものを、次の**ア～オ**から一つ選び、記号で答えなさい。（6点）

ア　この袈裟が立派過ぎて、質素倹約を重んじる聖の気に入らなかったから。

イ　この袈裟が高価だったので、貧乏な自分には手が出ないと思ったから。

ウ　立派な袈裟は修行に専念する自分には必要ないものだ、と聖が思ったから。

エ　この袈裟は、本来これを作った后の宮が着るべきものだ、と聖が思ったから。

オ　小法師が后の宮の指示で嘘(うそ)をついたことを聖が見抜き、腹を立てたから。

〔　　〕

時間50分

▼解答→別冊 p.60

得点　／100

1 次の文章を読んで、あとの問いに答えなさい。（句読点なども一字と数える。）（計38点）

お化け屋敷を始めて間もない頃、出口から笑って出てくるお客様を見て、私は演出が足りないのだと思っていた。

お化け屋敷は、ひたすら怖くて、館内には悲鳴と[a]ゼッキョウが響き渡り、泣き出すお客様が続出する。そういうものが理想のお化け屋敷だと思い込んでいたのだ。①実際、そのように考えている人も多いのではないだろうか。

けれど、それはお化け屋敷とは言えない。[A]、恐怖を味わってもらうアトラクションという言い方に誤りはない。もっと怖く、さらにもっと怖く、と怖さを追求することにも間違いはない。しかし、それだけでお化け屋敷と言えるだろうか。もしそういったものを目指すのなら、もっとほかに方法はある。真夜中にたった一人で山の中の事件のあった廃屋に行けばいい。幽霊が出るという噂（うわさ）の絶えない廃病院で一夜を過ごせばいい。

それこそ自分が求めている恐怖体験だと言って、出かけていく人もいるだろう。実際、そういった場所は地元の若者の度胸試しに使われていたりする。[B]、仮にそれをお化け屋敷だとして、ひと夏で何万人ものお客様が来てくれるだろうか。もちろん、地の利の悪さという問題もあるだろうが、そのような問題を考慮しても、そこにお客様が訪れるとは思えない。そこには、お客様がお化け屋敷に求める何かが欠けているからである。

その「何か」とは、一体どんなものだろう。

それは「楽しさ」なのである。お化け屋敷とは、恐怖を体験して楽しさを得るアトラクションなのだ。

当たり前じゃないか、と[b]ヒョウシ抜けした人もいるかもしれない。けれど、ここで重要なことは、「結果として楽しませる」ということではなく、意識的に「恐怖を使って楽しませる」という点である。無自覚に恐怖を追求すると、誤った道へ進むことになる。

では、どうしてお客様は外に出た瞬間に笑顔になるのだろうか？

ここには、「緊張と緩和」というメカニズムが働いている。

お化け屋敷の中の「緊張」というものはわかりやすい。入り口を入って、暗い廊下を進んでいくと、今にも何かが現れそうな気配が漂ってくる。不安が高まり、身を固くして息を詰め、ドキドキしながら歩いて行く。これは、明らかに緊張の状態である。

では、「緩和」はどこにあるのだろうか？　散々怖い思いをして出口から飛び出し、一気に緊張状態から解放された、その瞬間にある。「もうここまで来ればお化けが襲いかかってくることはない」。そこには、見慣れた夏の日差しと多くの人々が笑いながら行き交っている遊園地の風景がある。それを見た瞬間、安心して気持ちが緩む。

けれどこれだけでは、もしかしたら真夜中の廃病院と、決定的な違いはないのかもしれない。時間はかかるものの、真夜中の廃病院から一人で出てきて友だちの待っている家まで戻ってきたら、やはり安心が訪れるだろう。

②では、お化け屋敷と真夜中の廃病院の違いは何なのか。

一つは、体験する緩和の「数」である。そしてもう一つは、緩和するまでの「時間」である。

お化け屋敷では、緩和は出口だけにあるわけではない。実は、お化け屋敷の中にも緩和はある、いや、緊張と緩和を繰り返し体験できるよう、イトして作っているのだ。

お化け屋敷の暗い通路では、人は不安に満ち、「いつ、どこかから何かが現れるのではないか」という精神状態にオチイって、緊張しか存在しないように思える。

実は、この「何かが現れる」というところに鍵がある。廃病院では、基本的には何も現れない。実際に何かが現れたら事件である。実際には現れないが、現れるかもしれないわずかな可能性が途轍もない恐ろしさを持っているから怖いのだ。

一方、お化け屋敷では必ず何かが現れる、ということが前提になっている。暗闇に立つ人形はいつ動くかわからないし、ガタガタ音を立てる扉の奥からはいきなりお化けが飛び出してくるかもしれない。これがお客様に緊張感を生み出す。お客様は、いつどこから出てくるのかを考えながら先へ進む。ということは、そのときのお客様の抱えている不安の対象は、必ずどこかにいるのである。いるかどうかわからない漠然とした不安ではなく、必ずいるものが、いつどこからどんな風に出てくるかわからない不安なのだ。

これは裏返せば、何かが出てくれば「不安は終わる」ということである。その瞬間に緊張状態から解放され、緩和が訪れる。［C］お客様は、どこかで「もう出てきてほしい」という欲求を抱いているのだ。ここが、廃病院と大きく異なる点である。

これを、〈不安→恐怖→安堵〉というように捉えよう。お化け屋敷では、基本的に、このような精神状態を繰り返す。〈不安→恐怖〉は緊張であり、〈安堵〉は緩和である。お化け屋敷では、出口だけではなく至る所でこの緊張と緩和を繰り返しているのだ。それは、ゆっくり高い地点まで上がっていく不安と一気に落ちていく恐怖、落ち切った後の安堵、再び上昇して落ちていく恐怖、再び落ち切った時の安堵……、こういった精神状態を繰り返すジェットコースターと同じである。

ジェットコースターでは、落下やひねりや回転など様々な方法で新たな緊張を生み出すように、お化け屋敷でも様々な演出手法を駆使することで新たな緊張を生み出していく。③けれど、基本的には、ジェットコースターもお化け屋敷も、［　　］ことによって楽しみを生み出すアトラクションであるということには変わりはない。

④緊張と緩和が、なぜ、楽しいという情動を生み出すのだろうか？

脳は、基本的に平衡を保とうとする。強い刺激に対してはそれを緩めようとするし、逆に刺激が弱いと刺激を生み出そうとする。

お化け屋敷の不安と恐怖は、強い緊張を作り出す。平衡を保とうとする脳にとって、極度に緊張している状態は望ましくない。そこで、この緊張を緩和しようとして脳内に快楽物質を出す。緊張が高まると、それを抑えようとしてどんどん快楽物質が出てくる。けれど、緊張状態が強いので人はそれを意識することができない。洋服箪笥の前を通り過ぎ、棺桶の脇を通り過ぎ、いよいよ何かが出てきそうだと思った瞬間、窓ガラスが開いてお化けが現れる。この瞬間、緊張はピークに達して脳内物質が大量に分泌される。その直後、お化けが再び窓の奥に消えてしまうと、緊張が一気に緩和される。そのとき、緊張はなくなったのに脳内に快楽物質だけが大量に残った状態になっている。この作用によって、人は楽しいという情動を覚えるのである。

（中略）

実は、「緊張と緩和」とは、笑いを作り出していく基本的な考え方でもある。亡くなった落語家の桂枝雀氏は、この「緊張の緩和」によって笑いは生まれるのだ、という理論を展開した。けれど、笑いと緊張とはどのように結びつくのだろうか？

わかりやすい例は、謎かけだろう。「○○とかけまして△△と解く」

というものだ。D、次のような謎かけで考えてみよう。

「コーラとかけてなんと解く？」

「かわいい彼女と解く」

「ほう、コーラとかけてかわいい彼女と解く。その心は？」

「どちらもふれません」

ここにある緊張状態とは、「コーラ」と「かわいい彼女」というまったく脈絡のない二つの単語だ。ここに何かの共通項がある、けれど聞いている方はそれがよくわからない。漠然として宙ぶらりんの状態だ。これは聞いている者にとっては不安な状態である。E、「ほう、コーラとかけてかわいい彼女と解く」という繰り返しによって、一層不安は高まっていく。

最後に、「どちらもふれません」と言ったときに、まったく脈絡がないと思っていた「コーラ」と「かわいい彼女」に一瞬にして共通項が浮かび上がる。不安が一瞬にして解消される。ここに緩和が生まれ、笑いが発生するのだ。

⑤このように考えると、笑いと恐怖が非常に近い構造を持っていることがわかる。

これは、⑥自分が完全にその渦中にいるときには楽しむことができない、という点でも共通している。

落語に出てくるような与太郎は、ひたすら迷惑な人間で目の前にいたら不安の要素しかないだろう。それが、自分に直接ワザワ[e]いがなかったり、過去の話だったり、あるいは誰かの口によって語られたりすることによって、笑いになっていく。自分との距離があること、すなわち客観性があることが笑いに繋（つな）がっていくのだ。

（五味弘文（ごみひろふみ）『お化け屋敷になぜ人は並ぶのか――「恐怖」で集客するビジネスの企画発想』より）

問一　══線部a～eのカタカナを漢字に直しなさい。（楷書で丁寧に書くこと。）（1点×5）

a〔　　〕　b〔　　〕　c〔　　〕　d〔　　って〕　e〔　　い〕

問二　次の例文1の〰線「ない」・例文2の〰線「の」と用法が同じものを、ア～オからそれぞれ一つ選び、記号で答えなさい。（2点×2）

例文1　怖さを追求することにも間違いはない

ア　脈絡のない二つの単語
イ　望ましくない
ウ　訪れるとは思えない
エ　よくわからない
オ　意識することができない

例文2　噂の絶えない廃病院

ア　若者の度胸試しに使われている
イ　そのような問題を考慮しても
ウ　「楽しさ」なのである
エ　時間はかかるものの
オ　お客様の抱えている不安

例文1〔　　〕　例文2〔　　〕

問三　本文中のA～Eに入る最も適当な言葉を、次のア～オからそれぞれ一つ選び、記号で答えなさい。ただし、同じ記号を二度以上使ってはいけません。（1点×5）

ア　けれど　イ　しかも　ウ　つまり
エ　もちろん　オ　たとえば

A〔　　〕　B〔　　〕　C〔　　〕
D〔　　〕　E〔　　〕

問四　――線①「実際、そのように考えている人も多いのではないだろうか」とあるが、筆者自身はどう考えているのか。それをまとめた次の文の□を補うのに最も適当な言葉を、本文中から十一字で抜き出しなさい。（３点）

お化け屋敷とは、□ものである。

問五　――線②「では、お化け屋敷と真夜中の廃病院の違いは何なのか」とあるが、その違いについて、恐怖をもたらす原因の違いに注目して両者を対比的に記した一文がある。その一文の最初の五字を抜き出しなさい。（３点）

問六　――線③「けれど、基本的には、ジェットコースターもお化け屋敷も、□ことによって楽しみを生み出すアトラクションであるということには変わりはない」とあるが、□を補うのにふさわしい言葉を、本文中の表現を用いて、十字で答えなさい。（４点）

問七　――線④「緊張と緩和が、なぜ、楽しいという情動を生み出すのだろうか？」とあるが、この問いに対する筆者の答えを、四十五字以内で答えなさい。（６点）

問八　――線⑤「このように考えると、笑いと恐怖が非常に近い構造を持っていることがわかる」とあるが、笑いと恐怖はどのような点で「近い」のか。その説明として最も適当なものを、次のア～オから一つ選び、記号で答えなさい。（３点）

ア　どちらも、相手と距離を置くことにより不安が緩和されて発生するものであるという点。
イ　どちらも、緊張が一気に緩和されることが楽しいという情動に繋がっているという点。
ウ　どちらも、よくわからない共通項が明らかにされることで生まれるという経過をたどる点。
エ　どちらも、相手が何物かわからないという不安から解放された時に生じてくる点。
オ　どちらも、緊張と緩和を意識的に繰り返すうちに楽しむものへと変わるという点。

〔　　〕

問九　——線⑥「自分が完全にその渦中にいるときには楽しむことができない」とあるが、これを、「渦中にいる」と対照的な状態を示す本文中の表現を用いて、二十字以内で言い換えなさい。（5点）

2　次の文章を読んで、あとの問いに答えなさい。（句読点なども一字と数える。）（計32点）

［主人公が、妻澄子と二人の子供真一・健二（ともに小学生）を伴って老いた父の見舞いをかねて郷里に帰省したときの話である。］

見知らぬ若者の運転する軽トラックが県道に止まったのは、健二が、帰ろうぜ、とぐずり出したときだった。助手席にはザル一杯のオニギリと漬け物を持った母が乗っていた。

「ごくろうさん。お昼だよ」

母が林に入るか入らないかのうちに、子供達はザルにとびつき、休み場所の木材置場に運んだ。

母のうしろをついてくる灰色の作業服を着た若者は、軽トラックの荷台から降ろしたビニール袋を肩に担いでいた。風船のように膨らんだ袋の中には、肩のところで折れ曲がったうしろの方に水が揺れており、魚が入っていた。

「養魚場の春男ちゃんだよ。①父さんが頼んだ魚持ってきてくれたんだよ」

母のあまりにも簡単な紹介に、若者は、どこへ、と照れながら彼女を見た。母は、下の沢さ、とぶっきらぼうに言った。

オニギリにかぶりついていた②子供達は、魚を見ると口の中のゴハンを噛まずに飲み込んだ。

「これはヤマメですか」

真一が若者の背後から聞いた。

「ニジマスだ」

若者は無愛想に応えて林の斜面を下って行った。

やれやれ、と声に出して、積み上げた唐松に腰をおろした母の説明によれば、何を思ったのか、父が村はずれの川端にある養魚場に電話して、生きたままのニジマスを四十匹頼んだのだという。そんなものどうするのさ、と母が問うと、沢に放して子供達につかみ取りをさせる、と応えた。なぜ、とさらに問い詰めると、あの子たちは魚取りの体験などないだろうから、とうるさそうに言ったのだという。

「だったら、どうして持ってく時間だとか、そういうことを相談してくれないんだいって怒ってやったのさ。昼には帰って来るだろうからって、オニギリ一杯作って待ってたのにさあ」

母の怒りの口調につられて、③澄子が、すみません、と頭を下げた。

春男君という若者はずんずん下に降りて行くし、④子供達もオニギリを手にしたまま後を追っているので、仕方なく再び沢に降りてみることにした。

沢につくと、子供達はまず両手で水を掬って飲み、それからゴハン粒のついた手を洗った。

「密封されているのに、よく生きていますねえ」

真一が口のまわりをTシャツの袖で拭いながら質問した。

「酸素を入れてあるからな」

春男君はあっさり応えた。

ここらでいいかね、と言う春男君に、まあ適当に、と応えると、彼はビニール袋の口をほどき、⑤砂でも撒くような仕草で渓流にニジマスを放した。さあ行くぞ、とでもいった放流の合図を期待していたらしい子供達は、ちょっとの間あっけに取られて流れ下るニジマスの群れを見つめていた。

「ヤバいぜ。流れて行っちゃうぜ」

健二の声に、真一もあわててズボンをまくり上げ、流れに入った。

放流を終えた春男君は、つかみ取りの光景には興味がないらしく、ビニール袋をたたむと、それじゃ、と言って笹(ささ)の路(みち)を登って行った。魚は好きかい、と、お礼の意味を込めて下から呼びかけると、春男君は前傾姿勢のまましばらく立ち止まり、はにかんだ赤ら顔の笑顔を一瞬だけ沢の方に向けてから、前よりも足早に登って行った。

子供達はニジマス相手のつかみ取りに思わぬ苦戦を強いられていた。春男君が放流した地点から三メートルほど下に岸の砂岩が水流でえぐられてできた小さな淵(ふち)があった。上から見ると子供一人が辛(かろ)うじて入れる小型のバスタブほどの淵なのだが、手を入れてみると岸の下が思いのほか深くえぐれていた。ニジマスはその中に身を隠してしまったのだ。

全身を濡(ぬ)らして頑張っていた彼らは、一匹の成果も上げられないまま、十分ほどして身震いしながら水から上がった。

「魚の体には触れるんだけど、逃げられちゃうんだよなあ」

めずらしく真一が興奮していた。

子供達の出た淵の中に入ってみたのだが、大人の腕も岸のえぐれの奥までは届かなかった。目で確認できないところを手先で探るのは気味の悪いもので、ときに魚体らしいぬめったものに触れるのだが、そのたびに腕を引いてしまった。指の先には緑色の苔(こけ)だけがからみついていた。

「どうですか。魚は取れましたか」

麦ワラ帽子をかぶった母と、空になったザルを手にした澄子が降りてきた。

子供達の、だめだあ、の声を聞くと、母の優しい口調は一変した。

「あの爺(じい)さんの考えることはいつもそうなんだよ。思いつきばっかりでさ。思いつき食って生きてきたようなもんさ」

⑥母は深いため息をついてみせた。

ひとしきり、子供達からニジマスがつかみ取れない理由を聞いた母は、澄子の持っていたザルを真一に渡し、淵の流れ口に立てて構えるように言いつけた。真一は言われたとおり健二と二人でザルを淵に向けて流れの中に入れた。子供達の手配を終えた母から、ほれ、と顎(あご)をしゃくられて澄子とともに淵に入った。

「そこで足踏みしてみな、ほれ」

母の命令に従い、淵の中で足踏みすると、流線形の黒い影が数本、ザルの方に流れた。

「上げろ」

子供達も母の命令に忠実にザルを抱え上げた。

ザルの中には二匹のニジマスが跳ねていた。母は鎌(かま)で笹を切ると、子供達の持ってきたニジマスのエラに通した。

「うわあ、残酷」

健二の大袈裟(おおげさ)な身ぶりに、食うんだよ、とだけ応え、母はまたザルを子供達に返した。

おなじことを七回繰り返して、十三匹のニジマスが取れた。

「これは魚取りじゃなくて、回収ね」

淵の中での足踏みにも飽きてきた頃、澄子が小さくささやいて舌を出した。

「四千円も払ってんだよ、四千円も」

澄子の声を聞きつけたのか、熱意の失せかけている者たちに母の叱咤(しった)がとんだ。

その夜の夕食のおかずはニジマスの塩焼とタラの芽の天ぷらになっ

た。おつな婆*さんはタラの芽が初物だと言って、食べる前に山の方を向いて合掌した。それは何の意味ですか、と真一が問うと、初物を食べるとき、採れた地にお礼をしておくと、来年もまた山の神様が恵んでくれるのだ、と彼女は教えた。聞き耳を立てていた健二はすぐに真似をして合掌したが、真一は、迷信だな、と言ってゴハンを食べ始めた。

「ほら、孫たちが取ったニジマスだよ。みんな喜んでたよ」

母は父に塩焼を出すとき、⑦精一杯の愛想をふりまき、ニジマスの回収方法に関してはなにも告げなかった。

父は弱々しい笑顔を子供達に向けた。母の言動の変化でつかみ取りが不成功だった事実が禁句であることを敏感に感じ取った彼らは、声をそろえて、ありがとう、と言った。老いた父が涙を見せ、その光景を見ておつな婆さんが泣いた。

母はやれやれというふうに口を開けて肩を落とし、隣に座る澄子の方を見た。感受性を推し量るような母の視線から遠慮がちに目をそらして、澄子は助けを求めるような横顔を向けてきた。

⑧「明日の朝はニジマスを釣りに行くぞ」

腹の底に力を入れて声を出した。

やったぜ、と健二が手を上げた。真一はもらい泣きをしていた。

翌朝、早く起きて子供達と硫黄沢に行った。古い竹の釣り竿二本と七号のヤマメ針は、夜、父が物置から出してきてくれたものだった。物心ついてから、父が釣りをしている姿を見たことはなかった。釣りなんてやったのかい、と聞くと、ああ、とだけ応え、イクラを三つ付ければオモリはいらねえ、と言い置いて寝てしまった。

早朝の硫黄沢は霧に覆われていて、深山の渓谷の様相を呈していた。背後でいきなりカッコウに鳴かれてとびついてきた健二は、腰のベルトをつかんだままぴったりうしろに張り付いていた。朝露に濡れた笹路を下り、淵の上に出て、母が持たせてくれた売り物のイクラを針に付け、真一と二人で糸を垂らした。

橙色のイクラがまだ水底に沈まない内に、真一の糸が下流に走った。背から顔だけ出していた健二が、いけっ、と叫ぶと同時に真一は竿を抜き上げた。

昨日のザルの中のものよりはるかに激しく暴れるニジマスが釣り上げられた。母のやり方を真似て、笹を切ってエラに通し、健二に持たせた。

真一は岸に置いた瓶の中からイクラを出し、教えられたとおり針に三つ付けて再び糸を垂らした。糸が下流に流れ、竿がしなり、また釣れた。しびれをきらした健二が張り付いていた背から離れて、竿を取った。イクラを付け替えてやって健二に糸を垂らさせると、すぐに釣れた。岸に釣り上げたニジマスを彼は素早く両手で押さえ付けた。生まれて初めて自分の手で獲物を捕らえた健二の横顔は、なぜかテレビを見つめる父の顔に似ていた。

唐松林に朝陽が射し、もれてきた光の線条が上昇を始めた霧の層を透して沢の水面に乱反射した。子供達は周囲で変化してゆく光の鮮やかさに目を奪われたのか、竿を肩に担いだまま呆然と沢の上流の方を見ていた。

⑨「きれいだなあ」

健二が久しぶりに素直な言葉を口にした。

（南木佳士『ニジマスを釣る』より）

＊おつな婆さん…同居しているおばあさん。

問一　――線①「父さんが頼んだ」とあるが、なぜそうしたのか。解答欄に合うように抜き出しなさい。（4点）

［　　　　　］ため

問二　――線②「子供達は、魚を見ると口の中のゴハンを嚙まずに飲み込んだ」・④「子供達もオニギリを手にしたまま後を追っている」について、共通する気持ちを表す言葉として最も適当なものを、次のア～エから一つ選び、記号で答えなさい。（3点）

ア　一喜一憂　　イ　興味津々（しんしん）　　ウ　半信半疑　　エ　抱腹絶倒

〔　　〕

問三　――線③「澄子が、すみません、と頭を下げた」とあるが、その理由として適当でないものを、次のア～エから一つ選び、記号で答えなさい。（4点）

ア　オニギリをつくった「母」に対して誰も感謝せずに食べているから。

イ　子供達のために「父」が計画してくれたことだとわかったから。

ウ　自分も「母」と一緒にお昼の支度をするべきだったと思ったから。

エ　「母」が怒っていることに対して申し訳ない気持ちになったから。

〔　　〕

問四　――線⑤「砂でも撒くような仕草」とはどのような様子か。最も適当なものを、次のア～エから選び、記号で答えなさい。（3点）

ア　重々しい様子　　イ　苦々しい様子

ウ　淡々とした様子　　エ　晴々とした様子

〔　　〕

問五　――線⑥「母は深いため息をついて」とあるが、「深いため息をつい」たのはなぜか。二十五字以内で答えなさい。（6点）

［　　　　　　　　　　　　　　　　　　　　　　　　　］

問六　――線⑦「精一杯の愛想をふりまき、ニジマスの回収方法に関してはなにも告げなかった」とあるが、その理由として最も適当なものを、次のア～エから一つ選び、記号で答えなさい。（4点）

ア　計画を成功させたのは自分だという自信を持っていたから。

イ　いろいろと気を遣っていた澄子を安心させたかったから。

ウ　計画を成功させたい「父」の気持ちを察していたから。

エ　家族みんなが喜ぶ姿を見ることは気持ちがいいから。

〔　　〕

問七　――線⑧「『明日の朝はニジマスを釣りに行くぞ』腹の底に力を入れて声を出した」とあるが、なぜそう言ったと考えられるか。最も適当なものを、次のア～エから一つ選び、記号で答えなさい。（4点）

ア　まだ二十数匹残っているので、残りを釣り上げて家族と一緒に食べようと思ったから。

イ　子供達に自分の手で魚を捕らえさせることで、みんなの気持ちを晴らそうとしたから。

ウ　「母」の気持ちを推し量ることができない澄子をなんとかして助けようと思ったから。

エ　魚のつかみ取りが失敗だったので、せめて釣りの楽しみを子供達に教えたかったから。

〔　　〕

問八　——線⑨「『きれいだなあ』健二が久しぶりに素直な言葉を口にした」とあるが、健二は自然に対してこの日までどのような感じをもったか。それがわかる一文の最初の五字を抜き出しなさい。（4点）

□□□□□

3 次の文章を読んで、あとの問いに答えなさい。（計30点）

近年の帰朝の僧の説とて、ある人の語りしは、唐に賤しき夫婦あり。餅を売りて^A^世を渡りけり。夫、道のほとりにして餅を売りけるに、①人の袋を落としたりけるを取りて見れば、銀の軟挺六ありけり。家にもちて帰りぬ。妻、心^a^すなほに欲なき者にて、「我らはあきなうてすぐれば事もかけず。この主いかばかり嘆き求むらむ。^B^いとほしき事なり。主を尋ねて返し給へ。」と言ひければ、「実に。」とて、あまねくふれけるに、主といふ者出で来て、これを得てあまりに嬉しくて、「三をば奉らん。」と言ひて、既に分かつべかりける時、^b^思ひかへして、煩ひを出ださんために、「七こそありしに、六あるこそ不審なれ。一つをばかくされたるにや。」と言ふ。「②さる事なし。もとより六なり。」と論ずる程に、はては国の守のもとにして、これをことわらしむ。国の守、眼賢しくして、この主は不実のもの、この男は正直のものと見ながら、なほ不審なりければ、かの妻を召して、別の所にして、事の子細を尋ぬるに、夫が申し状にすこしも^c^たがはず。この妻は極めたる正直の者と見て、かの主、不実の事たしかなりければ、国の守の判にいはく、「この事たしかの証拠なければ判じがたし。ただし、③ともに正直の者と見えたり。夫妻また詞たがはず。主の詞も正直にきこゆれば、七あらむ軟挺を尋ねてとるべし。これは六あれば、別の人のにこそ。」とて、④六ながら夫妻にたびけり。宋朝の人、⑤いみじき成敗とぞ、あまねくほめののしりける。心直ければ、おのづから天の与へて宝をえたり。心まがれるは、冥とがめて財を失ふ。⑥この理すこしもたがふべからず。返す返すも心は清くすなほなるべきものなり。

（『沙石集』より）

＊唐…中国。
＊銀の軟挺…良質の銀貨。
＊事もかけず…経済的に不自由もしていない。
＊煩ひを出ださんために…面倒を引き起こそうと。
＊国の守…国の長官。
＊ことわらしむ…判定させることになった。
＊たびけり…お与えになった。
＊宋朝…中国の王朝名。
＊成敗…判決。
＊冥…目に見えない神や仏。

問一　～～線a「すなほ」・b「思ひかへし」・c「たがはず」の読み方を、現代仮名遣いに直して、ひらがなで答えなさい。（1点×3）

a〔　　〕b〔　　〕c〔　　〕

問二　═══線A「世を渡りけり」・B「いとほしき」の、ここでの意味として最も適当なものを、次のア～オからそれぞれ一つ選び、記号で答えなさい。（2点×2）

A「世を渡りけり」

ア　各地を旅していた
イ　生計を立てていた
ウ　出世していた
エ　人気を得ていた
オ　役所に納めていた

B「いとほしき」
ア 面倒な　イ 心配な
ウ もったいない　エ 気の毒な
オ いじらしい

A〔　　〕　B〔　　〕

問三 ――線①「人の袋を落としたりけるを取りて見れば」とあるが、この部分の意味として最も適当なものを、次の**ア**〜**オ**から一つ選び、記号で答えなさい。（3点）

ア 落とした袋を探していた人が夫の袋を拾って見てみると
イ 他の人が袋を落とすのを見ていた夫が拾って見てみると
ウ 誰かがうっかり落としていた袋を夫が拾って見てみると
エ 夫が落とした袋をある人がなにげなく拾って見てみると
オ 誰かがわざと捨ててしまった袋を夫が拾って見てみると

〔　　〕

問四 ――線②「さる事なし」とあるが、「さる事」とはどういうことを指すか。具体的に説明しなさい。（5点）

〔　　〕

問五 ――線③「ともに」とあるが、「ともに」とは誰を指すか。最も適当なものを、次の**ア**〜**オ**から一つ選び、記号で答えなさい。（3点）

ア 主といふ者と夫婦　**イ** 夫と妻　**ウ** 国の守と夫婦
エ 主といふ者と国の守　**オ** 国の守と宋朝の人

〔　　〕

問六 ――線④「六ながら夫妻にたびけり」とあるが、「主といふ者」に与えなかった理由を、国の守は判決の中でどう言っているか、説明しなさい。（6点）

〔　　〕

問七 ――線⑤「いみじき成敗」に見られる、――線⑥「この理」の内容を、具体的に説明しなさい。（6点）

〔　　〕

□ 執筆協力　編集工房 遼　浜田秀一　㈱アート工房
□ 編集協力　㈱アート工房　加藤陽子　福岡千穂
□ 本文デザイン　CONNECT
□ 図版作成　㈱アート工房

シグマベスト
最高水準問題集 高校入試
国語

編　者　文英堂編集部
発行者　益井英郎
印刷所　株式会社天理時報社
発行所　株式会社文英堂
〒601-8121　京都市南区上鳥羽大物町28
〒162-0832　東京都新宿区岩戸町17
(代表)03-3269-4231

●落丁・乱丁はおとりかえします。

ΣBEST
シグマベスト

国語
解答と解説

文英堂

1 論理的文章の読解

01

問一 ア
問二 ウ
問三 イ
問四 機械的記憶の保持を理想とする心理（16字・49行目）
問五 頭の中の不要物を掃除して、きれいにする（19字・121行目）
問六 ア…× イ…× ウ…○ エ…○

解説 問一 Aは機械的記憶について、Bは人間的記憶について描写した語句が入り、AとBは対になることをおさえる。機械的記憶と人間的記憶の特徴について述べられた部分を文中から探すと、「いったん覚えたことを、そのままの形で再生する記憶を、かりに機械的記憶と呼ぶ」（9～10行目）、「機械の記憶は正確に原形を再生するし、機械がこわれないかぎり、いつまでも再生を行うことができる」（18～19行目）という記述から、機械的記憶の特徴は、いったん記憶されれば何度でも正確に原形を再生することにあると考えられる。アの「物理」的は「数量化できる面からとらえること」という意味なので、これと言い換えることができる。機械が選択して記憶するのではないので、「積極」的や「主観」的とは言えない。また機械的記憶が「文明」的だという記述はない。人間の記憶は「機械にはできそうにない別種の記憶」（15～16行目）とあることから、生きている人間が行う記憶のやり方であるので、「生理的」がふさわしい。また、「生理的」と「物理的」は対になる概念であるので、この選択肢で確定することができる。

問二 「人間が機械的記憶の本体に」なるということは、人間が機械的記憶をすると言い換えることができる。つまり、人間が自分の脳で、「いったん覚えたことを、そのままの形で再生する」（9行目）機械的記憶をするということである。「文字の使用によって記憶に要する労力を大幅に軽減された」（26～27行目）とはあるが、文字は補助手段であるのでアではない。機械的な作業を排するのではなく、機械的作業も行う必要があるので、イではない。記憶のできる機械をもたなかった頃の記憶方法についての記述であるので、エではない。

問三 「新陳代謝」とは不要な部分を体外に排泄することであり、老廃したものを新しいものに代えることである。それが人間の自覚的意志ではなく、不随意的に営まれているのは、生命の維持に必要なことだからである。これを記憶にあてはめてみると、要らなくなった記憶や古い記憶などを、無意識のうちに忘れることが人間にとって必要なことだと考えられる。そうすることによって、「あとにまた、新しい心象が結ばれるようにしてくれる作用」（112～113行目）がはたらくのである。不要なものを消去することを問題にしているので、栄養を取り込むことについて述べたアは不適。精神にとって大切なのであって、生命の維持にとって大切なのではないので、ウも不適。事柄の重要度を理解することが新陳代謝であるとは言えないので、エも不適。

問四 「目のかたきにする」とは、何かにつけて憎むこと。ここでは、「忘れること」をよくないものとして排除しようとすることになる。したがって、忘れることをよくないと思う気持ちの原因となっている考え方が述べられている部分を、「心理」という言葉を手がかりにして探す。

問五 「白紙の状態」とは、紙に何も書かれておらず、いつでもどんなことでも書き込める状態をさす。したがって、頭の中を白紙の状態にするということは、不必要な記憶をいったん捨てて、なんでも記憶できる状態にすることであるので、この行為を表している部分を探す。

問六 筆者は忘れることの重要性について述べているが、知識を得るために努力することを否定しているのではないので、アは内容と一致しない。また、睡眠や運動で精神状態を整えることが、コンピューターに近づく方法ではないので、イも一致しない。

02

問一 a…指針 b…体現 c…格段 d…人為 e…存亡

問二 オ

問三 例日々の暮らしが平穏無事であってほしいという思い。(24字)

問四 社会の目に抗いつつもきちんと向き合う必要がある(23字・78〜79行目)

問五 社会の秩序(1行目)

問六 例「しきたり」や「ならい」と同じく、闘いや危機克服の経験が時代とともに変化しつつ、いまに受け継がれたものだから。(55字)

問七 イ

解説

問一 書き取りは細かい部分まで正確に覚えよう。dの「為」は字形も正確に覚えること。

問二 儒教道徳がどういう生きかたを善としたのかを考える。直前に「そうした」とあるので、その前の部分で生きかたについて述べられている部分を探すと、「自分の欲望や意志や周囲への不満を抑えて、外からやってくる規範を素直に受けいれて生きる」(3〜4行目)とある。これを一語で表すと、自分の意志ではなく、外からの支配や命令によって行動する「他律的」となる。他から作用を受けるという点では「外圧的」「受動的」も考えられるが、受け入れるだけでなく、その作用に応じて生きるという行動も含むので「他律的」がふさわしい。

問三 「社会の目」については何度も記述があるが、本文から「社会の目」の「思い」が述べられている部分を探す。六段落目に「人びとの暮らしのなかからうまれる社会の目も、その根底にあるのは、一日一日がつつがなく過ぎていってほしいという思いだ」(46〜48行目)とある。この部分を中心に本文の内容を踏まえて制限字数内にまとめよう。「つつがない」とは、病気や災難がない状態、または平穏無事な状態のこと。

問四 直後に「社会の目に抗いつつ、抗ったその生きかたに具体的な内容を盛りこむには、社会の目にきちんと向き合うほかはない」(27〜28行目)とある。これと同じ内容を述べていて、制限字数内におさまるところを探す。「社会の目に抗う」ことと「社会の目にきちんと向き合う」ことの二つが述べられていることが必要なので、一つの要素だけしか述べられていないところは除外していく。

問五 「どちらも、古い過去から現在へと続く時間の流れを意識したことばで、長きにわたる経験を大切に思う人びとの生活感覚がそこにこめられている」(70〜72行目)とある。「しきたり」や「ならい」はその社会でいままで行われてきた慣習のことを指しており、「社会の目」とともに人びとの行動を規定するものと考えられる。冒頭の「個人の生きかたよりも社会の目や社会の秩序が圧倒的に重視される前近代」(1〜2行目)という記述から、「社会の目」と「社会の秩序」が人びとの生きかたを規定していたことがわかる。

問六 直後にある「それは時代とともに変化しつつ、消滅した部分や、あらたに付け加わった部分をふくんでいまに受け継がれたものだ」(76〜78行目)という部分と、それまでに述べられた「闘いや危機克服の経験が蓄積され」(63行目)ていること、さらにその「闘いや危機克服の経験」が社会の目に蓄積されているだけでなく、「社会の『しきたり』とか世の『ならい』とかいわれるものにも受け継がれている」(66〜67行目)ことをまとめる。闘いや危機克服の経験が蓄積されたものであること、時代とともに変化しながら受け継がれていること、「しきたり」や「ならい」と同じ性質のものであることの三つの要素を入れてまとめよう。

問七 「近代の個人主義思想は、それへの反動として、外からやってくる規範に強く反発し、社会の目に抗って生きることこそが自由で自立した生きかただと考える」(9〜11行目)という記述はあるが、「権力者に反抗して生きる」ことについては述べられていないので、イが合致しない。

入試メモ ●文章の内容と一致するかを問う問題の注意点

本文の内容と一致するかどうかを判断する場合、述べられていることを厳密に読み取ることが必要である。本文から類推すれば筆者の主張と一致する内容であっても、それが本文に書かれていなければ一致しているとは言えない。あくまで書かれていることだけで判断して、慎重に選ぼう。

03

問一　a…的確　b…いやみ　c…こうけつ　d…ぶじょく
e…理屈　f…顕示　g…敏感　h…延
i…せっしょく　j…お
問二　イ
問三　・「じょうぼん」な人…あるいは(27行目)
・「げぼん」な人…たとえば(20行目)
問四　B…頭　C…尾
問五　ウ
問六　エ
問七　イ
問八　E…カ　F…イ　G…エ
問九　自分で(69〜70行目)
問十　ウ
問十一　イ
問十二　1…エ　2…ア　3…イ
問十三　エ
問十四　1
問十五　自分の生の意味(を問うこと)(122行目)
問十六　卑怯(109〜110行目など)　[別解]卑劣(110行目)
問十七　ア

解説　**問一**　hは同訓異字の「身長が伸びる」の「伸」との使い分けを覚えよう。

問二　「死語」はかつては使われていたが、現代ではほとんど使われなくなった言葉のこと。「古い言い方」(2行目)とあることから判断する。

問三　「じょうぼん」な人は、「すごくじょうひんな人、『じょうぼん』とはこういう人のことを言うんだ」(30〜31行目)の「こういう人」について説明している文を探す。

「げぼん」な人は「それは『げぼん』なんだ」(23行目)の「それ」について説明している文を探す。

問四　「徹」には通す、最後までするという意味がある。

問五　「曲がったことが大嫌いで、どうすれば人の役に立てるかということを常に心がけているような暖かい人柄の人」(28〜29行目)が「服装は小汚くて、言葉遣いもガラッパチ」(27行目)な理由を考える。

「うさんくさい」は何となく怪しい様子を表し、自分に対しては使わないので、アではない。また「わざとそういう態度をとっている」(30行目)ので、手間を省こうとするようすのイ「面倒くさい」でもない。暖かい人柄の人が「嘘(うそ)くさい」からわざと小汚い服装やガラッパチな言葉遣いをしているというのは理由としてかみ合わず、エでもない。自分の暖かい人柄を素直に出すのが「照れくさい」からわざと小汚い服装やガラッパチな言葉遣いをしていると考える。

問六　「外面とは内面そのものじゃないか」は、外面と内面は同じものだということを表している。その前に述べられている「人間はやっぱり見た目がすべてとも言えるんだ」(34〜35行目)も同じような意味になる。ただし、その前に「見た目が問題なのではないのは言うまでもない」(33〜34行目)ことを前提としていることに注意する。つまり内面は外面よりも重要だが、内面が外面に自然に表れてくる点で、内面と外面は同じものだということができるのである。

アの「見た目がすべてで外見をとりつくろえば内面もよくなる」は、外面が内面より重要だとするところが不適。イは、内面と外面の関係について述べていないので不適。ウは、内面や外面が「その人の意思次第でどうにでもなる」とするところが不適。「全部顔に出ちゃうんだから。出てることに気がつかないのはその人だけなんだから」(41〜42行目)という記述から、意思でどうにかなるものではないことがわかる。

問七　「愛して大事にする」対象は、八段落では「自分」である。したがって、アの「世界」とウの「他人」は不適。また、精神性を高めるための方法について説明する中で述べているので、精神と肉体のどちらも含めたエの「人間」ではなく、イの「精神」が該当する。

問八　空欄の前後の文のつながりから該当する言葉を選ぶ。

Eは、そのあとの「そのことがどういうことなのかを自覚してそうしているわけではない」(56〜57行目)が、前の文の「(動物が)自分を大事にして愛しているようには見える」(54〜55行目)こととは逆のことを述べているので、逆接の接続詞

「でも」が入る。

Fは、そのあとに「まさしくその精神だからだ」(62〜63行目)と理由が述べられているので、理由を示す接続詞「なぜなら」が入る。

Gは、「自分を大事にする」(64行目)ことを言い換えたものが「精神を大事にするということ」(65行目)であるので、「言い換えれば」という意味の副詞「つまり」が入る。

●空欄補充の問題

空欄補充の問題では、前後の文のつながりをおさえて選ぶこと。特に順接と逆接の区別は大切なので、一文ずつていねいに筆者の主張を読み取ろう。空欄が複数ある場合は、出現順に選んでいこうとすると複数の選択肢が該当し、決まらない場合が出てくる。その場合は保留にしておき、一つに決められるところから選んでいこう。

問九　「自尊心を持つ、ということと、プライドがあるということは、間違いやすい」(67〜68行目)とある。続く文章の中から、プライドではなく自尊心を持つ場合の行動を制限字数内で抜き出す。筆者は、他人の評価を気にするようでは自尊心があるとはいえず、自分の価値を自覚している人を自尊心を持つ人としている。つまり、「自分で自分の価値を知っている」(69〜70行目)ことが自尊心を持つということになる。

問十　Hには、「自分で自分の価値を知っている」(69〜70行目)精神が該当するので、「自尊心」が入る。

Iは、「他人の評価を価値としている」(71〜72行目)精神が該当するので、「虚栄心」が入る。虚栄心は価値の置き方が他者の評価にあり、自分の中に価値を見いだす自尊心とは対極にある。

問十一　直前に「自分にとっては自分こそが一番なんだと知っているなら、こんな感情はあり得ないはずだよね」(76〜77行目)とある。つまり、嫉妬は自分が一番ではないと思っているから生まれると筆者は述べているのである。また、前の段落で、「自分で自分の価値を知っているなら、他人の評価なんか気にならない」(69〜70行目)、つまり、自分に価値があると自覚していることが自尊心を持つことだと述べられているので、これをまとめると、自尊心がないから周りの評価が気になり、嫉妬するということになる。

自分を見失っているから嫉妬するのであって、相手が他の人を愛したから自分を見失うのではないのでアは不適。ウは、「自分が選ばれなかった初めての事態にとまどっている」ことは述べられていないので不適。エも「相手の幸せを願うことが本当の恋だと無理に思おうとしている」ことは述べられていないので不適。

問十二　1の「あげく」は「挙げ句」や「揚げ句」と書く。連歌や俳諧の最後の七七の句を「挙げ句」と呼んだことから、「〜した最後(に)」「おわり(に)」の意味で使われるようになった。「挙げ句の果て」という言い方も覚えておこう。

2の「へつらう」は、お世辞を言ったりして、相手に気に入られるようにふるまうこと。

3の「意」は心、考え、気持ちなどを指す。「介する」は「こだわる」こと。「意に介さない」で、気にしないの意味。

問十三　「見栄（みえ）を張る」は、うわべを飾ること、外観を取りつくろうこと。

問十四　【 1 】から【 5 】までを文を入れずに読んでみると、【 1 】以外は文が続くことがわかる。【 1 】に続く「それが精神だ」(114行目)の中の「それ」が指すものが前にないことから【 1 】に入ると判断できる。

●抜けている文を挿入する

抜けている文を挿入する問題では、前後の文のつながり方に注意する。特に接続語は重要な手がかりになる。また、指示語があるときには、文が抜けていることで、指示語の表す内容が本来表していたものとは異なってくることがある。この場合は不自然な文脈になるので、気になったところをていねいに読み直すとよい。

問十五　直後にある「なぜ生きるのだろう」(126行目)が問うことの内容である。これと同じ内容を、制限字数内で言い換えたところを探す。

問十六　「正しく精神的である」と対極のことを述べた部分を探すと、「『卑（いや）しい』」

ということは、精神にとって最大の恥ずべきことだ」(103行目)、「卑怯は精神の死だ」(111〜112行目)とある。「熟語」という条件に合うように抜き出すので、「卑しい」ではなく、「卑怯」あるいは「卑劣」を選ぶ。

問十七　筆者は、「じょうぼん」「げぼん」という言い方で人間の品性について述べ、続いて自尊心を持つことの大切さを述べている。そして最後に「名を惜しむ」(136行目)という言葉を使っている。「名を惜しむ」とは、名声をけがさないように心がけることである。「品格」と「品位」、「名誉」と「名声」は、それぞれよく似た意味の言葉であるが、書かれている内容を総合的に考えると、世間的な評価だけを表す「名声」よりも、個人の内面に判断の基準を置く「名誉」のほうが妥当と判断できる。「名誉に思う」という言い方はできるが、「名声に思う」という言い方はしないところからも、世間から認められていると自分が感じる場合は、「名誉」が妥当である。

本文では精神の重要性を述べているので、主として人間の行いを指す「品行」を使うウは不適。「名士」は、「世間によく名前を知られている人・有名人」を指し、本文には述べられていないので、エは不適。

04

問一　a…あやま　b…許容　c…勘定

問二　1…ア　2…ク(順不同)

問三　イ

問四　非対称的な権力関係(9字・37行目)

問五　メッセージを(51行目)

問六　ウ

問七　【　】に入る語句…相手の不在に対する欠落感(76行目)

A…イ　B…ウ　C…イ　D…ウ　E…ア　F…エ

問八　エ

問九　G…過去　H…未来(99〜100行目)

解説

問一　aは送り仮名に注意して読む。b「許」、c「勘」は一画一画ていねいに書こう。cの「カンジョウ」は「感情」「環状」「冠状」など同音異義語が多いので、文脈に応じて書き分けられるようにしておこう。

問二　「昨日なんで帰ったの?」(6行目)という問いかけが二通りの意味を持つのは、「なんで」という言葉のとらえ方が二通りあるからである。「なんで」を「なぜ」ととらえれば、帰った理由を尋ねたと判断される。「なにで」ととらえれば、帰る手段=交通手段を尋ねていると判断される。元の文は解答の形だが、「1ク2ア」としても意味は通るので、正解とする。

問三　暗号解読表は、暗号を解読するためのものである。したがってここでは、メッセージを正しく解読するために必要なメタ・メッセージにあたる。直前に「メタ・メッセージは非言語的なかたちで発信される」(14行目)とあることから、言語的なかたちで発信される「語義的な水準」が暗号解読表とは直接関係がないことがわかる。

問四　教師と生徒との間につくり出されるものを制限字数内で探す。直後に「それは『教師の発するシグナルをどう読解しても罰する』というソリューションを採用するというかたちで表れる」(25〜26行目)とある。「教師の発するシグナルをどう読解しても罰する」ことがもたらすものは、その三つあとの段落にあるように「その場に非対称的な権力関係を打ち立てようとする『上位者』にはきわめて有利」（37〜38行目）な状況である。この場合の「上位者」は教師にあたる。五字以上十字以内の語句で抜き出すので「非対称的な権力関係」となる。

問五　「非言語的シグナルの受信能力の育成を阻害する」を言い換えると、「相手が言葉で説明するに先んじて、文脈を察知する能力」の育成を阻害することである。「どう答えても叱責（しっせき）されることがわかっている場合、選手たちはうつむいて無言のままこの心理的な拷問に耐えることを学ぶ」（33〜35行目）とあるように、「教師の発するシグナルをどう読解しても罰する」のであれば、文脈を察知する能力は役に立たない。このことを述べている一文を「から」や「ため」など、理由を表す単語を手がかりに探す。

問六　「それ」は、直前の「わけのわからないメッセージ」（56行目）を指す。「わけのわからないメッセージ」とは、文脈にふさわしくないメッセージのことであり、この場合は文脈から逸脱したメッセージのことである。

問七　（　）に入るものとして、本文中では、待たされた人間が待たせた人間を激しく叱責するのは、「相手の不在に対する欠落感」（76行目）や「相手に対する強い愛情や固着」（79行目）に起因することが述べられている。空欄に入る語句は十二字なので「相手の不在に対する欠落感」が該当する。相手に対する愛情は前提としてあるが、その相手がいないことが怒りの直接の原因であるので、「相手に対する強い愛情」だけでは不十分。

Aは、「友人や恋人に何度も待たされているという経験」については文中に述べられていないので、**ア**は不適。「今日会わなければ問題が解決しない」ということも文中に述べられていないので、**ウ**も不適。「到着するまでの時間があまりにも長かった」ということも文中に述べられていないので、**エ**も不適。

Bは、「感情の起源」と同じ意味の言葉を探す。「『早く会いたい』という欲望が前件にあった」（73〜74行目）や「その不満がほんらい相手に対する強い愛情や固着から生じたものであるという自分自身の『感情の起源』」（79〜80行目）という表現から、「愛情や欲望」を選ぶ。**ア**は「不満」が不適。**イ**の「怒りや激情」は現在の感情であって、感情の起源ではないので不適。**エ**の「失望や落胆」は文中に述べられていないので不適。

Cは、「責められている側は、それが愛情や欲望を伏流させていることを読み落とし」（81〜82行目）とあることから考える。「読み落とす」ということは「そこにあるのに気づかない」ことである。

Dは、「これを単なる『叱責の言葉』としてリテラルに解釈し」（82行目）とあることから考える。リテラルに解釈するということは、文脈とは関係なく字義的に解釈することである。

Eは、「自分」が何かをしたことによって、その代償として相手から責める言葉を発せられている。そのきっかけとなった自分の行為を選ぶ。

Fは、自分がした無意味だったと思われる行為を探す。**ア**の「時間を間違えた」も、**イ**の「早く会いたいと思った」も、**ウ**の「必死に走ってきた」も文中にないのでいずれも不適。

問八　「もう」はすでに終わっている行為に対して使い、「まだ」は終わっていない行為に対して使う。**3**と**4**の間に「残響」とあるが、これはある音が鳴りやんだあとに、残っている音のことである。したがって、**3**にはすでに鳴って音が聞こえなくなっている状態なので「もう」が入り、**4**はその残響が聞こえているので「まだ」が入る。

5と**6**の間には「予兆」とあるが、予兆は何かが起こる前ぶれのことである。したがって、音はその時点では鳴っていないので**5**には「まだ」が入り、**6**はその鳴っていないはずの音が聞こえるので「もう」が入る。

問九　「『今』という時間の厚みをぎりぎりまでそぎ落とすということ」は、直前にある「『先ほどまでここにあったもの』のことをできるだけ早く忘れ、『これから到来すること』をできるかぎり予知しないこと」（126〜127行目）であるから、記憶にとどめるものは「先ほどまでここにあったもの」であり、予知し、期待するものは「これから到来すること」である。「過去と未来に拡がる『地平』の上にそれを置く限りにおいてである。『過ぎ去ったもの』と『未だ（いま）来たらざるもの』はいずれも今ここにはない」（99〜101行目）という部分から、「先ほどまでここにあったもの」は「過ぎ去ったもの」つまり「過去」であり、「これから到来すること」は「未だ来たらざるもの」つまり「未来」だと判断できる。

05

問一　a…如実　b…医療　c…阻害　d…丁寧　e…滞
問二　A…カ　B…エ
問三　の国である（という思いやイメージ）（4行目）
問四　効率性の追求（20行目）
問五　受け入れる（という点で）（51～52行目）
問六　例経済発展より一人ひとりの暮らしを大切にしようという考えも、ある程度経済的に豊かな生活が送れないと、実際に使える理論にはならないこと。
問七　ア
問八　ウ
問九　オ

解説　**問一**　aの如実は「実際にその通りであること」という意味。bの「療」は細かなところまで覚えておこう。cは同音異義語「疎外」と使い分けられるようにする。dの「寧」も細かなところまで覚えておこう。

問二　AもBも空欄をとばして読んでも意味が通じることをまずおさえる。

Aは、ラッシュアワー時に、障がい者が車いすで乗り込んだり、妊婦や小さな子ども、高齢者がそれぞれのペースで乗車したりすると、どのように「そのシステムは機能しなくなる」（29行目）のかを考える。直前に「電車が数分遅れただけで、プラットフォームには人があふれ出し、電車の運行は乱れ始める」（25～26行目）とある。「障がい者が車いすで乗り込んだり、妊婦や小さな子ども、高齢者がそれぞれのペースで乗車しようと」（27～28行目）することは電車の遅れにつながり、たった数分の遅れが電車の運行の乱れを招くのであるから、「～するのと同時に」という意味の「とたんに」が入る。

Bは、「日本社会を動かす原理の根本的な部分の修正を求めるべきか否か」（57～58行目）を考えた場合、二つあとの段落に「多文化社会そのものは選択の問題ではなくなりつつある」（72～73行目）とあるように、修正をしなければならない状況になっている。その結果「一時的に現在の効率が低下すること」（58～59行目）は起こりそうであるが、そのほかにもさまざまな変化が考えられるので、「少なくとも」が入る。「一時的に現在の効率が低下する」ことはあまり好ましい結果ではないので、ウの「運よく」は不適。「修正する」以外の行為は示されていないのでアの「いずれにしても」も不適。イ「うかつなことに」は人の不注意などに対して使う言葉であり、状況に対しては使わない。オ「必ずしも」はあとに打ち消しの表現が続くはずなので不適。

問三　「思い」や「イメージ」という語句を手がかりに探すと、「日本は単一民族、単一文化、単一言語の国であると単純に思いこんでいる日本人も多い」（3～4行目）とある。ここから制限字数内で「…という思いやイメージ」に続くように抜き出すと、「日本は単一民族、単一文化、単一言語の国である」となる。

問四　直後に「それは戦後の日本社会が最も重要な規範としてきた効率性の追求である」（19～20行目）とある。ここから条件に合うように抜き出す。

問五　直後に「ノーマライゼーションは障がい者を……健常者と肩を並べて普通に暮らせるような社会づくりをめざすものといえる。外国人を受け入れることは、外国人にかぎらず効率化の波に乗ることのできない人間をも受け入れることのできる、『許容度の大きい社会』に結果として結びつく」（48～52行目）とある。ここから制限字数内で「…という点で」に続くように抜き出すと「効率化の波に乗ることのできない人間をも受け入れる」となる。「効率化の波に乗ることのできない人間」は外国人のほかに、ラッシュアワーの東京の各駅の例にあげられたように障がい者、妊婦、小さな子ども、高齢者も含まれる。

問六　「それ」は直前にある「経済発展よりも一人ひとりの暮らしを大切にする考え」（66～67行目）を指す。「空論」は現実とかけ離れた役に立たない考えのこと。「堕す」は「落ちる・落とす」の意味。

問七　「合理的に考える」とは論理の筋道に合った考え方をすること。「合理的に考える」は、「論理的に考える」あるいは「理性的に考える」と言い換えることができる。この逆にあたるのは「感情的に考える」である。

問八　直後に「自国を出る場合、日本が他国より魅力的でないとすれば他国に行ってしまう」（82～83行目）とある。これは移動しようとする外国人が、日本ではなく、他国を選ぶということであるから、ウの「選択権」が入る。

問九　筆者の見解は最後の二つの段落に集約されている。それをまとめると、「未曾有（みぞう）の高齢化と人口減少に悩まされる日本にとって、外国人は受け入れなければならない存在である。無策であれば混迷した状況を招きかねないので、うまく受け入れるために日本には積極的な姿勢が求められる」ということになる。これに最も近いものはオである。
外国人が同化しやすいようにするだけでなく、日本人にも修正を求めているのでアは不適。外国人の受け入れ策として「外国から来て日本で働いても一定期間の後には安心して自国に戻って暮らせるよう、日本と当該国とで継続できる社会保障のシステムを作っていく」ことは本文ではふれられていないので、イは不適。「日本に暮らす外国人が自文化を大切にできるコミュニティをもてるように」することも本文ではふれられていないので、ウも不適。外国人に優遇策をとることや「日本人の血筋を乱し日本文化を損なうような外国人の流入を防ぐために入国管理を厳格なものに変えていく」ことも本文ではふれられていないので、エも不適。

06

問一 a…占 b…復権 c…交通 d…枠 e…繰
問二 電脳的身体疎外（24行目）
問三 ウ
問四 エ
問五 イ
問六 ア
問七 オ
問八 ウ

解説 問一 aは同訓異字「ドアを閉める」、「ねじを締める」などと使い分けられるようにしておこう。bは「復」と「複」を区別する。
問二 問われている身体の疎外は二十世紀に始まったことに注意する。「デカルト的身体疎外」とは違った意味の身体の疎外であり、「それはすなわちコンピュータとコンピュータ・ネットワークによって、人間存在全体のうち、脳の部分、神経系の部分だけが急激に拡張するという事態である」（12〜15行目）とある。次の段落に「デカルト的疎外と電脳的疎外の二つが、二十世紀末の身体的状況だったといえるだろう」（25〜26行目）とあるので、条件に合うように電脳的疎外を言い換えた七字の語を探す。
問三 「にっちもさっちもいかない」は、ものごとが行き詰まっているさまを表す。ここでは生命体、生物体としての存在が危機的状況にあることを表している。コンピュータ・ネットワーク時代は、「脳の部分、神経系の部分だけが」（14行目）拡張しているので身体に対するものを「精神」とするアは不適。イはデカルト的身体疎外を見直しているので不適。「網の目の一点として世界中の他者と関係をもつこと」は「神経系のみを拡張する」ことの例として述べられているだけで、生命としての危機についてはふれていないのでエも不適。オは「私たちは常に誰かから監視されているような不安」をいだくとする部分が不適。
問四 Aの前の段落では二十世紀末の身体的状況について述べ、Aのあとは生命倫理について述べている。話題が転換しているので「ところで」が入る。
Bの前の段落では「私の身体は、私という意識に支配され、それに従属しているとされる」(38〜39行目)とある。Bのあとでは責任を持って判断できないような人格は、裁判で罪を問えないとある。前の段落で述べられていることがBの理由となっているので「だから」が入る。

Cの前の段落では、私の意識が私の本体であると述べている。Cのあとでは、私が私であることをアイデンティファイするのは「私のモノとしての身体」(52〜53行目)であると述べ、反対の内容なので逆接の「ところが」が入る。

AとBはイでもあてはまるが、イの場合、Cがあてはまらないので、エとなる。

問五 「二十世紀を特徴づけた『私(わたし)観』」とは、直前にあるように私の意識が私の本体であるとする考え方である。そして、「私の身体は、私という意識に支配され、それに従属している」(38〜39行目)と考える。一方、デカルト的な「私」観をみると、「精神(心)こそが私の私たる所以とされ、身体は自動機械のようなものとして、いわば置き去りにされてきた」(4〜5行目)とある。両者とも私＝意識・精神であるとし、身体はそれに従属するものと考える点では一致している。

問六 「物質としての身体」の具体例として、その前に顔の形や静脈の形、目の虹彩の形などが述べられている。〈私〉を置き去りにして独り歩きをする場合の〈私〉とは、それまで私そのものと考えられてきた私の意識のことである。つまり私の意識を抜きにして、私が本人であると決定されることをこう表現しているのである。

問七 「身体が私を疎外していく」(72行目)のであるから、「身体」が主語になっている。したがって、「主体」が入る。

問八 コンピュータ・ネットワークの発達がもたらす身体の疎外が哲学の再考を迫っているのではないのでアは不適。バイオメトリックス認証は私の意識というものとは無関係に、私が私であることを証明する技術であるから、私の意識が主であり身体はその容器であることを証明するとしたイは不適。エは、私の意識を経由しないで私が私であることを決定する社会が「望まれている」とする部分が不適。〈私〉という意識がデジタル・テクノロジーと結びついているのではなく、自己決定権という考え方が意味を失いつつあるのでもないのでオも不適。

07

問一 a…帰属　b…習俗　c…腐食　d…交易

問二 A…ウ　B…ア

問三 例獲物を捕るまでに出会った困難や、いかに立派な獲物を得たかを語る体験談。

問四 例獲物は本来自然の所有するものであり、その獲物を得るということは、自然が狩人をそれにふさわしい人として認めていることになるから。

問五 例必要以上に食べ物を捕らず、みんなで分けあい、個人が所有しない暮らし方で安定して生活できていた点。

問六 例現代社会では、今が不幸だと感じる者はより便利で幸せな生活ができるように変化を求めるが、変化には到達点がないために、幸せを求めて休みなく変化し続けなければならないこと。

問七 例鉄の使用によって、必要以上のものを得ることができるようになり、余剰なものを個人が占有するようになったことから生まれた。

解説

問一 b「習俗」はある社会に伝えられている習慣や習わしのこと。

問二 A 自分たちに必要な量を守って暮らしていれば、食べ物を捕りすぎることはない。結果として、自然環境に優しい社会が続いていくので、ものごとに適切に対処するという意味でウの「知恵」が入る。

B 直前に「自然の所有するもののお余りを頂戴するという態度」(61〜62行目)とある。この態度から余分なものを捕る行為を見ると、自然に対してやってはいけない行為となる。したがって、アの「罪悪」が入る。

問三 獲物を捕るためには、困難を伴ったであろう。その困難や、自分がいかに立派な獲物を得たかという体験談を多少の脚色も交えて話し、賞賛されたのである。

問四 直前に「獲物はみなのもの、自然から贈与されたもの、誰のものでもなく、自然の所有するものだった」(13〜14行目)とある。狩人が獲物を捕ってもたかが知れているので、自然を害するまでには至らない。したがって、自然の敵ではない。また、自然をよく知っていて自然に近いからこそ獲物を得ることができるのであり、自然が狩人を獲物を得るに値する人と認めていたといえる。

問五　「まっとう」は、まともなさま。約二十万年にわたって大きな変化を求めなくても、十分に安定していた人類の暮らしが「まっとう」と表現されている。

問六　「螺旋運動」とは、ねじのように回転しながら進んでいくこと。ここでは、きりがない動きのたとえとして使われている。本文には、「私たちの暮らしている現代社会は、変化することがいいことであると思われる世界だが、今の生活に満ち足りていない者は変化を求める」（30～31行目）とある。現代社会では、今の生活に満ち足りていない者は変化を求める。つまり「不幸」だと感じるから「幸せ」になるために「変化」を求めるが、「変化」にはきりがなく、ずっと変化し続けなければならないのである。

問七　筆者の考えは、「鉄の使用によって、余剰なものが生まれる。食べきれないもの、使いきれないものが生じる。そこで、余ったものを持つ者が出来てくる。そうして所有、という観念が生まれたのではなかろうか」（53～55行目）の部分に表れている。鉄の使用によって、余りが出るようになった結果、個人がものを所有するようになったというのである。

08

問一　a…琴線　b…喪失　c…憩　d…漸進　e…魅力

問二　エ

問三　例自分自身が時間や経験を積み重ねることによって自分の感情や視点が大きく変化し、自分が出会う対象の質や価値を変え、以前は当たり前だと思っていたものの素晴らしさに気づくことができるようになった、ということ。（100字）

問四　イ

問五　ア

問六　ウ

解説

問一　a「琴線に触れる」は、感銘を受けるという意味。c「憩い」は、心や体を休めること。d「漸進」は、だんだんと順を追って進むこと。

問二　「団地の小学生の話やポルトガルでの体験」に「共通」しているのが、「複合的で抽象的な懐かしさ」であることをおさえる。「団地の小学生の話」は、団地で生まれ育った小学生が、未知の場所である田舎で見た風景を「懐かしいね」と言ったことであり、「ポルトガルでの体験」は、筆者が「はじめて行く場所」だったにもかかわらず、「懐かしい」と感じたことである。筆者は、このように「懐かしさ」を感じた原因として、「情感溢れた実体的な場所に出会うことで記憶の回路がつながったのではないでしょうか」（8～10行目）、「自分の中に潜在的にあった記憶の断片のようなものがつながったからでしょう」（13～14行目）、と考察している。エの「明確に認識することはできないが、自分の中のどこかに存在していた部分的な記憶」が「潜在的にあった記憶の断片」という本文の内容に合う。アは「自分の中に分散した状態で存在していた」が「潜在的」とは合わず不適。イは「すっかり忘れたつもりになっていた」が不適。ウは「自分がよく知る場所と何ら変わりがない」が不適。筆者はポルトガルで「かつて自分の身の周りにあったけれどもいまは失われてしまった」（14～15行目）ものに「懐かしさ」を感じている。

問三　直後に「といってもいいでしょう」とあることから、――線②は直前の内容を言い換えていることがわかる。直前には、自分が「時間や経験を積み重ね」（33～34行目）て「感情や視点がいまと昔では大きく変化したことで、久しぶりに出会うものや人の〝質〟や〝価値〟さえも自身が変えた」（38～40行目）という内容が書かれている。当時は「平凡」で好きではなかった「母の味や郷土料理、故郷の風景」が、「こんなにも美しく、美味しく、尊いもの」、つまり「非凡」なもの、素晴らしいものと感じられるようになったというのである。これらの内容を、端的にまとめること。

問四　③の直前の、「過去は過去のものとして缶詰に閉じ込めたような」という内容をたとえているものを選択肢から選ぶ。また、③のあとの「懐古の商品化」や「郷愁のパッケージ化」にも注意する。「博物館」の「展示品」、つまり昔のものを「ケースの中」に閉じ込めて人に見せる、という内容のイが合う。アの「書庫の中にしまった古文書」やエの「倉庫の中にしまった文化財」は、人の目に触れないところにしまわれているので、不適。ウは「新商品」が不適。

問五　【グラフⅠ】では、日本の人口が「2008年にピークを迎え」、「そのあと急激に減少」している。【グラフⅡ】では、「人が居住している地点」が、2005年では48％（居住地域の数値を全て足したもの）だが、2050年では、37・8％（居住地域の数値を全て足したもの）になると予想されている。これは、2005年の「人が居住している地点」である48・1％の約2割（全体の約10％）が減少したことと合う。よって、アが最も適当である。【グラフⅡ】からは特定の居住地域の人口の推移はわからないので、イ・エは不適。1㎢ごとの人口が1000人以上の地点の数は、2005年では6・7％で、2050年では、その約77％の5・2％になると予想されているので、「ちょうど二割の減少」というウも不適。

入試メモ　●資料を読み取る問題

近年の国語入試では、表やグラフなどの資料から情報を読み取る問題が増えている。資料についても、文章と同じく、丁寧に情報を整理していけばよい。

タイトルなどで何に関する資料かをおさえたあと、資料の中で、数値や割合が極端に多い、または極端に少ない項目や、全体の傾向に注目するとよい。割合や％などは読み誤りやすいので、慎重に確認すること。

また、このような資料から読み取った情報をふまえ、自分の意見を書く条件作文の問題も多い。そういった問題では、資料から情報を読み取ったあと、自分の身の回りに似たような事例がないか、自分ならばどう考えるかをまとめよう。つまり、「他人事」の情報を「我が事」に近づける思考が必要となってくる。

問六　「懐かしい未来」のために「考えられること、できること」は何かを考えながら筆者の主張をおさえる。直前の段落で、筆者は「これからの時代は人工物の減少と連動させて失った自然をかつての姿に戻してゆけるチャンス」（*98*〜*99*行目）だと述べ、それを積極的に推し進めれば、「住宅」も「森や河川や海」とともにある「情感豊かな姿」に自然と戻ってゆき、それらが「豊かな人の記憶を育み、誇りある原風景を形成してゆく」でしょう（*107*〜*109*行目）と述べている。「懐かしい」かつての日本の情感豊かな自然や住宅などを取り戻すことが「懐かしい未来」であり、そのために「できること」を積極的にするべきだと筆者は主張しているので、ウの内容が合う。アは「記憶を呼び起こして昔の情感豊かな風景を懐古」が、エは「美しい風景を取り戻す努力」によって「経済効果と結びつく仕組みをつくり出す」という内容が、本文の内容と合わない。イは、「生活の質を向上させるために」とあるが、本文では「町づくりの魅力のため」「観光のため」といった内容も述べられているので、不十分。

入試メモ　●論理的文章の読解のまとめ

論理的文章の読解問題では、次のような内容に、特に注意する。

①指示語

指し示す内容は、指示語の前にある場合が多いが、まれに指示語のあとの部分にある場合もあるので、注意しよう。

②接続語

前後の文章のつながり方をよく考え、正しい接続語を選ぶようにしよう。

③段落どうしの関係

その段落が文章全体でどのような役割をもっているかを考えよう。

④事実と意見

文末表現に気をつけて、事実を述べている文と筆者の意見が述べられている文を読み分けるようにしよう。

⑤その他

論理的文章は、情報や哲学、科学、文化、言語など、さまざまな分野の文章が出題される。日頃から幅広い分野の本を読んで、論理的文章を読み取る力をつけるようにしよう。また、時事的な話題をテーマにしたものが出題されることもあるので、ニュースにも気を配ろう。

2 文学的文章の読解

09

問一　a…未遂　b…潮風　c…愉快
問二　ア
問三　例清人が、海底で自分たちを思いやってくれたことに感謝する感情。(30字)
問四　三年間も部〜外出した日(63行目)
問五　無表情(73行目など)
問六　イ
問七　ウ

解説 問一　aの「遂」、cの「愉」の字形は正確に覚えよう。
問二　この時の謙太郎の思いは直後に書かれている。「誰ひとり金のためだけに働く人間はいない」(13〜14行目)ということを、清人に対する笹岡の行動が示しているようで、笹岡に対する感謝の気持ちがわいたのである。
問三　直前に「謙太郎はその気もちだけで十分だった」(93〜94行目)とあり、謙太郎は、自分たちに対する清人の気持ちをうれしく思っていることがわかる。「誰もが夢中になる最初のダイビングで、この子はわたしたちのことを思い、懸命に海底を探ってくれた」(92〜93行目)ことに対する感謝の気持ちを制限字数内でまとめる。
問四　「三年間も部屋にこもっていた」(63行目)清人がいきなり外出したことを、「ひとつの世界から別な世界に移る」(100〜101行目)と表現している。この外出をきっかけに「生きていてもしかたない」と思い、新宿駅のホームで倒れたことなどを回想し、そういう別の世界に移るときは危ないと感じている。
問五　「能面」は無表情な顔のたとえとして、「能面のような顔」などと使う。

入試メモ　●比喩を読み取る
比喩を使うと、様子を印象的に表すことができる。比喩表現が使われている場合、その比喩がどのようなことを表現しているかを読み取ることが大切である。

問六　謙太郎の心はすでにダイビングをすることに向けられており、その結果として「いつか自分は清人のほんもののバディになれるのだろうか。互いに助けあいながら、海のなかにあるという青い出口を抜けられる日がやってくるのだろうか」(141〜143行目)という考えに集中していたので、清人の憎まれ口の相手をしなかったのである。
問七　ダイビングのあとで両親におみやげの白い巻貝をわたしたこと、ダイビングのスクールに入れてくれたことのお礼をきちんと言ったこと、二週間で友達ができたことなどが、清人の変化である。これらの変化から判断する。アは選択肢の前半「頭の中だけで物事を理解しようとする」が本文から読み取れないので、不適。「自分が利益を得るためなら、他人にいくら迷惑をかけても構わない」と清人が思っていたという内容も本文にないので、イも不適。「人生を終わりにすること」を考えたのは、いきなり外出した新宿駅でのことであり、「常に」ではないのでエも不適。清人は皮肉や憎まれ口をたたくが、「自分に注目を集めようとする、自己顕示欲の強い人物」とは、本文から読み取れないので、オも不適。

10

問一 a…仕様　b…意外　c…筋

問二 例注意して聞き取ろうと集中した(14字)

問三 例強い自分になって現実に立ちむかおうと決心し、そのためには、河井に電話をかけて泣きごとを云うよりも、伯父に父への不当なあつかいを抗議したほうがいいと思ったから。(79字)

問四 エ

問五 ア

問六 ウ

問七 ア

解説

問一 aは「使用」「私用」などの同音異義語との使い分けを覚えよう。bも同音異義語「以外」との使い分けを覚えよう。cの「筋が通る」は、「道理が通っている」という意味を表す。

問二 「そばだてる」は「端を高く上げる」という意味から転じて、集中することを表す。「耳を澄ます」も同じ意味で使われる。

問三 直後に「家をでたときは、河井(かわい)に電話をかけるつもりでいた」(29行目)とあることから、河井に電話をかけるつもりで急いで走りだしたことがわかる。傘をささなかったのは、ぬれることよりも電話をかけることのほうが、大事だったからである。後半、傘をさして歩きだしたことから、音和(おとわ)は何が何でも河井に電話をかけようとは思わなくなっていることがわかる。その間に音和が何を考えたのかが変化の理由となるので、制限字数内でまとめる。「感情的なふるまいなど、はいりこむ余地がないほどきびしい現実に立ちむかっている」(37〜38行目)という部分から、音和は自分も感情的に行動するのではなく、現実に向かいあわなくてはならないと気づいたことがわかるが、具体的にどう行動しようとしているのかは、「河井に泣きごとを云わないときめたあとで、彼が決心したのは、伯父に直接抗議することだった」(48〜49行目)と示されている。

問四 父が笑みを浮かべたのは、前にある音和の発言を聞いたからである。したがって発言内容にふれていない**ア**は不適。「これでも、おまえが思っているよりはずっとタフなんだよ。とくに、伯父さんにたいしては」(80〜82行目)や「それに、いつまでも兄の世話にはならないさ」(90〜91行目)などの発言や「音和はようやく、自分が考えるほど父はこのチラシ配りを深刻に受けとめていないのだと安堵(あんど)した」(92〜93行目)などから、父が「大人として情けない自分にあきれている」のではないと判断できるので、**イ**も不適。また、「くすぐったい」は、照れくさい場合に使う。ここでは、父をほめているわけではないのではないので、**ウ**も不適。

問五 直後に理由が述べられている。特に「身近になった父が、ありのままの姿を示してくれるからだった」(120〜121行目)に合致するものを選ぶ。

問六 「復讐(ふくしゅう)してやるぞと息巻いている」のではないので、**ア**は不適。伯父と父はうまくいっているとはいえないが、それは「似た性格」のためではない。また、父がその状況を「兄弟だから何とかしたいと思っている」のでもないので、**イ**も不適。伯父と父がうまくいかないのは「意地を張り合っている」からではないので、**エ**も不適。

問七 雨の描写はあるが、雨は降り続いており、雨音が弱まった場面で登場人物の心情に変化が起きてはいないので、**イ**は不適。「……」などは多用されているが、発言の間に時間があったことを表しているだけで、余情を残した書き方とはいえないので、**ウ**も不適。「安堵(あんど)した」(93行目)や「この父を好きだと、いまなら迷いなく答えられる」(116行目)など、出来事の経緯のほかに登場人物の心情も描かれているので、**エ**も不適。

入試メモ ●文章表現の特徴をおさえる

文章の表現上の特徴については、いくつかのパターンをおさえておくとよい。一つの文が短いものが多い、会話が中心になっている、「……」などの記号が多く使われている、カタカナ表記が多いなどは外見的な特徴なので、すぐに判断できるようにしておこう。

重要なのは、そのような特徴的な表現が使われることでどのような効果を生み出しているかをとらえることである。特徴的な表現が、必ずしも特定の効果と結びつくわけではない。文章の外見的な特徴が、登場人物の心情、場面の転換などにどのような効果をもたらしているかに注意して読もう。

また、外見的な特徴だけでなく、描写にも着目してみよう。たとえば、天気に関する描写があった場合、登場人物の心情を映し出していることもある。〈天気が晴れ＝登場人物の気持ちは楽しい〉〈天気が雨＝登場人物の気持ちは悲しい〉のように天気と登場人物の気持ちが響きあっている場合は、登場人物の心情の変化を読み取る手がかりとなる。

11

問一　a…飾　b…郷土　c…懇願
問二　A…エ　B…ウ　C…エ
問三　オ
問四　イ
問五　1…エ　2…イ　3…ア
問六　ア
問七　オ
問八　例高価な花壺をこわしたことをとがめなかった校長のやさしさにふれ、ありがたく思うと同時にほっとしたから。（50字）

解説

問一　cの「懇」は「墾」と区別して覚えよう。

問二　Aの「口うるさい」は、どうでもいい細かなことにまで文句を言うこと。Bの「忍びない」は、何かをすることに耐えられない様子を表す。Cの「すがら」には「始めから終わりまでずっと」と「何かをする途中で」という二つの意味がある。ここでは母は帰り道でずっと話していたのではなく、途中のある時点で話をし、その後、少年の肩を抱き寄せたので、ウは不適。

入試メモ ●語句の意味のとらえ方1

さまざまな種類の文章を読むことで語句の知識をふやそう。慣用句などは例文とともに覚えよう。

複数の意味を持つ語句が出題されている場合、辞書に書かれているとおりの意味ではなく、文脈に合わせて表現を変えた意味が選択肢となっていることがある。複数の意味を持つ語の意味は、前後の文章も読んで判断しよう。

問三　「花壺の値段までを」（33行目）の「までを」に着目する。教頭は、こわれた花壺が「高価」で、校長先生が「大切にしていた」ことを気にしている。そのため、知らせても仕方がないことだとわかっていても値段のことまで説明しないではいられなかったと考えられる。祖母に理解させようとしたのではないので、アは不適。

「貧乏な家には弁償できない」とは言っていないので、イも不適。また、単に花壺の値段を事実として伝えたとするウも不適。「祖母と少年に弁償する意思がない」ことは述べられておらず、弁償の相談をしているのではないので、エも不適。

問四　直前に「少年の足が海にむかいはじめた」(53行目)とあり、「死んでしまおうか……」(42行目)という記述から、少年はその時に死のうと思っていたことがわかる。これまで辛(つら)いことがあっても我慢してきたのは、母と約束したからである。その約束を守れないと思うほど、辛かった少年の気持ちを考える。少年は「高価な花壺を弁償する金が家にはないのを知っていた」(31〜32行目)とあるので、アの「母に助けを求めれば何とかなるはずだと安心している」は不適。少年は「母にわかってほしい」と思っていたのではないので、ウも不適。エは「母に思いの限りを吐きだしてみようと考えている」の部分が不適。少年は母との約束を守れないと思っていたので、オは「母との約束を守りぬく決意を固めつつあった」の部分が不適。

問五　「ほどなく」は「まもなく」「やがて」という意味。

問六　少年は高価な花壺をこわしてしまったことをすまなく思っているので、アの「しかられることに納得がいかない」は不適。

問七　まったく同じ表現の「少年は校長の顔を見た」であるが、それぞれ、少年はどういう気持ちで校長の顔を見たのかを考える。一つめの「少年は校長の顔を見た」は、少年が高価な花壺をこわしてしまい、母親と謝りに行った場面である。少年は死のうとまで思っていたことから、校長に対しても申し訳ない気持ちでいっぱいだったと推測できる。二つめは、母親と二人で校長に謝ったあとの場面である。この時、校長はやさしい声で謝る必要はないことを伝えている。責められることを覚悟していたのに、思いがけないことを言われた少年の気持ちは、最初に校長の顔を見た時とはまったく違っていると推測できる。まったく同じ表現だからこそ、逆に少年の気持ちの違いを鮮やかに浮かび上がらせているといえる。

問八　その前に書かれている発言から、校長には花壺をこわしたことをとがめる気はないことがわかる。子供に対する態度は、少年が柿の実を取ろうとしたときと同じで、あたたかく包み込むようなものである。これらから、少年が感じた二つのこと、つまりやさしい言葉をかけてもらったことへの感謝と、それまでの緊張がゆるんでほっとしたことを入れてまとめる。

12

問一　Ⅰ…イ　Ⅱ…オ
問二　Ⅲ…コ　Ⅳ…エ
問三　オ
問四　例私は価値のない生活用品でつまらないものと思っているが、父は持ち込んだ人の思いが込められた大切なものと思っている。(56字)
問五　由緒正しい(36行目)
問六　ウ
問七　好き(100・126行目)
問八　例遠い昔に生まれ、人の手を伝ってここまでたどりつき、やっとめぐりあえた品物が、その品物にまつわるさまざまな物語を私に向かって語りかけてくるように感じるということ。(80字)
問九　イ・オ

解説

問一　Ⅰ「唸る」は力を入れて長く低い声を出す、という意味だが、感嘆のあまり、思わずそのような声を出すときにも使われる。ここでは、お客さんが、店にある「皿だとか椀だとか、由緒正しい掛け軸だとか」に感嘆するあまり声を出している様子を表している。

問二　Ⅲ　亡くなったご主人の壺を店に持ち込んだ婦人は、少しずつ、短い言葉を重ねながら、「壺にまつわるご主人との思い出」を語り始めている。よって、コ「ぽつんぽつんと」が合う。イ「おずおずと」は、相手への恐れを前提としている言葉であるため不適。婦人が「私」の父を恐れる描写は見られない。恥を恥とも思わず、悪びれない様子を表す、カ「しゃあしゃあと」も不適。Ⅳ「よろこびが湧き上がる」様子を表現しているので、水底から泡が湧き出るような、柔らかくふくらんだ感じを表す、エ「ふくふくと」が合う。もやが立ちこめるように実体がはっきりわからない様子を表す、ウ「もやもやと」は不適。また、「湧き上がる」という言葉に合わないため、ア「ざわざわと」も不適。

問三　「うちが食べていけるかどうか」とは、「私」の父の店である古道具屋の商売が成り立つかどうか、という意味である。古道具屋の商売は、古道具の価値がわかるお客さんがいることで成り立つ。父は、そういった審美眼がある文化的で富を持った人がいる町であれば田舎ではない、と主張している。「私」はそんな父の発想が「面白い」と感じたのである。**ア**は、古道具屋の商売が成り立つ具体的な理由が書かれていない。よって、**オ**が最も合う。

問四　ここでの「ああいうもの」とは、「町の人たちから預かった品々」のことである。「私」は、「アンティークと呼ばれるような、若い人にうけるお洒落な品物」ではなく、価値のない「生活の塊」、つまり、つまらない生活用品だと思っている。一方父は、品物を持ち込んだ人の話から、「その品に込められた思いや、それを自分がどんなに大事にしてきたか」を感じている。よって、父は「ああいうもの」を、持ち込んだ人の思いが込められた大切なものだと考えているとわかる。

問五　「素性」とは、生まれや育ち、由緒のことなので、「素性のよくわからない」とは、由緒がわからないということ。これより前の36行目に反対の意味の「由緒正しい」がある。

問六　「あの目」とは、「父が何かを値踏みするときの一瞬すうっと細くなる目」のことである。これより前に、「伊万里の赤絵皿」を見ていた「私」に父が声をかけたときのことが回想されている。このとき、父は「私の目を値踏み」しており、「私」は、父が自分に対して「たぶん高い値を付けた」と感じている。つまり、「私」にものを見る目があると父が評価したことを表していると考えられる。「私」は、これを「怖ろしいことでもあった」と感じているが、それは、父に、ものを見ている自分の心の中まで見られているような気がするからである。よって、「人の心の中まで冷徹に値踏みしているような気がしていたたまれない感じがする」というウが合う。**ア**は「私の中のあらゆる欠点を探し出してとがめようとする冷酷さ」が不適。父が見ているのは、あくまで、ものに関わる部分であり、「私」の「あらゆる欠点」をとがめようとしているわけではない。同様に、**オ**も「私という存在にも値をつけている」が不適。存在は言い過ぎである。**イ**は「何かを値踏みするときに細くなる父の目は、物に秘められた真の美しさを見つけようとする目」が不適。**エ**は「一瞬すうっと細くした目を他人に向けるときの冷ややかさの中に」が不適。「人間に向けられたときの冷ややかさを想像すると」「もちろん父が家族にそんな目を向けることなどないのだけど」とあるように、父が「あの目」を他人に向けるというのは、あくまで「私」の想像であり、実際に他人にそのような目を向けているのを見たわけではない。

問七　「いいものをたくさん、一生かけて見続ける」ためには、どのようなことが必要かを読み取る。このあとに、熱心に「品物の講釈」をする父の話を聞いていると、「好きだと聞かされる前に、父はこれが好きなんだ、とわかってしまう」ことが描かれている。「好き」でなければ、熱心に品物を見続けることはできないのである。

問八　まず、――線⑥はたとえであることをおさえる。直前の段落に、父の品物の講釈を聞いていると、「今素晴らしさを語られている品物に……急に輝きを帯びてくる」とある。また、同段落の最後に、「遠い昔に生まれ、……ほんの一瞬、私に向かって心を開く」とも書かれている。つまり、遠い昔に生まれ、今ここにある品物が、それにまつわる物語を「私」に向かって語りかけてくるように感じていることをたとえていると読み取れる。

問九　「フルドーグヤ」などのカタカナ表記は、まだ「私」や友達が幼すぎて、「古道具屋」という漢字や言葉の意味がわかっていないことを表しているので、**イ**が合う。……**F**以降では「品物の講釈をする」父の姿と、それを聞く「私」の様子が描かれており、「楽しかった」「父からの熱がじかに私の肌に伝わってくる」などから、「私」が父の熱意のこもった講釈に感動を深めていることがわかるので、**オ**も合う。畏敬の念は、自分より優れた人物や偉大な人物に対して、畏れ敬う思いであり、「尊敬」よりもさらに強い意味合いがある。「父に今素晴らしさを語られている品物に光があたっているような気がする」という表現からは、ものを見る父に対する、「私」の並々ならぬ思いが読み取れる。**ア**は「主人公の住む町やそこを流れる川の様子を具体的にいきいきと描き出している」とあるが、これらの描写は「私」の感覚であり、具体的に表しているとはいえない。**ウ**は「『商品』でもあり『客』でもある」が不適。**エ**は「憎らしげに」という部分が不適。

13

問一 a…伴　b…過剰　c…魅力　e…衛生
問二 ア
問三 イ
問四 イ
問五 エ
問六 例うまいものを作って安く売ります(15字)
問七 しか(し)
問八 店は勿論、(45〜46行目)
問九 お説教(3字・55行目)
問十 例現代では、心地よいこと、便利なことが、安く手に入るなら、それが一番というのが一般的な考え方になっている。蘆江が書いた汁粉屋の老人の話は、プロとして衛生管理を徹底する厳しさを教えてくれるが、その商売に対する姿勢を筆者も老人の息子同様に精神論という言葉で片づけようとしてしまう。だが、東日本大震災や、津波や原発の事故を経験してみると、そういう効率優先の考え方ではいつかは限界がくるのではないかということに気がつき、自分たちが良いと思ってきたことを根底から考え直さなければならないと思い至ったから。

解説

問一 bの「剰」、cの「魅」などは一点一画を正確に覚えよう。

問二 「一読」には「一度読む」という意味、「ひととおりさっと読む」という意味がある。

問三 直前の「ところがこれは、作品の芯にある、いいようもない《こわさ》を掌に乗せ、『ほら』と差し出されたような」(8〜9行目)という部分と、あとにある「見ること以上に感じさせることを大切にしていたように思う」(14〜15行目)から、「こわさ」が直接感じられる作品であることがわかる。しかし、「味わう力のない鑑賞者」にも伝わるとは書かれていないので、イが不適。

問四 冒頭に「怪談の話をする機会があり、話題が平山蘆江の『火焔つつじ』に及んだ」(1〜2行目)とあり、きっかけは、怪談の話をするためであったことがわかる。直前に「後者は、買った時にあちこち拾い読みしただけだった」(25行目)とあるので、筆者はもともと蘆江について知っており、アの「蘆江という人物の存在を知った時」は不適。ウの「映像化された蘆江の作品を観」たこと、エの「『日本の芸談』を読ん」だことがきっかけではないので、いずれも不適。

問五 息子たちが驚いたのは、父親の「おれが死んだら店をやめろ」(38行目)という言葉が予想もしていないものだったからである。「東京名物のひとつに、太々餅という汁粉屋があった」(36行目)という記述から、この店の評判はよく、商売は順調であったことが推測できる。その店をやめろというのに息子たちは驚いたのであるから、エが該当する。

問六 老人は息子たちの答えに「だからいけねえ、止めろというんだ」(44行目)と言っている。したがって、息子たちの考えは世間並みであることがわかる。「うまいものを安く提供しているなら、よい店と思う」(66行目)というのが一般的な人々の考えであるから、これを制限字数内でまとめる。食べ物の味がよいことと、値段が安いことの二つの要素が必要。

問七 同じ読みをするものには「然し」がある。

問八 衛生管理についての老人の言葉から、「具体的な内容」「ここより前の部分から四十字程度」という条件に合うように抜き出す。「老人によれば、店は勿論、料理場、台所、不浄場の隅々、障子のさんの上まで、塵ひとつ落とさずにおくことだという」(45〜47行目)の部分は会話文の体裁にはなっていないが、老人の言葉として具体的な内容が示されている。「お前たちにはとてもそれがやり通せようとは思はれないから、だから此商売はやめろというんだ」(52〜53行目)には具体的な内容がないので、不適。

問九 直前に「彼の息子たち同様」とあることから考える。すると、「息子たちは老人の言葉を只一片のお説教と聞流して」(54〜55行目)とある。「老人らしい精神論」(70行目)という記述もあるが、息子たちは「お説教」と受けとめていることを読み取る。

問十 筆者が読んでいたのは「東京名物の甘味についての話」(32行目)であって、怪談ではない。しかし、怪談以上にぞっとしたというのである。最後の部分にある「次の瞬間、そうやって流しそうになった自分の心が、たまらなくこわくなった」に

(73〜74行目)を手がかりに考える。また、「一年前に読んでいたら、記憶に残らなかったかも知れないエピソードだ」(84〜85行目)とあることに着目して、なぜ筆者はその時点でぞっとしたのかを考える必要がある。本文の中には特にそれにふれた部分は見あたらないが、問題のはじめに二〇一一年七月三日付の新聞に掲載されたと書かれていることに注目する。そこから、その年に起きた東日本大震災によって筆者の考えに変化が起きたのではないかということが推測される。「わたしは、意外なところで背をしたたかに打たれたような気になり、しばらく動けなかった」(85〜86行目)というまでに筆者の心に訴えかけたものは何であったのかを考える。太々餅という汁粉屋の話で示されているのは、明治生まれの老人の商売人としての覚悟である。「心地よいこと、便利なことが、安く手に入るなら、それが一番」(76〜77行目)と老人の息子や筆者は考え、老人の言う「店は勿論、料理場、台所、不浄場の隅々、障子のさんの上まで、塵ひとつ落とさずにおくこと」(45〜47行目)などは精神論であると片づけてしまう。だが、現代の生活を、東日本大震災を経た目で見てみれば、効率を優先するために大切なものをないがしろにしていたのではないかという反省が生まれる。この筆者の内省も含めてまとめる。

入試メモ ●背景から筆者の気持ちを推測する

随筆などでは、筆者の気持ちや考えをとらえるうえで、それが書かれた背景が手がかりになることがある。背景になるものとは、たとえばある土地の文化や、ある事件が起こった時代の状況などである。こうした背景も踏まえて考えると、筆者の気持ちを推測できることがある。背景について理解するためにも、普段から本や新聞などをはじめとして、いろいろな媒体から情報を得ることが大切である。

14

問一 a…やと b…しょうじん c…せんす d…さつばつ

問二 A…オ B…ア

問三 ウ

問四 例茶人は自由に生きるべきだと思っている宗二にとって、金のために茶の湯をすることは許せないことである。ところが、尊敬する師匠である宗易も、宗久のように大名に金で雇われる可能性を否定しないから。

問五 例刀を茶室に持ちこませないこと。(15字)

問六 エ

問七 例人を傷つける刀の持ちこみを許せば、茶室は宗易の理想とする信じ合える者たち、睦び合える者たちの場とはならないから。(56字)

問八 イ

解説 問一 b「精」を「しょう」と読むものに、「不精」がある。「進」を「じん」と読むものに、「勧進」がある。c「子」を「す」と読むものに、「様子」がある。これらの読みはその都度覚えておこう。

問二 Aの「真骨頂」は本来の姿を表すが、「骨頂」に「第一、最上」の意味があるので、良い意味で使われることが多い。Bの「目利き」は、刀剣や書画などの良否を見分ける場合によく使われる。

入試メモ ●語句の意味のとらえ方2

小説などを読むときには、語義を正しく理解することが必要である。特に、複数の意味を持つ語の場合、その文脈ではどの意味で使われているのかを正しく判断しなければならない。一例としては、その語をプラスの意味で使っているのか、マイナスの意味で使っているのかという視点で考えると、正確な読み取りにつながることもあるだろう。

問三 「仏頂面(ぶっちょうづら)」は不機嫌な表情のことで、宗二が直前の宗易(そうえき)の言葉に納得していないことを表している。宗易は「考えあって仕えるまでじゃ」(10行目)と言っているが、「宗久の本心を師の宗易はすでに知っており」とは断定できず、宗二も「自分だけが実は知らされていなかったこと」を不満に思っているわけではないので**ア**は不適。**イ**は「それではいったい宗久にはどのような考えがあるのだろうかと不審に思う気持ち」が不適。不審に思っているわけではなく、納得がいかないのである。**エ**は「自分の浅はかさを恥じる気持ち」が不適。宗二はまだ宗久のことを考えているので、「新しい話題を探そうとして」という**オ**も不適。

問四 宗久が大名に召し抱えられることだけでも我慢がならないのに、茶の湯の師匠として尊敬する宗易までもが、茶頭になるかどうかは時と場合によると言って、否定をしなかったために宗二は憤懣をおぼえ、「口惜(くや)しくはござりませぬか、お師匠様」(26〜27行目)と言っている。あとの「茶人の真骨頂は、自由に生きるところにあるのではないかと、宗二は言いたかった」(45〜46行目)という部分に宗二の茶の湯に対する考えが表れている。この茶の湯への姿勢を踏まえてまとめる。

問五 宗二の「どんな創意でござります?」(25行目)に対する宗易の答えの中から、茶の湯をどのようなものにしようと考えているか具体的に示されている部分を探す。刀を茶室に持ちこませないことは、武士の論理よりも、宗易らの定める法(のり)を上位にもってくることであり、茶の湯を根本から変えてしまう改革になることを理解する。

問六 「大名をわしの意のままに動かしてみたい」と宗易は思っているが、それはあくまで茶の湯の場にとどまることを読み取る。そして意のままに動かすことを具体的に表しているのは、「わしらのつくった法(のり)に従わねばならぬ」(71〜72行目)の部分である。**ア**は「自分が理想とする茶の湯の実現に協力するよう働きかけてみたい」の部分が不適。**イ**は「この世の権力者を支配する喜びを味わってみたい」の部分が不適。**ウ**は「大名を背後で操って、天下を思い通りに動かしてみたい」の部分が不適。**オ**は「茶の湯の世界から大名を追放してみたい」の部分が不適。

問七 宗易の「理想とする真の茶の湯」では、あとの宗易の言葉にあるように「茶室を信じ合える者たち、睦(むつ)び合える者たちの場としたい」(94〜95行目)のである。人を傷つける道具である刀を持ちこむことを許していては、信じ合える者たちの場とはならない。戦乱の繰り返される時代であっても、武士を丸腰にして、刀を茶室に入れないことで、宗易の理想とする茶の湯となるのである。

問八 宗易は宗二の思っていることを理解していることをおさえる。宗二が思っていることとは、直前にあるように、宗易の言うとおり茶室に刀を持ちこませないことは理想ではあるが、それを実現させることは困難だということである。そのことは宗易もわかっているが、それでもその理想を実現したいと思っているのである。**ア**は「何か深いわけでもあるのだろうかと弟子を案じる気持ち」の部分が不適。**ウ**は「改めて自分の理想とする茶の湯について考え直そうとする気持ち」の部分が不適。宗易は考え直そうとはしていない。**エ**は「一番弟子として期待していただけに師としてがっかりする気持ち」の部分が不適。一番弟子という記述はなく、がっかりもしていない。また、宗二を臆病(おくびょう)とも思っていない。**オ**は「努力すれば必ず実現されるはず」という部分が不適。

15

問一　a…透(かし)　b…真剣　c…不機嫌　d…ふんいき
問二　ア
問三　例形や技法のみを追求した絵は必ずしも水墨画にはならないと実感し、描くこと以外の方法で水墨画の描き方を見いだすという逆説的な問題に直面しながら、長い間水墨画の本質を求め続けてきたということ。(93字)
問四　ア
問五　例「僕」が水墨画を描くにあたり、師や先輩のもつ既知の技法を身につけるだけでは完成させられず、自分の目を通して直接自然とつながり、対象の美をとらえることが求められている、ということ。(89字)
問六　エ

解説

問一　c「機」を「気」としないこと。d「ふいんき」としないこと。

問二　「ひ」は、「日」のこと。「すがら」は名詞などについて、「……の間ずっと」「……の初めから終わりまで」などの意を表す。

問三　――線①の前後から、斉藤(さいとう)さんや千瑛(ちあき)がどのような悩みと闘い、それをどのようにして克服してきたのかについて、僕が気づいたことを読み取る。「こんな悩み」とは、「形や技法のみを追求した絵が必ずしも水墨画にならないこと」(29〜30行目)である。「僕」は、どんなに緻密に形をなぞって菊の絵を描こうとしても、うまく「水墨画」にならないことに悩み焦っていた。そして、水墨画は「描くこと以外の方法で描き方を見いださなければならない」(42〜43行目)ということに思い至った。水墨画は墨で描くものであるため、逆説的とも言えるが、自分の兄弟子・姉弟子の斉藤さんや千瑛は、自分よりずっと長い間、このような「水墨画の本質」(43行目)を追い求めてきたのだということに気づいたのである。

問四　直前までの「僕」の状況と心情をおさえる。「僕」は「描くという行為以外の場所に、水墨画の本質は存在している」(43〜44行目)ことに気づいたものの、「その場所が何処(どこ)で、そして何なのか」はわからずにいる。しかし、ただ焦っていたこれまでとは異なり、「水墨画の本質」に「ほんの少し近づいたような」気がしたため、「心が少しだけ解き放たれたような優しい気持ち」になったのである。このことがアの内容に合っている。イは「水墨画の本質」に全く触れていないので不適。「自分はまだ学生であり自由に使える時間が他の人に比べれば充分にあると考え」とあるが、「僕」はこのようなことを考えてはいない。ウは「菊の外形は真似(まね)できても繊細な花びらの情報までは描き込めなかった」が不適。ここで「僕」が苦しんでいるのは、どれほど精密に菊を描いても「湖山先生や翠山先生が描く水墨画のような印象を与えなかった」ためで、単純に花びらの形や情報を問題にしているのではないのである。エは「時間と空間を描くことが水墨画の本質であることを悟る」が不適。「僕」が悟ったのは「水墨画を水墨画たらしめる要素は、描くことでは見いだせない」(41〜42行目)ということである。

問五　まず、「あの二人の言葉」とは、直前の二文にある、千瑛の「『僕が『見いだした美』を見たい」という言葉と、湖山先生の「花に教えを請え」という言葉のことである。「僕」は、この二つの言葉に「何処か重なるものがある」ような気がしている。また、――線③を含む段落の次の段落に、師や先輩たちに教えを請うことで技術は上がっていくだろうが、それは技術を伝えてくれた『誰か』との繋(つな)がりであって、「自然との繋がりではない」とある。つまり、「自然との繋がり」も必要なのである。千瑛と湖山先生は、「僕」が水墨画を描く上で、師や先輩に習って技法を身につけるだけではなく、自然と繋がることで、「僕」自身が対象の「美」を見いだすことを求めているのである。

問六　ここまで「僕」が水墨画を描くためにどのような取り組みをしてきたかを踏まえ、「結局……たどり着かなかった」とはどのような意味かを考える。最初のころ、「僕」は、作品の締め切りに向けて、形を緻密になぞるなどして、菊の絵を「精密に描く訓練」(3行目)をしている。しかし何枚描いてもうまく「水墨画」として完成せず、悩み焦りながら、「形や技法のみを追求した絵が必ずしも水墨画にならない」(29〜30行目)ということを悟る。やがて、「水墨画を水墨画たらしめる要素」(41行目)は、描くこと以外の方法で見いださなければならないことに思い至り、一旦筆を置くことにした。その後、一週間筆を持ち上げることもなく、菊の花と画仙紙を眺めて時を過ごし、頭の中で絵を描くことを再現できるようになった。その過程で試行錯誤を重ね、師や先輩の絵を再現するなど、さまざまな絵を描いてみるようになったが、水墨画を描くのに必要なことは、そのようにして考え、模索して習得した技術だけではないと感じるようにもなった。しかしそう思っても、それではどうしたらよいのかの答えは見つからず、筆をとっても失敗することを察知してしまい、描き始めることもできなかったというのである。よって、この流れと同じ内容を述べている**エ**が合う。**ア**は「紙と筆による練習には限界があると感じ、次に『僕』は逃げるようにして空想での練習を始めた」が不適。「僕」が筆を置いたのは、「水墨画を水墨画たらしめる要素」(41行目)は、描くこと以外の方法で見いださなければならないことに思い至ったからである。**イ**は「『僕』は一周回ってはじめの状態に戻ってしまった」が不適。水墨画に対する理解は深まったものの、最終的な「答え」が見つからずにいるのである。選択肢の前半の「菊の形以外の植物の情報が……」も合わない。**ウ**は「姉弟子と師匠の叱責」が不適。二人の言葉は「僕」を叱責しているものではない。

16

問一 エ

問二 ア

問三 例自分と価値観の違う弟からすると、仕事を辞めて雪深い高原で一人暮らしをし、父親の面倒を見ることのできない今の自分は理解されないと思ったから。(69字)

問四 オ

問五 例唐沢の、菓子職人として実直に仕事をする姿しか見えていなかったが、認知症の父の介護について現実的な助言をもらうことで、彼が世の中を渡っていくための思慮深さを持ち合わせた人であることに気づいたということ。(100字)

解説 **問一** ――線①直前の「そのこと」とは、「最後はみんなひとりになる」ということ、人間は孤独な存在であるということを指す。よって、唐沢は「人間は結構したたか」であるから「最後はみんなひとりになる」ことを意識して暮らす必要はないと述べているのである。唐沢自身、妻が亡くなって落ち込んだあとに「自分で自分を立て直した」ように、人間には強さがあり、「その時々の状況に合わせて柔軟に生きていくこともできる」ので、「始めからひとり」だと言う独身の奈緒子に対して励ましているのである。よって、この内容に合うのは**エ**。

問二 Aの前後の「互いの生活や思考が少しずつ見えてくると、冗談も出る」「労使の関係はあってないようなもの」などの描写から、唐沢と奈緒子が少しずつ打ち解け、親しくなっていっていることが読み取れるので、**ア**が正答。Bは、Aと同様、唐沢と奈緒子が親しくなりつつある場面なので、**イ**の「唐沢のことをとっつきにくい存在として見ている」は不適。C・Dの会話については、直後の「彼女は明るく言い返した。すると唐沢も目を丸くして笑うのであった」から、二人が打ち解けて冗談交じりに楽しそうに会話していると読み取れるので、**ウ**「いらだっている神経質な唐沢の様子」、**エ**「唐沢の手厳しい言葉」が不適。**オ**「気取らない男」と奈緒子が思っていることや二人のやり取りから、ぎこちなさは読み取れないので不適。

問三 徹夫の態度や、奈緒子と徹夫の状況を考える。徹夫は「近くにデパートや娯楽施設がなければ暮らせない人間」である。そして、これから受験を迎える「子供たち」がいるという理由で、父を引き取ることはできないと言っている。一方、奈緒子は勤めを辞め、周囲に何もないような場所に引っ越して暮らしており、独身でもある。このようなことから奈緒子と徹夫の価値観の違いが読み取れる。そのため、考え方の違う徹夫から見れば、好き勝手に生き、地に足が着いていない自分は「頼りない」と思われているだろうと奈緒子は推測しているのである。

問四 ――線③の「理がある」とは、道理がある、筋が通っているという意味。まず、――部③の「その意味」と「徹夫の言うこと」がどのような内容かをとらえる。「その意味」とは、――線③の直前の「女ひとりで介護はできない」「そう遠くない将来に備えなければならない」を指している。また、「徹夫の言うこと」とは、さらに前の「今のうちに本人にそのこと(どこかの施設に入るということ)を話してくれないか」を指している。奈緒子は、父親の今後に対する、徹夫の態度に苛立ってはいるが、かといって「女ひとりで介護」をすることは難しいと思ってもいる。そのため、「今のうちに」、どこかの施設に入ってもらうことを父本人に話すという徹夫の提案については、「理がある」と感じているのである。したがって、**オ**が合う。奈緒子は父親と「この地で一緒に暮らす」とは考えていないのでアは不適。父親が「頑固な性格」で「難色を示す」かどうかは本文からは判断できないので、イも不適。ウは、選択肢の前半の内容は合うが、奈緒子のこれからについて、「埼玉に戻って安定した職を探した方がよい」とまでは書かれていないので不適。徹夫の「子供たちはこれから受験だからね」という言葉に対して、奈緒子は「自分の都合でしか行動しない」と反論しているので、「父親の面倒を見る余裕がないことはわかりきっている」というエも不適。

問五　「どのように変化したか」とあるので、変化する前と後で、奈緒子にとって唐沢の存在がどう変わったか、そのきっかけを含めて読み取る。変化する前は、奈緒子は唐沢のことを「高原の菓子職人を心のどこかでそれしかない人に見ていた」とある。これは真面目に仕事をする菓子職人としての唐沢の姿しか見ていなかったという意味であると考えられる。ところが、唐沢から冷静で現実的なアドバイスをもらったことをきっかけとして、彼が「男らしい分別」と、「どこでも生きてゆける男の沈着さや底の深さ」を持ち合わせていることに気づいたのである。つまり、これまで知らなかった唐沢の強さに気づいたことで、奈緒子の中での唐沢の存在が大きく変化したのである。これらの内容をまとめる。

17

問一　オ
問二　味覚は食習～なんですね（19～20行目）
問三　フランスで作っていたお菓子をそのまま店で出した（23字・38～39行目）
問四　A…様々な形（60行目）　B…組み合わせ（66行目）
問五　例変えてはいけない部分さえわきまえておけば、あとは自由で、自分が美味しいと思えるものを作ればよく、それに判断を下すのは消費者だと考えているから。
問六　イ

解説　**問一**　――線①直後の一文の「『フランスのお菓子は崇高なもの。味もデザインも洗練されているだろう』と思っていました」が、日本を発つ前の、筆者のフランスのお菓子に対する考えである。「崇高」とは、気高く、近寄りがたい様子を表す言葉。「洗練」とは、物を洗い、練ってよくすることから転じて、磨き上げ、あかぬけたものにするという意味の言葉。この二つの言葉の要素が入った選択肢が適切。「気品にあふれ」という「崇高」の要素と、「美しく磨き上げられている」という「洗練」の要素が入ったオが最も合う。イの「最新流行を取り入れた、おしゃれで手の込んだもの」は、「洗練」には合うが、「崇高」の要素が足りないので、オと比べると不適。同じく、ウの「日本人にとっては敷居が高く、手が届きにくいもの」も、「洗練」の要素が足りないので、不適。アの「地方ごとの特色を生かすべく作られた」や、エの「手に入りにくい高級素材で作られた、高価な」は、本文からは読み取ることができないので不適。

問二　――線②の直接的な理由ではなく、「西洋と日本の味覚」に違いが生じる理由が問われていることに注意。――線②の前の二つの段落で、フランスは気候が「乾燥」し、「砂糖を使用した料理」がないのに対し、日本は「湿気が多」く、いろいろな料理に「砂糖を使」うといった違いが述べられている。この内容は「味覚は食習慣や気候など、土地に根差しているものなんですね」とまとめられている。

問三　「フランスで修業し」たどのような人たちが「本物」と言われていたのかを読み取る。――線③と同段落に、フランスから帰国した筆者が「フランスで作っていたお菓子をそのまま店で出した」ところ、世間の人から「本物だ」ともてはやされたことが書かれている。そして、筆者と同じように、「フランス帰り」の、自分の店で「フランスで作っていたお菓子」を出した人たちも、「誰も彼もが『本物』と言われ」るようになったのである。

問四　フランスのお菓子の「材料の使い方」について書かれているのは、――線④を含む段落と、その次の段落である。「アーモンド」は、――線④の段落に「生のまま使ったり、……クリームなど、様々な形で活用」する、と書かれている。よって、Aには「様々な形」があてはまる。また、「お酒」は、次の段落で、「ベリー類のお菓子」には「キルシュ」、レーズンには「ラム酒」など、お菓子や材料によって使う酒を変え、「組み合わせ」で味わいに奥行きを持たせることが書かれている。よって、Bには「組み合わせ」があてはまる。

問五　まず、――線⑤に「逆だと思います」とあるので、筆者は、フランスに対し、

「伝統の国」とは「逆」の印象を持っていることがわかる。――線⑤と同段落の最後に、「枠から出るのは自由で、判断を下すのは消費者。評価が得られなければ消えていくだけで、残されたものだけがまた次の世代に継承されていく。そうやって、常に革新し続けてきたのがフランスという国」だと書かれている。また、筆者は、最後の段落でも、フランスから帰国した菓子職人として、これからの日本人の菓子職人に対し、「変えてはいけない部分さえわきまえておけば、後は自分が本当に美味しいと思えるものだけを作れば良い」と述べている。フランス人は、「変えてはいけない部分」をわきまえれば「枠から出るのは自由」であり、「自分が本当に美味しいと思えるものだけを作れば良」く、それに対して「判断を下すのは消費者」だと考えてきた。このようにフランスは常に革新を続けてきた国なので、古くからの様式を受け継ぐ「伝統の国」とは「逆」だと、筆者は思っているのである。

問六 「金科玉条」は最も大切にして守らなければならない法律のことで、転じて絶対と信じて疑わず守り続けるもの、という意味。――線⑥直前に、「自分が学んだフランス菓子はこれ！」とあるので、「フランスで学んだとおり」の材料や作り方にする、という内容のイが合う。**ア・ウ・オ**は「教え」（学んだこと）に該当する内容が含まれていないので不適。本文ではフランス流の製法を「最高のもの」としているのではなく、「自分が学んだ」フランス菓子の製法に固執していることを述べているので、**エ**も不適。

入試メモ ●**文学的文章の読解のまとめ**

文学的文章の読解問題では、次のことに特に注意しよう。

①**場面・情景**

描かれている時代や季節、時刻、自然現象など、場面や情景を正しく読み取る。また、場面や情景の移り変わりについても注意する。

②**登場人物**

登場人物は何人か、主人公は誰か、人物と人物はどんな関係にあるかなどを正しく読み取る。また、会話や行動などから人物の性格や人物像などについても考える。

③**主題**

文章の中心となる場面から、人物の心情やその変化を読み取り、その変化が人物にとってどのような意味を持っているかを考える。随筆の場合は、筆者の心の動きに注目する。

④**その他**

入試問題によく出題される作家の作品には、日頃から読み親しんでおくとよい。例えば、09の石田衣良（いしだいら）、11の伊集院静（いじゅういんしずか）、12の宮下奈都（みやしたなつ）などは頻出作家である。

そのほかに、額賀澪（ぬかがみお）、重松清（しげまつきよし）、原田（はらだ）マハ、長田弘（おさだひろし）（随筆）、幸田文（こうだあや）（随筆）などの作品も読んでおきたい。

3 韻文（詩・短歌・俳句）の読解

18

問一　c
問二　どこか～くない（2・8行目）
［別解］成仏す～くない（6・8行目）
ときめ～はやい（11・15行目）
問三　ウ
問四　ア
問五　オ
問六　A…かどのとれ（5字・20行目）　B…ときめく（4字・11行目）
C…わるくない（5字・8行目）

解説 **問一**　——線①の「とうふ」（4行目）は、「成仏する」の意味で使われている。「息子（こども）はまだまだこどもだし／おとうふになる／にはまだはやい」（13～15行目）の「とうふ」も、息子が幼いので成仏するには早すぎるということを表現している。

問二　「かんがえる」を補えるところを探す。「のはわるくない」（8行目）のあとと、「にはまだはやい」（15行目）のあとに、「とかんがえた」を補うことができる。次に、「のはわるくない」と、「にはまだはやい」と思ったことの内容の始まりの部分をそれぞれ探す。

問三　「まんいん電車にゆられながら／ひとりのとうふはかんがえる」（9～10行目）という部分から、「とうふ」は電車で仕事に向かう親だとわかる。息子については「まだまだこどもだし」以外の描写はないので、**ア**の「やんちゃで、毎日元気に遊び回ってばかりいる」や、**イ**の「親の気持ちを理解せず、不満ばかり口にする」、**エ**の「成長が年齢の割には遅く」、**オ**の「いくつになっても若々しく」などの部分が不適。

問四　直後の「よそゆきがおできょうもまた」（18行目）に着目する。「あたまへねぎなどふりかけて／おろししょうがもひとつまみ」は、身だしなみを整えていることを表現したものであることを理解する。

問五　「ひとりのとうふ」（10行目）は自分の状態を「ときめくむねもとうにうせ／鬆（す）がたつような日々」（11～12行目）、「よそゆきがおできょうもまた／どなたのおかずかしらないが／すっかりかどのとれてしまった／わがみ」（18～21行目）ととらえているので、それにふさわしいものを探す。**ア**は「自分の今後の人生を悲しく感じる」、**イ**は「自分に嫌悪感を抱いている」、**ウ**は「自分が人からどう見られるか不安で仕方のない」、**エ**は「張りつめた神経を解きほぐそうとする」の部分が、それぞれ不適。

問六　「かどがとれる（角が取れる）」は年を取ったり、苦労したりして人柄がおだやかになることをいう。

●詩の表現技法

詩の代表的な表現技法には、次のようなものがある。

○**反復法**…同じ言葉や似た表現を繰り返して、印象を強めたり、リズム感を生んだりする。

○**倒置法**…言葉の順序をわざと変えて、印象を強める。
例 どこへ行くのだろう、あの船は

○**比喩（ひゆ）**…あるものを別のものにたとえて、象徴的に表す。
例 もみじのような手（直喩）、氷の刃（隠喩）

○**擬人法**…人間でないものを、人間のように表現する。なお、18で取り上げた詩は、擬人法とは逆に人間を「おとうふ」になぞらえてユーモラスに描写している。

○**体言止め**…文を体言（名詞）で終わらせて、余韻（よいん）を残す。
例 空には丸い月

○**対句（ついく）**…対になるものを並べて示す。
例 天には星／地には花

19

問一　反復法
問二　ア
問三　エ
問四　例死んでゆく　［別解］死ぬ
問五　ウ
問六　例実際には時間が過ぎているのに、それが感じられないほどモンシロチョウが静かに羽を動かしている様子。
問七　イ

解説　問一「学ばねばならない」という言い方が何度も繰り返され、詩にリズムを生んでいる。
問二　直後に「沈黙を、いや、沈黙という／もう一つのことばを学ばねばならない」（4～5行目）とあることに着目する。ひとが学ばなければならないものは、一つは沈黙なので、学ばなければならない、もう一つのことはことばで語れる知識だと推測することができる。詩の冒頭に「不幸とは何も学ばないことだと思う」（2行目）とあることから、作者はどちらの学びも同じように必要だと考えていることがわかる。沈黙を重視するあまり、ことばで語れる知識を軽視しているのではないことをきちんととらえよう。
イの「様々なことを学習し、専門用語を用いて説明すればどんな人にでも理解できるはずだという思い込み」やウの「豊富な知識を持っている人が、多くを語りはっきりと自己主張することが正しいとされる風潮」については、書かれていないのでいずれも不適。作者は自然から学ばなければならないと言っているが、ひとが「自然現象のように不可知なものを怖れるあまり」そこから学ぼうとしないとは言っていないので、エも不適。
問三　前の行の「日の光りに、影のつくり方を」（8行目）を手がかりに考える。日の光りによって影が生じることは、陽と陰という両極端の内容を含んでいる。では、「川のきれいな水」があるために生じるもので、「きれいな水」と対照をなすものは何かと考えると、「泥」となる。「雲」や「虹」は「きれいな水」と対照をなさないので不適。

問四　前の行に「老いることを学ばねばならない」（13行目）とあることから、「老いる」と近い意味のことばが入ることがわかる。次の行には「もうここにいない人に学ばねばならない」（15行目）とある。つまり、「老いる」→［B］→「もうここにいない」と展開していくので、［B］には、「死んでゆく」などが入る。学ばなければならないとされている主体が少女や少年や猫であることも、答えを導く参考になる。
問五　前の行に「見えないものを見つめなければ」（16～17行目）とあり、その上で「怖（おそ）れる」のである。「怖（こわ）れば／目に見えないものに学ばなければいと思う」や「よくないことが起きることをあやぶむ」などの意味もあるが、ここでは、目に見えないものの価値を認めて、敬う意味。
問六　ここでの「時の静けさ」とは、静かでゆっくりと時間が流れていく様子を表す。では、モンシロチョウのどんな様子に静かな時間の流れが感じられるかを考える。おそらくこのモンシロチョウは花から花へと飛び回っているのではなく、静かにとまって、ゆっくりと羽を動かしているのだろう。チョウは大きな羽に特徴がある。作者は、その羽のゆっくりとした動きに静かな時間の流れを感じているのであろう。前の行に「石の上のトカゲに、用心深さを」（21行目）とあることも、それぞれのどのような特徴が何を教えてくれるかを考える参考になる。
問七　「誠実」は、具体的にはさまざまなものから学ぶ行動として示されている。学歴社会での知識への批判ではなく、もっと広い知識について書いているので、アは「知識重視の学歴社会である現代」という部分が不適。作者の主張は「科学的な事実を認識することが大切だ」ということではないので、ウも不適。作者の述べる自由は学ぶことによって得られるので、エは「偏見のない純粋な態度で接することで常識にとらわれない自由な行動がとれるようになる」の部分が不適。

入試メモ

●詩の種類と出題傾向

詩は、内容から分類すると、叙情詩・叙景詩・叙事詩に分けることができる。それぞれの内容を整理すると、次のようになる。

○**叙情詩**…心情を中心に書かれた詩
○**叙景詩**…情景を中心に書かれた詩
○**叙事詩**…出来事・事件を中心に書かれた詩

18 19は叙情詩に入る。入試問題などで出題されるのは、ほとんど叙情詩である。作者の心の動きを読み取っていこう。

また、詩は形式と用語でも分類される。

形式による分類

○**自由詩**…音数や行数に決まりがなく、自由に書かれた詩
○**定型詩**…ある一定の決まった音数によって書かれた詩
○**散文詩**…ふつうの文章の形式で書かれた詩

用語による分類

○**口語詩**…現代の話し言葉で書かれた詩
○**文語詩**…昔の書き言葉で書かれた詩

出題されるのは、口語自由詩が多い。

20

問一　a…イ　b…ア
問二　エ
問三　四方の木ずゑ、そこはかとなう、けぶり渡れる(54～55行目)
問四　イ
問五　例西洋的遠近法では近景から中景、遠景と連続的に描かれるが、日本的遠近法では近景と遠景だけが描かれ、中景は省略される。(57字)

解説

問一　aとイは推定の「ように」。bとアは「かなり」などと同じ意味。イ、ウ、エはいずれも下に否定を伴って、容易にできない状態を表す。

問二　Aの和歌は近景として「ありあけの庭」、遠景として「もりの梢」と「月」を、Bは近景として「嵐」、遠景として「嶺」と「月」を、Cは近景として「うぐひすの声」、遠景として「をちこちの山」と「桜」を描写している。このうち聴覚的なイメージのものはBの「嵐」とCの「うぐひすの声」である。アは「A・B・Cの和歌には共通して近景に聴覚的なイメージ」という部分と「BとCの和歌では中景として『嵐』や『霞』が描写されている」の部分が不適。イはAの歌の近景を「梢」とする部分と、Cの和歌には「近景は描かれていない」とする部分が不適。ウは近景の視覚的なイメージとして、Cの和歌の「霞」としている部分が不適。「霞」は中景として置かれている。

問三　「そのような情景」とは、具体的には直前の「広く霞がかっている。遠景としては、『木ずゑ』があちこちに姿をのぞかせており、目の位置とこの遠景のあいだは『けぶり渡って』いる」(61～63行目)情景になる。また、「もちろん、『源氏物語』のなかには他にも『絵のよう』と形容されている光景があるが、この『けぶり渡る』が絵画的光景の一つの代表的なものであることは、誰にも異論のないところであろう」(66～69行目)とあることも参考にして、『源氏物語』本文の中から該当する描写を探す。

問四　「恋ひわたる」は「いつまでも恋心を懐きつづけるという意味」(106～107行目)だとある。これは時間的な持続の意味である。筆者はさらに「遠くの恋人に思い

を届かせようとする憧れの気持ち（空間的意味）が含意されているようにも感じられる」（107～109行目）と述べていることから、時間的な持続の意味も空間的な広がりの意味もあると考えていることがわかる。

問五　「西洋のルネサンス期に確立した透視画法が、遠景と近景を連続的につなげる中景に関わる遠近法であるのに対して、この日本的遠近法が中景を省略することによる効果を利用していることは、大いに注目すべきところである」（71～74行目）の部分から、西洋的遠近法と日本的遠近法の違いは中景の描き方にあることがわかる。

●韻文の鑑賞文の読み方

韻文は、鑑賞文とともに出題されることも多い。韻文の鑑賞文の読み方を理解しよう。

① 複数の韻文を比較した問題

鑑賞文の中に複数の韻文が取り上げられている場合は、その複数の韻文を比較した問題が出題されることが多い（20問二）。鑑賞文の筆者が、それぞれの韻文をどのように鑑賞しているかを読み取ろう。

② 鑑賞文の筆者の考えを問う問題

鑑賞文の筆者が、取り上げた韻文についてどのように考えたかを問う問題もよく出題される（20問四）。韻文と鑑賞文をあわせて読み、鑑賞文の筆者の考えを正しく読み取ろう。

③ 鑑賞文の主題を読み取る問題

鑑賞文の筆者の中心となる考え（主題）に関する問題も、よく出題される（20問五）。記述式の問題として出題された場合は、筆者の論の進め方や大事な言葉に注意して、制限字数等の条件に従って答えをまとめるようにしよう。

21

問一　ア
問二　例勇躍した思いをほのかに（11字）
問三　エ
問四　ウ
問五　例「心うれしき」という精神的な喜びだけでなく、衰えに向かう肉体でありながら、小夜の中山を越えることができたという心身全ての感慨が表現されているということ。（76字）

解説　**問一**　「『命うれしき』も『命なりけり』も、ともに『命があればこそだ』と、生の根源の力が身内に湧いてくるのを自覚した言葉である」（28～29行目）と書かれているのを参考にする。「年たけて」は「年老いて」の意味。「越ゆべし」は、ここでは「越えることができる」という可能の意味。

問二　「面影ばかりをそれと匂わせて付けるのがよい」（19～20行目）という部分に着目する。つまり、芭蕉は、西行の姿をはっきりとは示さずに、それとなくほのめかすのがよいといったのである。では、西行のどういう姿を感じ取らせるのかは、そのあとの段落に「『撰集の沙汰』の方は、西行が高野に在った時、撰集の下命が俊成にあったと聞いて、歌稿を整理して俊成に届けた時の勇躍した思いを念頭に置いて作っている」（24～26行目）と説明されている。

問三　「ここで痛切な余韻を残して切れ目を取っている」の「ここ」は、「また越ゆべしと思ひきや」（38行目）を指している。つまり、「年たけてまた越ゆべしと思ひきや命なりけり小夜の中山」の句が、「思ひきや」でいったん切れることを述べている。「命なりけり小夜の中山」はここではふれられていないので、ア、イ、ウのいずれも不適。

問四　――線④とウの「なお」は「まだ」の意味。**ア・エ**は「さらに・いっそう」の意味。**イ**は漢文訓読で用いられるもので、「まるで～」「ちょうど～」の意味。

問五　――線⑤の前の段落に「老いの境涯を克服して行なう、行為者の深い意志の力や、それを遂げようとする気力の源にある『命』というものへの感動」（41

〜43行目)とあるところに着目する。また、——線⑤の直前に「『心』とは、なおらわれが『命』なら全的な表現になる。身も心も一切を含めての全的なあ部分であるが、『命』である」(47〜49行目)とあるので、「心うれしき」が心の喜びを表すのに対して、「命なりけり」の詠嘆は身と心の全体で感じる感慨であることも含めてまとめる。「本文中の言葉を用いて具体的に」という条件にあうように、次の段落にある西行の「命なりけり小夜の中山」の句の解釈にそって、「身」は「衰えに向かう肉体」(54行目)であり、「心」は肉体の衰えはありながらもそれを克服しようとする意志であることを示す。

22

問一　イ
問二　ア

解説 問一　『雨月物語』に出てくる興義(こうぎ)の話と照らし合わせながら、「残月や……」の句で「残月」に込められた思いを読み取る。夢での恐ろしい体験については書かれていないので、アは不適。夢の中で魚になったのであって、夢で魚を見たのではないし、「夢から覚めてほっとした」という内容も読み取れないので、ウもエも不適。

問二　直前に「水中を自在に泳ぐ魚」(19行目)とあり、直後に「自由への憧(あこが)れ」(20行目)とあることから考える。「水を得た魚」は、ふさわしい場所を得て、活躍するさまを表す。イの「魚心あれば水心」は、相手が好意を示せば、こちらも好意を持って応じること。ウの「水清ければ魚棲(す)まず」は、清廉潔白が過ぎると人が寄りつかなくなること。エの「水魚の交わり」は親密な交際のたとえ。

23

問一　ア

解説 松尾芭蕉の句は「五月雨」が季語で夏の句。「五月雨」は陰暦の五月に降る長雨を指すので、現代でいえば梅雨にあたる。
アは「帰省」が季語で、夏の句。イは「月見」が季語で、秋の句。「月」だけで、秋の季語になるので気をつけよう。他の季節を表す月の言い方には、朧月(おぼろづき)(春)、寒月(かんげつ)(冬)などがある。ウは「鶯(うぐいす)」が季語で、春の句。エは「霜」が季語で、冬の句。

入試メモ ●季語と季節

俳句の問題では句の中の季語や、句の季節を問われることが多い。季語は、俳句などに使われる季節を表す語のこと。時候、天文・地理、生活・行事、動物、植物などに分けることができる。蝶や桜は春の季語、鈴虫や紅葉が秋の季語というように、動物や植物の場合は、それが見られる季節を考えれば、ほぼ判断できるだろう。

気をつけてほしいのが、季語の四季は陰暦によって分類されているということである。陰暦は現在私たちが使っている新暦(太陽暦)と約一か月のずれがあり、陰暦の一月から三月が春、四月から六月が夏、七月から九月が秋、十月から十二月が冬になる。また、季節ごとの行事などは現在は新暦で行われることが多いが、陰暦を基準にすると季節の区分が異なる場合がある。たとえば「七夕」は夏のイメージがあるが、季語としては秋になるので注意しよう。

24

問一　ア(と)イ(順不同)
問二　イ
問三　エ
問四　ア
問五　イ

解説　問一　アとイはどちらも接続助詞で、「たとえ〜ても」の意味。ウは名詞「こと」の一部に、副助詞「も」がついたもの。エは格助詞「と」に副助詞「も」がついたもの。オは副詞「ともに」の一部。

問二　「このようなこと」が示しているのは、直前にある「はっきりと生活者の次元から、自然としての厳しい時雨を見ながら、そちらも十分に承知しながら、それでもなお、『人々』に対しては、伝統の『しぐれ』よ『降れ』というのである」(27〜29行目)の部分である。それを表したものを探す。ウも近い内容を指しているが、時雨について現実と理想というとらえ方をしているのではないので不適。

問三　「ここには誤解がある」というのは、これまでこの句は誤解され、解釈されてきたと筆者が考えていることを表す。筆者の解釈は二つあとの段落に書かれている。特に、「そのとき『年よれ』は、単に『年老いた心境になって』というような、『心』にのみかかわるものでないことは、いうまでもない。身も心も、である」(69〜71行目)という部分から、「年よれ」は心身のどちらにも向けられていることを読み取る。

問四　「人も年よれ」の句が到達したところの説明は、その次の段落に示されている。なかでも最後の「一句は、『人』が真実『人』である場合、真実『人』ではない自然の時間に、心身をさらすことを通して、自然のさまざまの現象の奥にある、真実『自然』であるところのものを、感得することができる、といっているように思われる」(97〜101行目)の部分に着目する。「『自然』に押し流されなくなる」ことを望んでいるのではないので、イは不適。「わたくしの作為によって外界の変化に呼応する」のは、Cの句のことであり、ウも不適。「自然」については、「感得することができる」(100行目)とは書かれているが、「『自然』と一体化できる」という記述はないので、エも不適。

問五　アの「その年初めての時雨に対する心のたかぶり」については、本文中に書かれていない。「人々」は、「現実とは対照的な存在を表している」とは書かれていないので、ウも不適。Bの句が「人と自然との関係を表面的にしかとらえられていない」とは書かれていないので、エも不適。

4 古典の読解

25

問一　A…ア　B…エ
問二　①おなじやうに（2行目）　④いづこもくまなく良き人（10〜11行目）
問三　②ウ　③オ　⑤イ
問四　エ

解説　問一　Aは漢字で書くと「隈無く」。くもりや陰がまったくないさまや、すみずみまで行きとどくさま、わだかまりがないさまなどを表す。ここでは人の性格について述べているので、「陰がない」→「欠点がない」の意味。
Bは漢字で書くと「暗みしなり」。ここでは「見えなくなった」の意味で使われている。
問二　「さ」はすでに述べられたものを指すのに使われるので、その前の部分に注目する。
問三　②の「同じからぬもの」は「同じではないもの」の意味。
③「いささか」は下に否定を伴って、「少しも（…でない）」の意味。「ふし」は「節」で、こぶや関節などのこと。竹でいうと、まっすぐに伸びている部分ではなく、区切りとなる部分を指す。ここでは船の癖のこと。
⑤「まぬかれし」は漢字で書くと「免れし」。
問四　この文章ではじめに述べているのは、どんな船にも長所や欠点があり、その特徴を理解して乗るべきだということである。次に、同じように人にも長所や欠点があり、まったく欠点のない人などはいないので、その人を理解した上で活用しなさいといっている。つまり、船も人も特徴に応じて用いなさいということである。
［現代語訳］　船を知ること
普通の人は、漁をする船というと、同じようにつくるものだと思うだろうが、これはそのようにつくっても、たまたまよく整ってできるものもあれば、こちらは良くてあちらは悪いものもある。ちょっと見るとさも良く見えるのに、乗ってみると違うものもあって、一つも同じではないものだよ。波風に強いと思うと、進むのは遅いものもある。進むのが速いものは、（波風には）弱いものもある。どちらにしても少しも癖がないものはないのだ。ためしに乗ってみて、それをはっきりと知ることができてこそ、遠くへもきっと進めることができるに違いない。昔ある人が、「人を見て、いかにも良い人だ。少しも悪いところがないと思ったら、すぐに思い直して、聖（聖人）ならいざ知らず、すぐれた人でも、どこも欠点がなく良い人はいないものなのに、そう思われるのは自分の心が見誤っていたのだ。まずその人の悪いところを、よく知った後で、推挙して働かせなさい」と、だれかが言ったと聞きましたが、この老人が船に乗るのも、今言ったように悪いところがわかっているので、悪いところには波風を受けないようにし、もろい船は波風のある日に沖には乗らないでいたので、とうとう危険をまぬかれることができたのだ。

26

問一　A…オ　B…ア
問二　灰(4行目など)(を)麦の粉(10〜11行目)(だと思った。)
問三　例盗みに入ったのに灰を食べ、盗んだ物をもとに戻した理由。(27字)
問四　例空腹に耐えかねて盗みに入ったが、麦の粉だと思って灰を食べるうちに、灰を食べても物欲しい気持ちが収まることがわかったので、盗んだ物を返そうと思ったこと。
問五　オ

解説 **問一**　Aの「術なし」は「方法がない」の意味。Bの「はばかる」には「ためらう」の意味もあるが、ここでは「遠慮せずにいつでも来なさい」の意味。「気がねせず」を選ぶ。

問二　「下げ棚の上に鉢に灰を入れて置きたりけるを」(4〜5行目)「つかみ食ひて」とつながるので、食べたのは「灰」である。盗人は「御棚に麦の粉やらんとおぼしき物」(10〜11行目)があったのでそれを食べたのであり、ここから盗人が「灰」を「麦の粉」だと思っていたことがわかる。

問三　「主人」は、盗人の行動が常識では理解しにくい不思議なものであったから、どうしてそんなことをしたのかその理由を聞いたのである。理解しにくい行動とは、灰を食べたことと、盗んだ物を元通りに返したことの二つである。

問四　直後に「あはれなり」(21行目)とあり、書き手は盗人の心を「りっぱだ」と評価していることに注意する。盗人の心については、「我もとより」(8行目)以下の彼が話した内容をまとめる。盗人が盗みに入ったのは空腹に耐えかねたためであること、空腹がおさまれば盗む気がなくなり、盗品を返したことの二つの要素を入れてまとめる。必要がなくなれば盗品を返したところに盗人の本来の人柄が表れている。

問五　「優」には、「すぐれている」「やさしく上品である・思いやりがある」「特別に扱う」「役者」などの意味がある。「すぐれている」の意味で、特に成績に限定して使われることもある。ここでは、盗人を気の毒に思って許してやったことを「上品でやさしい」と評している。「優なり」は、やさしくしっとりした美しさを表し、さまざまな文脈で使われるので覚えておこう。アは「役者」、イは「すぐれている」、エは「特別扱い」の意味。ウの「優柔」には「きっぱりと決められない」の他に「やさしくやわらかい」の意味もあり、「優」はここでの使われ方に近いが、盗人を許してやった行為を評しているので、「上品でやさしい」という意味のオ「優雅」の「優」のほうが適している。

入試メモ 26　●形容動詞の意味

26の文章内で使われている「優なり」には、「優美だ・上品だ」と「優れている」の二つの意味がある。複数の意味をもつ語の場合、使われている文脈にあわせて訳し分ける必要がある。たとえば次に挙げる語も複数の意味をもつ。

○あはれなり　①しみじみとして心が動かされる　②かわいい　③気の毒だ
○まめなり　①まじめだ　②勤勉だ　③実用的だ

代表的なそれぞれの使用例を意味とセットで覚えてほしい。現代語に訳すときは文脈にあわせてアレンジして言い換えたほうがよい場合もある。意味を覚えるにあたっては、特に、「あはれなり」の①の意味のように、現代でも使われているが、現在とは意味が異なるものを重点的に覚えよう。

[現代語訳]　ある所に盗人が入った。たまたま主人が目を覚まして、(盗人が)帰るところをうち殺そうと思って、帰り道で待ちかまえて、障子の破れからのぞいていたところ、盗人は物を少しとって袋に入れて、全部とることもしないで、この少しとって帰ろうとするが、吊り棚の上に鉢に灰を入れて置いていたのを、この盗人は何を思ったのか、つかんで食べた後、袋に入れた物を、元のように置いて帰った。

(主人は)待ちかまえていたので、(盗人を)組み伏せて捕らえて縛りあげた。(主人は)この盗人の行動が理解できなかったので、その事情を尋ねると、盗人は、「私にはもともと盗もうという気持ちはありません。この一日、二日の間食べ物がなくて、どうしようもなく空腹でありますのにまかせて、はじめてこのようなことを思いついて、(この家に)来たのです。そうであったが、あなたの家の棚に麦の粉だろうと思われる物が(あって)手にさわったのを、もの欲しく思いますままにつかんで食べましたところ、はじめはあまりに飢えた口だったので、何かとも判断できません。何度かすると、はじめて灰だったとわかって、その後は食べなくなりました。食べ物ではないものを食べましたが、これを食べてみると、もの欲しいという気持ちがなくなりました。これを思うと、この飢えに耐えられないからこそ、このようなあるまじき心にもなりますので、灰を食べても簡単になおると思いますと、盗んだ家の物を元のように置いたのです」と言うので、（主人は）りっぱであるとも不思議だとも思って、（盗人が、いったん手をつけた）ごくわずかの盗品などを与えて帰してやった。「これからもそれほど方策が尽きるような時は、遠慮しないで来て、言いなさい」と（主人が）言って、（盗人は）いつも（主人の家を）訪れた。盗人もこのような心はりっぱだった。主人の（盗人を）気の毒に思う気持ちも、やさしく思いやりがあった。

27

問一 秋
問二 おきな
問三 主たち（10行目）
問四 イ（と）エ（順不同）
問五 ① あさまし（5行目）　② ただ（6行目など）
問六 かく（10行目）
問七 翁
問八 a・d（順不同）
問九 ウ
問十 (1) 瓜多か（11行目）　(2) 翁の籠～りけり（16～17行目）
問十一 今昔物語集

解説 問一　昔の暦（陰暦）では、一月・二月・三月が春。四月・五月・六月が夏。七月・八月・九月が秋。十月・十一月・十二月が冬。

入試メモ ●陰暦の区分

現在使われている暦（新暦）は太陽暦で、昔の暦は太陰暦（陰暦）である。太陰暦は月の満ち欠けをもとにしている。陰暦での季節の区分は以下の通りである。

春 一月～三月　**夏** 四月～六月　**秋** 七月～九月　**冬** 十月～十二月

それぞれの月の異名も覚えておこう。

一月＝睦月　**二月**＝如月　**三月**＝弥生
四月＝卯月　**五月**＝皐月　**六月**＝水無月
七月＝文月（ふみづき）　**八月**＝葉月　**九月**＝長月
十月＝神（かみ）無月　**十一月**＝霜月　**十二月**＝師走

また、陰暦では一年がほぼ三百五十四日なので、実際の季節とずれてしまう。これを是正するために一年が十三か月ある年を設けていた。この年が閏年で、二度繰り返す月が閏月である。

問二　「翁」は歴史的仮名遣いでも現代仮名遣いでも「おきな」。

問三　「この下衆どもにいはく」(9行目)以下の「主たちの食はせざりつる瓜は、かく瓜作り出だして食ふ」(10行目)は、翁が「下衆ども」に話したこと。したがって、「主たち」は話しかけている相手である「下衆ども」のことを指している。

問四　イとエは「が」に置き換えられるので、主格を示す格助詞。ア・ウ・オは、「〜の」と訳され、連体修飾格を示す格助詞。

入試メモ **●格助詞の「の」**

名詞に接続する格助詞の「の」の文法的働きには次のようなものがある。

①**主格**…主語を表す。「〜が」と訳す。

例 雪の降りたるは
　雪が降っているのは

②**同格**…「の」の上下にある文節などが同じものを表す。「〜で」と訳す。

例 あさましげなる犬のわびしげなるが
　あきれるほどひどい様子の犬で、みすぼらしいもの(＝犬)が

③**体言の代用**…名詞の代わりとなる。「〜のもの・のこと」と訳す。

例 扇のにはあらで、海月のななり
　扇のものではなく、クラゲのものであるらしい

④**連体修飾格**…体言に接続して、連体修飾語を示す。「〜の」と訳す。

例 細殿の四の口
　細殿(という場所)の四の出入り口

どの働きで使われているかは、訳をあてはめてみると判断できる。

問五　①「あさまし」は意外なことに驚き、あきれるさまを表す。
②「ただ」は、副詞で、「ただちに」「まっすぐに」「まったく」などの意味がある。

問六　「かく瓜作り出だして」(10行目)の「かく」は、段落1の翁が瓜を育てる様子を指している。

問七　下衆どもは、「翁」が瓜の種を植えてあっという間に瓜の実をならせた光景を見て、翁のことを「神などにやあらむ」(8行目)と思ったのである。

問八　bは「道行く者ども」、cは「翁」、eは「道行きける者ども」が動作の主体。

問九　下衆どもが瓜を惜しまずに、二つか三つでも瓜を翁に「食べさせたならば」、瓜を全部は「取られなかっただろう」という意味にしたいので、「食ふ」と「取る」を選ぶ。

●反実仮想の構文

事実ではないことを仮定して、結果を想像するのが反実仮想である。「〜ましかば[〜ませば・〜せば]…まし」などのかたちで使われる。「〜」にAという行動が入り、「…」にBという結果が入り、「もしAだったら、Bだろうに」という意味になる。現実にはそうしなかったこと(＝A)をあげて、もしAをした場合の結果(＝B)が示される。よくない結果を見て、(Aをすればよかったのに)「Aをしなかったから、Bにはならなかった」という文脈で使われることが多い。

Aをしたと仮定すれば　→　Bという結果になっただろう
しかし、現実には
Aをしなかったので　→　Bという結果にはならなかった
となる。

問十　(1)翁は、自分や下衆どもだけでなく、道行く人まで呼んで瓜を一つ残らず食べてしまっている。その徹底ぶりから、翁がいかに下衆どもをこらしめようと思っていたかがわかる。
(2)翁が瓜の種を植えて、そこから瓜が生えてすぐに実がなったように見えたが、実はこっそり下衆どもの籠から瓜を取り出していたのだった。それに気づいたのが、「早う」(16行目)以下の部分である。「嫉がる」は「うらめしがる」の意味で、翁にだまされたことを知って、悔しがったのである。

問十一　『今昔物語集』は編者未詳。すべての話が「今は昔」の書き出しで始まる説話集。

[現代語訳]　老人はそばに木の端があったのを取って、座っていたそばの地面を掘りながら、畑のようにした。そのあとに、この百姓たちが、何をするのかと見ていると、この食べ散らかした瓜の種を集めて、このならした地面に植えた。その後、すぐにその種から双葉が生えてきた。この百姓たちがこれを見て、驚き

あきれたと思って見ていると、その双葉の瓜がすぐに生長して、地面に伸びて巻きついた。どんどん葉が茂って、花が咲いて瓜の実がなった。その瓜の実は大きくなって、どれもみごとな瓜になった。

その時、この百姓たちがこれを見て、この老人は神様ではないかと恐ろしく思っていると、老人はこの瓜を取って食べて、百姓たちに「あなたがたが食べさせなかった瓜は、このように作り出して食べるのだ」と言って、百姓たちにもみんな食べさせた。瓜が多かったので、道を歩いている人まで呼んで食べさせたので、(道行く人も)喜んで食べた。食べ終わったので、老人は「さあ、もう帰ろう」と言って立ち去った。どこへ行ったかはわからない。

その後、百姓たちが、馬に瓜を背負わせて行こうとして見ると、籠はあるけれども、その中の瓜は一つもなかった。その時に百姓たちが、手をたたいて情けないと思うことは限りがなかった。なんとまあ、老人が籠の瓜を取り出したのを、我々の目をくらまして、見せなかったのだと知って、恨めしがったが、老人の行き先を知らなかったので、どうしようもなくて、全員大和に帰った。道行く人はこれを見て、不思議がったり、笑ったりした。

百姓たちが瓜を惜しまずに、二つか三つでも老人に食べさせたならば、すべての瓜を取られることはなかっただろう。(瓜を)惜しんだことを老人も憎いと思って、このようなことをしたのだろう。

28

問一　a…ア　b…ウ　c…エ
問二　ウ
問三　エ
問四　A…ウ　B…ア　C…オ
問五　例私が死んだあとは、いったいこの娘はどうやってこの世で生活するのだろうか。
問六　ウ
問七　例① 雌燕　② 別の雄燕とは再婚しない　③ 人　④ 別の男とは再婚しない

解説 **問一**　aの男は娘の父親であり、bの男は娘の夫である。「夫」は選択肢にないので、「息子」ではなく、「ある男」を選ぶ。cの男は燕(つばめ)の夫のことであるから、雄燕を選ぶ。

問二　「さる宿世」は前の「男に具(ぐ)してあるべき末」(4行目)を指している。「具す」には、「備わる」や「連れて行く・付き従う」の意味があり、ここでは一緒に暮らす意味になる。「あり」は、ここでは「生活する」の意味。

問三　その前にある娘が話した内容を受けて、「かく」思ったのであるから、娘が話した内容をまとめる。娘は、自分の運命がひとりの男と一生連れ添って生活できるものならば、夫が死ぬことはなかっただろうと思い、そうではない運命だから夫は死んだのだと言っている。したがって、もう一度結婚しても、相手は死ぬだろうから、「再婚しないと決めた」のである。

問四　Aは、その前に「むすめ聞きて、母にいひけるやう」(3〜4行目)とあるので、話したのは娘であることがわかる。

Bは、あはせむとした人と「我死なむこと、近きにあり。さらむ後には、いかにして、世にあらむ」(8〜9行目)と言った人と、「さる事は、思ひよるぞ」(9行目)と言った人は同一人物。これらは父親の話したことなので動作の主体は父親。

Cは、首に糸が付いていたことから、「まうで来た」のは「女(め)つばくらめ」だとわかる。

問五　「さらむ後」は「そうなった後」。「そう」の指す内容は、直前にある「我死なむこと、近きにあり」(8行目)から、父親が亡くなることだとわかるので、それを補う。「世にある」は「この世で生きる・暮らす」の意味。「世にある」のは娘であるから、主語がわかるように補う。

問六　親は娘に再婚をすすめている。それに対して娘が言った言葉であるから、決心するのは「再婚すること」である。

問七　歌の意味は「燕でさえ、二人の男と結婚することはない」である。「すら」は「〜でさえ・〜まで」の意味で、例を挙げて、他のことを類推させる場合に使われる。ここでは、「燕は二人の男と結婚しない」→まして「人である私は再び結婚することはありません」となる。

入試メモ ●覚えておきたい助詞

ぞ・なむ(なん)

意味・用法…強意(訳さなくてよい場合が多い。)

例 よろづの遊びをぞしける。

さまざまな楽器を演奏したのだった。

例 柿本人麻呂(かきのもとのひとまろ)なむ、歌の聖(ひじり)なりける。

柿本人麻呂は、歌の世界で最高にすぐれた人であった。

や・か

意味・用法1…疑問(→36ページ「入試メモ」)

例「男やある」「いづくにか住む」などど口々に問ふに、

「夫はいるのか」「どこに住んでいるのか」などと口々に聞くと、

意味・用法2…反語(→36ページ「入試メモ」)

例 住まずして誰か悟らむ。

住まないで誰が悟るだろうか(いや、誰も悟らない)。

こそ

意味・用法…強意(訳しにくい場合は無理に訳さなくてもよい。)

例 男はこの女をこそ得めと思ふ。

男はこの女の人を(ぜひとも)妻にしたいと思った。

※文はふつう、終止形、命令形で終わるのが、文中に助詞「ぞ」「なむ」「や」「か」がある場合は連体形で終わり、「こそ」がある場合は已然形(いぜんけい)で終わる。

これを「係り結び(の法則)」という。

[現代語訳] 両親は(私のことを)さぞかわいそうだと思っていることでしょう。しかし、燕でさえ二人の人とは契り(ちぎ)を結ばないものです。(まして人である私は別の男とは再婚などいたしません)

昔、男がいた。(その男は)娘をある男と結婚させたが、(婿である男が)亡くなったので、また別の人を婿にしようとしていたが、娘が聞いて、母親に言った。「夫と連れ添って生活できる一生の運命があったならば、かつての夫はいまも生きているはずです。そのような前世からの運命がなかったので、死んだのでしょう。たとえ、(再婚を)したとしても、(私の)身のきまりなので、次も夫は死ぬでしょう。そのようなことを思ってこのように(再婚しないと決めたのです)」と言ったところ、母親はこれを聞いて、たいそう驚いて、父親に話したところ、父親はこれを聞いて、「私が死ぬのももうすぐだ。そうなったあとは、どのようにしてこの世で暮らしていくのか」と言って、「そのようなことを考えているのだよ」と言って、やはり再婚させようとしたところ、娘は親に、「では、この家に巣を作って子を産んだ燕の、雄燕を捕まえて殺して、(雌の)燕に印を付けて放してください。そうして、翌年、雄燕を連れて来たならば、それを見て(私も再婚のことを)決心しましょう」と言ったので、もっともなことだと思って、家で子を産んだ燕を捕まえて、雄燕を殺して、雌燕には首に赤い糸を付けて放したところ、燕は(南へ)帰って、次の年の春に(別の)雄燕を連れずに、雌燕が一羽だけで、首に糸だけを付けてやってきたので、それを見て両親は、再婚させようと思う気持ちもなくなって、(この話は)終わってしまった。昔の女性の考え方は、現代の女性の考え方とは似ていないのであろうか。燕が二人の雄とは結婚しないということは「白氏文集(はくしもんじゅう)」に書かれているということだ。

29

問一 例世間で評判になっている名馬を見たいものです。

問二 例仲綱が、馬は田舎にやって家にはいないとうそをついて、自分に見せなかったから。

問三 ウ

問四 影・鹿毛（順不同）

問五 例宗盛卿が、平家の権勢にものをいわせて、仲綱の愛馬を取り上げたこと。

問六 例仲綱から取り上げた馬に仲綱の焼き印を押し、はずかしめたこと。（30字）

問七 ア

解説 **問一**「聞こゆ」は、ここでは、「世間に広く知れわたっている・うわさになっている」の意味。「聞こゆ」は、敬語（謙譲語）として使うこともあるので注意しよう。「ばや」は、「〜したいものだ」という自己の願望を表す終助詞。

問二 前に「さては惜しむごさんなれ」（*10*行目）とあり、宗盛（むねもり）が仲綱（なかつな）のうそに気づいたことがわかる。仲綱のついたうそとは、馬を見たいと言ってきた宗盛に対して、馬は田舎にやったので家にはいないという返事をしたことなので、これをまとめる。

問三「やう」には、様式・方法、姿・形、事情、理由、方法などの意味があり、文脈によってさまざまに訳される。「や〜ある」は、「〜だろうか、いや…ではない」という反語であり、「惜しむべきやうやある」は、ここでは「惜しんだりしていいだろうか（いや、惜しんだりしてはいけない）」という意味。

入試メモ ●疑問か反語か

「惜しむべきやうやある」のように文を疑問の語で結び、否定の意味を強調する表現を反語という。反語の場合、疑問の形をとっていても、意味としては明白な否定を表すので、否定の部分を補って考える必要がある。

疑問なのか反語なのかは、疑問文のあとにそれを否定する語を補う必要があるかどうかで判断する。「〜だろうか」で終わってもよければ疑問、「〜だろうか。いや〜ではない」と「いや〜ではない」を補う必要があれば反語であるが、その文だけを読んでもどちらであるかは判断しにくい。前後のつながりを読む必要がある。本文では三位（さんみ）入道は「惜しんだりしていいだろうか」と言ったあとで、「その馬、六波羅（ろくはら）へつかはせ」（*14*〜*15*行目）と命じている。三位入道の発言全体が「馬を惜しむな」という意図からのものであることを考えれば、ここでは反語として「いや惜しんだりしてはいけない」を補って訳すとよい。

「や（は）」や「か（は）」は疑問や反語を表す係助詞で、「惜しむべきやうやある」の「ある」のように文末は連体形で終わる。

問四 仲綱の身に添ってできる影と、いつもそばにいる鹿毛（かげ）の馬の二つを表している。仲綱の身に添って離れられないものを「かげ」という一語で表し、馬と離れたくない気持ちを詠（よ）んでいる。

入試メモ ●掛詞（かけことば）

和歌の修辞の一つに掛詞がある。同音異義語を使って、一つの語に二つ以上の意味をもたせ、複雑な内容を表現する技法である。解釈するときには一つの語に重ねられたそれぞれの意味を訳す必要がある。

二つの意味が掛けられている言葉を問われた場合、同音異義語になるものを探せばよい。29問四では、和歌の中に「身にそへるかげ」（*17*行目）とあるので、「影」は見つけやすい。もう一つは、29の冒頭に「鹿毛なる馬の」（*1*〜*2*行目）とあることに着目する。

掛詞以外の和歌の修辞法には次のようなものがある。

○**枕詞**（まくらことば）…特定の語句と結びついて、その語句を導き出す。多くは五音。

例 ひさかたの光のどけき春の日にしづ心なく花の散るらん

→「ひさかたの」は「光」などを導く枕詞。

○**序詞**（じょことば）…ある語句を導き出し、修飾するために使われる語句。七音以上。

例 あしびきの山鳥の尾のしだり尾の長々し夜をひとりかも寝む
→「あしびきの…しだり尾の」が「長々し」を導く序詞。
○**縁語**…一首の中に関連の深い語群を詠み込む。
例 来ぬ人をまつほの浦の夕なぎに焼くや藻塩の身もこがれつつ
→「焼く」と「藻塩」と「こがれ」が縁語。
○**体言止め**…歌の最後を体言(名詞)で終わらせて、余韻を残す。
例 村雨の露もまだひぬまきの葉に霧立ちのぼる秋の夕暮

問五 権勢にものを言わせて行ったこと、つまり仲綱から無理やり馬を取り上げたことをまとめる。取り上げたのは宗盛卿で、取り上げられたのは仲綱、取り上げたものは仲綱の愛馬であることを補って示す。

問六 「しれ事」は「ばかげたこと・愚かなこと」の意味。平家の人たちがふざけて言ったのは、具体的には「その仲綱めに鞍おいてひきだせ、仲綱め乗れ、仲綱め打て、張れ」(23～24行目)の部分であるが、それまでの経緯として宗盛卿が馬に焼き印を押した行動なども入れてまとめる。

問七 「便宜」はここでは、「好機」の意味。したがって、「便宜をうかがうてこそあらめ」(29～30行目)は、「好機がくるのを密かに待っていよう」という意味になる。どういう好機であるかは、そのあとに、「わたくしには思ひも立たず、宮をすすめ申したりける」(30～31行目)とある部分に注意する。個人的な企てではなく、親王である高倉宮に働きかけるのにふさわしい内容とは何かを考えれば、平家打倒という大きな企てであることがわかる。

［現代語訳］　源三位入道の嫡子である仲綱のところに、朝廷にまで評判が届いている名馬がいる。鹿毛の馬で、並ぶものもないほどすぐれた馬で、乗り心地や走り心地、気立ても、他に同じような馬がいるとも思われない。名を「木の下」と言われていた。前右大将がこれを伝え聞いて、仲綱のところへ使者をやって、「世間で評判になっている名馬を見たいものです」とおっしゃってよこしたところ、伊豆守(仲綱)の返事には、「そのような馬は持っておりますが、近頃あまりに乗りすぎて痛めてしまいましたので、しばらくの間休養させようと思って、田舎にやっております」(とあった)。「それならば仕方がない」と思って、(前右大将は)その後は連絡しなかったが、大勢並んで座っていた平家の侍たちが、「あれ、その馬はおとといまではおりましたが」「昨日もいました」「今朝もならすために庭で乗り回していました」などと申したので、(前右大将は)「さては(馬を見せることを)惜しんでいるのだな。憎らしい、(もう一度馬を見せるように)要求してこい」と言って、侍に馬を走らせて行かせ、手紙などでも一日のうちに五度六度、七度八度も頼んだので、三位入道がこれを聞いて、伊豆守を呼び寄せて、「たとえ黄金を丸めて作った馬(＝いかに高価な馬)であっても、それほどに人が欲しがるものを、惜しんだりしていいのだろうか。(いや惜しんだりしてはいけない。)すぐにその馬を六波羅にやれ」とおっしゃった。伊豆守はやむを得ず、一首の歌を書き添えて、(馬を)六波羅へやる。

恋しかったら、来てご覧なさい。私の身に添った影のような、この鹿毛の馬をどうすれば手放すことができるでしょうか

宗盛卿は、この歌に返事をなさらないで、「ああ、すばらしい馬だ。馬はほんとうに良い馬であるなあ。しかし、あまりにも持ち主が惜しんだことが憎らしいので、すぐに持ち主の名前を金焼きにしろ」と言って、仲綱という(名前を)鉄の印を焼いて、(馬に)焼き印を押し、馬屋に置かれた。客が来て、「評判の名馬を見たいものです」と申したところ、(宗盛卿は)「その仲綱めに鞍を置いて引き出せ。仲綱めに乗れ。仲綱めを打て。たたけ」などとおっしゃったので、伊豆守はこれを伝え聞いて、「我が身に代えてもとまで(大切に)思う馬なのに、権勢にものをいわせて取り上げられたことだけでも(口惜しく)あるのに、この馬のために仲綱が天下の笑いものにされることは心穏やかではいられない」と言って、たいそう憤慨なさったので、三位入道はこれを聞いて、伊豆守に向かって、「何もできないだろうと(われらを)軽く見て、平家の者どもがそのようなばかげたことを言うのだろう。そういうことなら、命を保ってもどうしよう(生きている甲斐はない)。(平家打倒の)よい機会をうかがっていよう」と言って、個人だけで(平家打倒を)企てないで、高倉宮に働きかけ申し上げたと、後にうわさになった。

30

問一　A…ア　B…エ
問二　イ
問三　ウ
問四　910文
問五　例お金は何かに使うためか、親や主人のものかもしれないのに、落とし主のことを考えず、一つあれば足りる笊器を九つも置いて、その代金をお金の中からとってきたこと。(77字)
問六　エ

解説

問一　A「世を渡る」は「世の中で暮らしていく」の意味。ここでは暮らしていくための収入を得ていたという意味で「生計を立てる」の意味。

B「営む」には、「何かに励む」「用意する」「職業としてする」などの意味がある。「何わざ」は「どんなこと」の意味。

問二　娘が悩んでいた内容は、前に「かくてのみ日は重なる。我が父母の命もながらへがたかるべし。いかさまにせむ」(6〜7行目)とあることである。笊器(そうき)が一つも売れない日が三日も続き、このままでは両親を養うことができないのではないかと、心配していたのである。

問三　「よし」は、「理由・原因」や「事柄・事情」などの意味。「道に銭を一貫落としたりけり。この女、笊器をこの銭に結び付けて、笊器の価を数へて銭を取りて、残りの銭と笊器とをば、もとの所に置きて来にけり」(8〜10行目)が、娘が語った内容である。

アは「お金はすべて持ち帰った」の部分が不適。イは、お金を落としたのは娘ではないので不適。エは、金と笊器を落としたのではないので不適。

問四　笊器の代金は合計で90文(もん)。一貫が1000文なので、そこから90文を引くと、残りは910文になる。「算用数字で答えなさい」とあるので、「九百十文」や「九一〇文」などと漢数字で書かないこと。

問五　「濁りある」はここでは、欲望で心が汚れているさま。「たとひ取るにても、一の笊器を置きて一の価をこそ取るべけれ。いかなる者か、一人して笊器を九買ふ事あるべき」(13〜14行目)が、父親が娘の行動を非難した部分である。ここから父親にとって、娘が欲深いと思われる行動をまとめる。娘は落ちていた金を盗んだわけではないが、要りもしない九つの笊器を売りつけたことが、父親には欲深い行動に思えたのである。

問六　ここでの「あり」は、「生きている」の意味。「何かせむ」は、「何を〜しようか(そんなことをしても何にもならない)」の意味。ここでは、「生きていてもどうしようもない・生きている価値がない」の意味。

[現代語訳]　それから遠くまで行って、思いもかけなかった山の麓(ふもと)に、粗末な小屋を作って、笊器という物を一日に三つ作って、この娘に売りに行かせた。こうして生計を立てていたところ、ある時、この笊器を買う人がいなかった。(娘は)むなしく帰った。また次の日の分も持って出たが、その日も買う人はいなかった。また、次の日の分も持って、(合わせて)九つの笊器を持っていったが、この日も買う人はいなかった。娘は思い悲しんで、「こんな(一つも売れない)日が続いてしまった。私の父母の命も長らえることはできそうもない。どうしようか」と思い悩んでいると、道にお金が一貫落ちていた。この娘は笊器をこの金に結び付けて、笊器の値段を数えてお金をとって、残りのお金と笊器とをもとの所に置いてきた。

そうして、このことを(両親に)話したので、父親はたいへん驚いて、「(落とし主は)何をしようと思って持っていたお金であろうか。親のお金であったかもしれないし、主人のものであったかもしれない。たとえ(代金を)とるとしても、笊器を一つ置いて、一つ分の代金をとるべきだ。どんな人が、一人で笊器を九つも買うことがあるだろうか。(いや、買わない。)このような欲深い心を持つような者は、いとわしい気がする。急いで(お金を)みんな持って行って、もとの銭の束に通して、そのまま笊器を取ってきなさい」と言う。娘が行ってみると、このお金がまだあったので、もとのようにして、笊器を取って帰って来て(小屋の中を)見ると、父も母も、ともに手を合わせて、頭を垂れて死んでいた。「ああ、悲しいことだ。私だけ生きていてもどうしようもない」と思って、娘もそばにいて死んでしまったという。

入試メモ ●**重要な古語**

次に挙げる単語は、その意味を覚えておこう。特に、現代でも使われているが、異なる意味をもつものには注意しよう。

遊び…遊ぶこと。音楽を奏すること。狩りや舟遊びをすること。
あはれなり…しみじみとした趣がある。立派だ。気の毒だ。
優(いう)**なり**…優美だ。上品だ。すぐれている。
いたし…つらい。心苦しい。痛い。
いたづらなり…むだだ。役に立たない。むなしい。ひまだ。
いみじ…非常に・とても。すばらしい。ひどい。
いやし…みすぼらしい。貧しい。身分が低い。下品だ。
おこなふ…行う。する。勤行(ごんぎょう)する。仏道修行をする。
おぼゆ…思われる。思い出される。似ている。
かげ…光。姿。面影。影。
ながむ…物思いにふける。見渡す。じっと長い間見つめる。歌を詠(よ)む。
ののしる…大声で騒ぐ。評判が立つ。勢力が盛んだ。
はづかし…恥ずかしい。立派だ。
まめなり…まじめだ。誠実だ。実用的だ。
まもる…じっと見つめる。見張る。
めでたし…すばらしい。立派だ。
やがて…そのまま。すぐに。
やむごとなし…そのままにしておけない。貴重だ。身分が高い。
ゆかし…見たい。知りたい。心がひかれる。
わたる…移動する。一面に～する。～し続ける。
わりなし…道理に合わない。どうにもならない。つらい。格別だ。

---

31 **問一 エ**

解説 **問一** 「無」には二点がついているので、先に一点から読む。一点との間にレ(れ)点がついているので、「道」を先に読む。したがって、道→問→者→無の順に読む。

入試メモ ●**漢文の訓読の順序**

漢文を日本語の語順で読むための記号が返り点である。主な返り点にはレ点、一・二点、上・下点がある。返り点に従って漢文を読んでみると次のような順になる。

○**レ点は一字返るときに用いる。**
例 AレB　B→Aの順で読む。

○**一・二点は二字以上隔てて上に返って読むときに用いる。**
例 AB二CD一　A→C→D→Bの順で読む。

○**上・下点は一・二点をはさんで返るときに用いる。**
例 AB下CD二EF一G上　A→C→E→F→D→G→Bの順で読む。

書き下し文から返り点を付けるには、これとは逆にどの順で読むかを考えて付けるとよい。

[現代語訳]　道を問う者はいなかった。

32

問一　五言絶句
問二　人生足二別離一

解説 問一　五言絶句は一句五字で、起承転結の四句からなる。

入試メモ ●漢詩の形式

漢詩の主な形式には絶句と律詩がある。絶句は四句、律詩は八句からなる。それぞれの形式で一句の文字が五字のものを五言、七字のものを七言という。したがって、五言絶句、七言絶句、五言律詩、七言律詩の四つが代表的な形式である。

絶句は四つの句から成り、次のように展開する。
第一句　起句…ある内容を述べる
第二句　承句…起句を受けて展開する
第三句　転句…内容を大きく転換する
第四句　結句…全体をまとめる

また、五言詩は、偶数の句末は母音が同じ漢字を用いる押韻になっている。漢詩の場合は特に「脚韻」ともいう。32では二句目が「辞」、四句目が「離」でともに「i」の音でそろっている。七言詩の場合は第一句目と偶数句が押韻となる。

問二　書き下し文は「別離足る」(5行目)となっており、「別離」のあとに「足」を読むので、「離」の下に「二」を書き、「足」の下に「一」を書く。「レ」は二字以上戻る場合には使わない。

[現代語訳]
君に勧めよう、黄金の杯を
杯になみなみと酒をつぐことを断るべきではない
花が咲くと、雨風が吹いてくる
人生には別れが多いことだ

33

問一　ウ

解説 問一　「鐘を盗んだ」とまで書かれていないので、アは不適。農民は耳をふさいだだけで、改心したのではないので、イも不適。農民は鐘を砕こうとしたが、大きな音がしただけなので、エも不適。

[現代語訳]　范氏が滅亡したときに、農民で、鐘を得た人がいた。(鐘を)背負って走ろうとすると、鐘が大きくて背負うことができない。木づちでこれ(=鐘)を砕こうとすると、鐘は大きな音をたてた。人がこの音を聞いて自分から鐘を奪うことを恐れて、突然耳をふさいだ。他人がこれ(=鐘の音)を聞くのを嫌うのはよいだろう。自分がこれを聞くのを嫌うのは道理に反している。君主となって自分の過ちを聞くのを嫌うのは、このようなことではないだろうか。

34

問一　オ
問二　b
問三　イ
問四　イ
問五　エ
問六　オ
問七　エ
問八　鮑叔

解説

問一　「賈」の字は下に「貝」があることからわかるように、お金に関係する語である。「賈す」は「商売をする」の意味。直後にある「財利を分かつに、多く自らに与ふ」（1～2行目）から、利益の分配をしていることがわかる。

問二　bは連体修飾の助詞。他は、主格を表す助詞。

問三　「鮑叔の為に事を謀るも更に窮困す」（3行目）とあり、鮑叔のためを思って策を立てたにもかかわらず、うまくいかなかったのは、管仲のどんな性質によるのかを考えれば、イの「愚」が入る。

良くない状態を表す語が入るので、ウの「賢」とオの「善」は不適。アの「貧」はその前の「貧」（2行目）に関係する語。鮑叔のためを思っての行動であるので、エの「偽」は不適。

問四　「逐はる」は「逐ふ」の受け身形。「逐ふ」は追放するという意味なので、「逐はる」で追放されるという意味になる。

問五　「不肖」は才能がなく愚かなさまを表すので、エの「愚か者」が適当。管仲はかつて三度、主君に仕えたことがあったが、三度とも追放されている。そこから管仲がどんな性質であったかを考えるとよい。

問六　その後に「我に老母有る」（7行目）とあるのがその理由。管仲が逃げたのは、年老いた母を残して死ぬわけにはいかなかったためである。

問七　「恥無しと為さず」（8～9行目）は、「恥無しとはしなかった」。「恥無し」は、ここでは「恥を知らない・厚かましい」の意味。

問八　「我を知れる者」とは、私をよく理解する者の意味。管仲のことを誰よりも理解していたのは鮑叔であることは、本文から明らかである。

［現代語訳］　管仲が言うには「私は最初に苦しんだ時に、鮑叔と商いをしました。利益を分けるのに、自分のほうに多く分けました。鮑叔は私のことを欲深だとは思いませんでした。私が貧しいことを知っていたからでした。私はかつて鮑叔のために計画を立てたことがありましたが、さらに困窮させてしまいました。鮑叔は、私を愚か者だとは思いませんでした。時勢には都合良くいく時といかない時があることを知っていたからです。私は、かつて三度仕官して、三度とも主君に追い出されました。鮑叔は私を愚か者だとは思いませんでした。私が時節に合わなかったことを知っていたからです。私はかつて三度戦って、三度とも逃げました。鮑叔は私を卑怯者だとは思いませんでした。私に年老いた母がいることを知っていたからです。公子糾が敗れ、召忽はこの戦いで死にました。私は捕らわれて辱めを受けました。鮑叔は、私を恥知らずだとは思いませんでした。私が小さな節義を恥だと思わずに、手柄と名誉が天下に顕れないのを恥だと思っているのを知っているからです。私を生んだのは父母ですが、私を理解している人は鮑叔です。」と。

35

問一 貧しくても人に対してへつらうことがなく、富んでいても驕らないという人（7〜8行目）

問二 ア

問三 ウ

問四 イ

問五 例からだ全体を使って師匠の謡や型を学んだ上で、能の本質を摑んで主体的に応用する芸風を身につけること。（49字）

解説

問一 「未だ貧しくして道を楽しみ、富みて礼を好む者」に「若かざる」者を探す。「若かず」は「及ばない」の意味。子貢があげた「貧しくても人に対してへつらうことがなく、富んでいても驕らないという人」と「貧しくても道を楽しみ、富んでいても礼を好む人」では、どちらがすぐれていると孔子は述べているかを考えるとよい。

問二 「彼は富という、手放せない欠落を何とかしようと努力します。『驕ることなき』を常に心にかけ、努力をしていた」（33〜34行目）とある。子貢は富を手放せないが、その代わりに目指したのが「貧しくても人に対してへつらうことがなく、富んでいても驕らない」ことであった。孔子は「まあ、いいだろう」と言ってそれを肯定しつつも、へつらいや驕りは枝葉に過ぎず、それをコントロールするよりももっと大切なことがあることを教えている。それが、「貧しくして道を楽しみ、富みて礼を好む者」にはかなわないという発言につながる。枝葉にこだわっている子貢に対する、道を楽しみ、礼を好むという根本を大切にするようにという孔子のアドバイスであることを読み取る。

問三 ここでの切磋琢磨の意味は直後の段落に述べられており、要するに「素材に対する正しい対処法」を知ることの大切さを示している。ただし、物に接するだけではなく、人の性質にもあてはまり、「自分の『性』にあう方法で道を探求する」ことが大切だという意味になる。

問四 「徹底」とイの「就職」は、下の字が、上の字の表す動作の目的語となっている。アの「裁縫」は、意味が対になる字を組み合わせている。ウの「世界」は、同じ意味や似た意味の字を組み合わせている。エの「勉強」は、似た意味の字を組み合わせている。オの「日没」は、上の字と下の字が、主語と述語の関係になっている。

問五 「往」は過去のことを指し、「来」は未来のことを指すが、能を学ぶ弟子にとっての「来」は何かを考える。師匠の謡や型を徹底して学ぶことは、しなければならないことで、基本にあたる。しかし、それだけでは主体性の無い「無主風」だと世阿弥が述べている。その基本の上に必要なのが本質を摑むことと、主体的に応用することになる。この三つの要素を入れてまとめる。

5 漢字と語句

36

A…①首席　②参画　③指標　④蚕　⑤不退転
B…①確証　②協賛　③温暖　④刻
C…①導　②朗報　③辞退　④幼　⑤功績
D…①推移　②流域　③穀物　④枚挙
E…①患者　②即席　③選択肢　④純真　⑤実入

解説 D　④の「枚挙にいとまがない」は、「すべてを挙げることができないほどたくさんある」の意味の慣用句。
E　⑤の「実入り」には、「穀物などの実の入り具合」と「収入」の意味がある。ここでは、「収入」の意味で使われている。

37

A…①ぎんえい　②ししゅく　③ちゅうしん　④こ　⑤けだか
B…①はんせん　②まいせつ　③にぶ
C…①つ　②くわだ　③みゃくらく　④かいこん　⑤うか　⑥はか
D…①たまわ　②ひめん　③とどこお　④ふ
E…①おこた　②ごくさいしき　③いっさいがっさい　④おもわく　⑤つか

解説 A　②の「私淑」は、直接その人に教えてもらうのではないが、師として尊敬し、手本とすること。③の「衷心」は、心の底にある本当の気持ちのこと。
E　③の「いっさいがっさい」は「一切合切」とも書く。

38

問一　ウ
問二　ウ

解説 問一　漢字で書くと「後悔」。部首は「忄」(りっしんべん)。きへんは「木」、さんずいは「氵」、にんべんは「亻」、てへんは「扌」。
問二　アの「色」は六画、イの「吸」は六画、ウの「弟」は七画、エの「両」は六画。

39

問一　ウ
問二　エ
問三　A…ア　B…イ　C…ア
問四　①A…開　B…解
②A…歓　B…関
③A…務　B…努
④A…及　B…求
⑤A…侵　B…冒
⑥A…絶　B…裁

解説 問一　「差イ」を漢字で書くと「差異」。アは「行為」、イは「容易」、ウは「驚異」、エは「推移」、オは「権威」。
問二　それぞれ漢字で書くと、アは「特技」と「得策」、イは「訪問」と「部門」、ウは「満場」と「万病」、エは「互角」と「角張った」。
問三　A　アは「仮設」、イは「架設」、ウは「仮説」。
B　アは「対称」、イは「対象」、ウは「対照」。
C　アは「革新」、イは「核心」、ウは「確信」。
問四　①「開放」は開け放すこと、「解放」は制限をなくして自由にさせること。
②「歓心」はうれしいと思う気持ち。ただし、ここでは、「歓心を買う」で、人

に気に入られるように努めるという意味。「関心」は心をひかれて興味を持つこと。この他に、立派なことに深く心を動かされる場合には「感心」を使う。

③「務める」は役割を受け持って実行すること、「努める」は力をつくすこと。この他に、仕事に行く場合には「勤める」を使う。

④「追及」は責任や原因などを問いただし、追いつめること、「追求」は目的のものを手に入れるために追い求めること。この他に、学問的な真理などを追う場合には「追究」を使う。

⑤「侵す」は他の領分に無理に入ること、「冒す」はあえて危険なことなどをすること。この他に、決まりを破る場合には「犯す」を使う。

⑥「絶つ」は続いていたものごとを終わらせること、「裁つ」は布や紙を切ること。続いているものを切り離す場合には「絶つ」の他に「断つ」も使うが、「消息」や「命」の場合には「絶つ」を使う。

入試メモ

●主な同訓異字・同音異義語の使い分け

同訓異字や同音異義語は、言葉の意味を考えて使い分けを覚えよう。

○あう

例 友達に会う。（人と人が出会う）
例 気が合う。（合致する）
例 事故に遭う。（遭遇する）

○あつい

例 今日はとても暑い。（気温が高い）
例 お湯が熱い。（温度が高い）
例 情が厚い。（あつみがある、豊かだ）

○うつす

例 机を移す。（移動する）
例 鏡に映す。（他の表面にうつす）
例 写真を写す。（文字や姿をうつす、写真にとる）

○せめる

例 失敗を責める。（非難する）
例 城を攻める。（攻撃する）

○かんしょう

例 絵画を鑑賞する。（芸術作品などを味わって理解すること）
例 月を観賞する。（見て楽しむこと）
例 他国に干渉する。（立ち入って関係すること）

○こうえん

例 食料問題についての講演。（多人数を相手に話をすること）
例 オペラの公演。（演技や演奏などを公開すること）

○ほしょう

例 品質を保証する。（確かであると請けあうこと）
例 人権を保障する。（立場や権利を守ること）
例 損害を補償する。（補い、償うこと）

40

問一 ①釈明 ②残念 ③将来 ④偏屈 ⑤奇抜
問二 イ

解説 問一 ①「申し開き」も「釈明」も、誤解などを解くために、事情を説明すること。
②「口惜しい」も「残念」も、心残りに思うこと。
③「行く末」も「将来」も、人のそれからの成り行きのこと。
④「つむじ曲がり」も「偏屈」も、人の性質がねじけていて素直でないことを表す。「あまのじゃく」も似た意味の語。
⑤「風変わり」も「奇抜」も、性質や行動が独特なこと。「風変わりな人」や「奇抜な服」などという場合、良い意味では使われていないことが多い。
問二 「淡白」は味などがあっさりしていること。「お金に淡白な人」のように、人の性格に対しても使う。「白」が使われているが、白色の意味はなく、「深紅」の対義語ではない。

入試メモ ●主な対義語と類義語

〈対義語〉

対義語の知識は、特に論理的な文章を読むときには必須である。「間接」と「直接」のように語の一部に同じ漢字が使われているものはわかりやすいが、「具体」と「抽象」のような対義語の組み合わせは、文中に出てきたら、その都度覚えておこう。

依存—自立	一般—特殊	演繹（えんえき）—帰納
穏健—過激	解散—集合	開放—閉鎖
下降—上昇	間接—直接	簡単—複雑
客観—主観	逆境—順境	急性—慢性
抽象—具体・具象	軽率—慎重	軽薄—重厚
顕在—潜在	高価—安価・廉価	困難—容易
失意—得意	受動—能動	絶対—相対
促進—抑制	単純—複雑	悲観—楽観

〈類義語〉

類義語については単独の問題で出題されるほか、論理的な文章や文学的な文章の読解問題の中で出題されることもある。主な類義語については覚えておくようにしよう。

愛用—愛好	安全—無事	永久—永遠
得手—得意	応答—返答	快活—活発
覚悟—決心	刊行—出版	帰郷—帰省
休息—休憩	勤勉—努力	経験—体験
向上—進歩	作者—著者	次第—順序
質疑—質問	手段—方法	準備—用意
専念—没頭	祖国—故国	他界—永眠
達成—成就（じょうじゅ）	落胆—失望	了解—納得

41

問一 ①読み…こんりんざい　意味…オ
②読み…のほうず　意味…ア
③読み…げばひょう　意味…ウ
④読み…さはんじ　意味…イ
⑤読み…しょうねんば　意味…エ
問二 ①雰囲気 ②意固地
問三 明
問四 A…ウ　B…イ　C…ア
問五 ①未聞 ②異口 ③単刀 ④哀楽 ⑤一夕
問六 ①理不尽 ②集大成 ③一大事 ④試金石

解説 問一 ①「金輪際」は「彼とは金輪際口をきかない」のように、下に打ち消しを伴って使われる。
②規則や慣習を無視して勝手なふるまいをすること。また、際限のないさまを表す場合もある。
③「下馬評」は、直接には関係のない人によってなされる評判なので、信頼できないものも多くある。
④「日常茶飯事」も同じ意味。お茶を飲んだりご飯を食べたりするようなごくありふれたことの意味。
⑤物事の正否に関わる重要な局面を指す。もともとは人形浄瑠璃(じょうるり)や歌舞伎(かぶき)で、演目の中の最も重要な場面を指す語。
問二 ①と②の口はくにがまえであるから、くにがまえの中に入る部分から考える。三字熟語を完成させるので、①については、他と組み合わせないで、そのまま使うものが少なくとも一つある。それがどれかを考えるとよい。

入試メモ ●主な三字熟語

書き誤りやすいので、漢字もきちんと覚えよう。

有頂天(うちょうてん)…ひどく喜んで、夢中になるさま。
紙一重(かみひとえ)…違いがほとんどないこと。
間一髪(かんいっぱつ)…非常にきわどい状況にあるさま。「一髪」を「一発」としないこと。
金字塔(きんじとう)…後世に残るような優れた業績のこと。
紅一点(こういってん)…男性の中に一人だけ女性がまじること。
御法度(ごはっと)…やってはいけないと固く禁じられていること。
最高潮(さいこうちょう)…気分や雰囲気が最も高まった状態。
試金石(しきんせき)…物の価値や人の能力をはかる材料になる物事。
走馬灯(そうまとう)…絵を描いた筒型のものが回り、影絵が回っているように見えるしかけ。「思い出が走馬灯のようによみがえる。」のように使われる。
太公望(たいこうぼう)…つりの好きな人。つり人。昔、中国で天下統一に功績のあった太公望という人が、見いだされるまでつりばかりしていたことから生じた語。
高飛車(たかびしゃ)…相手を頭ごなしに押さえつけるさま。将棋で、飛車を前方に出して高圧的に攻める方法をいうことから生じた語。
天王山(てんのうざん)…勝敗の分かれ目となる重要な場面。京都の天王山で、豊臣秀吉(とよとみひでよし)と明智光秀(あけちみつひで)が天下をかけて争ったことから生じた語。
登竜門(とうりゅうもん)…そこを突破すれば立身出世ができる関門。竜門という、黄河(こうが)にある急流をのぼった鯉(こい)は竜になるという中国の伝説から生じた語。
生兵法(なまびょうほう)…武術についての知識が未熟であるということ。転じて、技術や知識が未熟であること。
白眼視(はくがんし)…人を冷たい目で見たり、冷たく扱ったりすること。
不世出(ふせいしゅつ)…めったに世の中に現れないほど、とてもすぐれていること。
仏頂面(ぶっちょうづら)…あいそのない顔つき。ふくれっつら。
理不尽(りふじん)…理屈に合わないこと。
老婆心(ろうばしん)…必要以上に気を遣って、世話を焼こうとする気持ち。「老婆心から忠告します」のように自分の行動に対して使うことが多い。

問三　順に「山紫水明」、「明鏡止水」、「風光明媚」、「明窓浄机」の四字熟語ができる。

問四　**A**「適材適所」は、その人にふさわしい役目や仕事につけること。

B「無我夢中」は物事に熱中して、我を忘れること。「無我」を「夢我」、「夢中」を「霧中」としないこと。

C「晴耕雨読」は晴れた日には畑を耕し、雨の日には本を読むこと。悠々自適に暮らすさまを表す。

問五　①「未聞」を「未問」としないように注意しよう。

②「異口」の読み方も覚えよう。「口」を「く」と読む語に「口調」や「口伝」がある。

③「短刀」と書かないように注意しよう。

④「喜怒哀楽」で、喜び、怒り、悲しみ、楽しみを表す。人のさまざまな感情をまとめて表す語。

⑤「一朝一夕」は短い時間のこと。「一朝一夕には覚えられない」などのように使う。

問六　①順に「優柔不断」、「一網打尽」、「理路整然」。「不」と「尽」と「理」で「理不尽」。

②順に「大器晩成」、「広大無辺」、「離合集散」。「成」と「大」と「集」で「集大成」。

③順に「事実無根」、「千載一遇」、「公明正大」。「事」と「一」と「大」で「一大事」。

④順に「電光石火」、「金科玉条」、「試行錯誤」。「石」と「金」と「試」で「試金石」。

入試メモ　**●主な四字熟語**

四字熟語も漢字の書き誤りをしやすいので、きちんと覚えておこう。

暗中模索…手がかりがなくても状況を打開するためにいろいろと試すこと。

異口同音…多くの人が口をそろえて同じことを言うこと。読みに注意。

以心伝心…言葉を用いないでも気持ちが通じ合うこと。

一期一会…一生に一度しか出会わないような機会。

栄枯盛衰…栄えたり衰えたりすること。

我田引水…自分の都合のいいように言ったりしたりすること。

危機一髪…きわめて危険な状態。「危機一発」としないこと。

疑心暗鬼…疑いだすとありもしないことまで想像して、不安が募ること。

興味津津…興味がつのるさま。「興味深深」としないこと。

金科玉条…非常に大切にしている決まり。

空前絶後…これまでになく、これからも起こらないほどまれであること。

五里霧中…見込みや方針が立たず、迷うこと。「夢中」としないこと。

言語道断…言葉では表せないほどひどいこと。

自画自賛…自分で自分のことをほめること。

晴耕雨読…晴れた日は田畑で耕作し、雨の日は読書をするように、気の向くままにのんびりと生活すること。

絶体絶命…逃れようのない危険な状態。「絶対絶命」としないこと。

千載一遇…めったにない好機。千載は千年と同じ意味。

単刀直入…前置きなしで、話の本題に入ること。「短刀直入」としないこと。

馬耳東風…人の意見や忠告を聞き流すこと。

付和雷同…自分の考えがなく、他人の意見に同調すること。「不和雷同」としないこと。

傍若無人…人前をはばからず、勝手気ままに行動すること。

無我夢中…何かに心を奪われて、我を忘れること。

明鏡止水…心が澄んで落ち着いていること。

臨機応変…その場その場の状況に応じて、適切に対処すること。

42

問一 イ
問二 ①ウ ②イ ③ア ④エ ⑤ア
問三 ①エ ②ア ③オ

解説 問一 「与する」は、味方になって力など貸すこと。アの「弄する」は、何かをもてあそぶこと。ウの「呈する」は、何かを差し出すこと、あるいはある状態が外に表れること。エの「供する」は、何かを差し出すこと。

問二 ①「大それた」は常識から大きく外れたさまを表す。人について使うので、災難について使っているウが不適。
②「気が置けない」は、遠慮する必要がなく親しいさまを表す。イは「注意した方がよい」からわかるように、「油断できない」の意味で使っており、不適。
③「ところかまわず」は、場所柄を考えずに行動するさま。その行動にふさわしくない場所であってもかまわずにやることになるので、それを命令しているアが不適。
④「あまねく」は、広く全体に及ぶさま。「私の頬」という狭い範囲のものを打った風に対して使っているので、エが不適。
⑤「いみじくも」は、巧みなさま、あるいは適切なさま。アは「いやしくも」の意味で使っており、不適。

問三 ①例文とエは、物事を分類するときのひとまとまりの意味で使われている。アは入りこめるところ、ウは、ものを言う口の意味で使われている。イとオは、物事のはじめの意味。
②例文とアは、災難や事故などといったよくないことにあう意味で使われている。漢字で書けば「遭う」。イ・ウ・オは漢字で書くと「合う」。エは「会う」。
③例文とオは、話題として人々に取り上げられる意味で使われている。アは高い地位につく意味。イは低いところから高いところに移動する意味。ウは太陽や月が空に現れる意味。エはあるものが一定の量に達する意味。

43

問一 イ
問二 ①たか ②らち ③ほぞ ④だし ⑤ばつ
問三 ①手 ②顔 ③口 ④骨 ⑤歯 ⑥目 ⑦頭 ⑧首 ⑨肩 ⑩足
問四 A…エ B…ウ
問五 ①コ ②ク ③ウ ④エ ⑤カ

解説 問一 アは「押しも押されもせぬ」、ウは「後へも先へも行けぬ」、エは「勝るとも劣らない」が正しい慣用表現。

問二 ①「たかをくくる」は、たいしたことはないと見くびること。「たか」を漢字で書くと「高」。「たかが知れている」の「たか」と同じで、数量を表す。
②「らちがあかない」は、物事がはかどらないこと。「らち」はもともとは馬場を囲った柵のことで、物事の範囲や限界を表すようになった。
③「ほぞをかむ」は、後悔すること。「ほぞ」は、へそのこと。自分のへそをかもうとしても届かないように、後悔してもどうしようもない状態をたとえて言う。
④「だしに使う」は、何かを自分の利益のために利用すること。「だし」は、自分のために利用するものの意味。
⑤「ばつが悪い」は、きまりが悪いこと。「ばつ」は、その場の都合や具合のこと。

問三 身体に関する語を使った慣用句は多いので、覚えておこう。また、たとえば①では「舌を出す」も考えられるが、陰で相手をばかにする意味になるので、不適。意味も一緒に覚えよう。

問四 A「目から鼻へ抜ける」は、抜け目なくすばしこいこと。「鼻をあかす」は、相手を出し抜いて驚かせること。「鼻にかける」は、得意になって自慢すること。
B「肩で風を切る」は、得意そうに歩くさま。「肩を持つ」は、味方をすること。「肩を貸す」は、援助すること。

入試メモ **●主な慣用句**

慣用句には身体の部分を使ったものが多い。「耳を使った慣用句」などのように、まとめて覚えよう。

あごで使う…偉ぶった態度で人を使う。
顔がきく…信用があり、無理をきいてもらえるさま。
肩を持つ…味方をする。
口を割る…白状する。
腰が低い…他人に対する態度が謙虚なさま。
舌を巻く…驚いて感心する。
手に余る…自分の力では及ばないさま。
歯が立たない…まったくかなわないさま。
鼻が高い…得意になっているさま。
鼻につく…飽きて不快に感じる。
腹を割る…包み隠さずに話すさま。
ほぞを固める…決心する。
眉をひそめる…不快感や不安を表情に出すこと。
耳が痛い…人の意見が自分の弱点をついていて聞くのがつらい。
目から鼻へ抜ける…抜け目なくすばしこいこと。
目に余る…ひどい様子で見過ごせないさま。
油を売る…なまける。
馬が合う…気が合う。
けりをつける…物事を終わりにする。
しのぎを削る…激しく争う。
なしのつぶて…何の音さたもないさま。
猫をかぶる…本心を隠しておとなしくする。
枚挙にいとまがない…数え切れないほど多い。
水を得た魚…ふさわしい場所を得て、活躍するさま。
虫が知らせる…なんとなく悪いことが起きる予感がする。

問五　①「蛇足」は、よけいなこと。ここでは自分の行為をへりくだって表現している。
②「杜撰」は、物事のやり方がぞんざいで、抜けが多いこと。
③「呉越同舟」は仲の悪い者同士が同じ場所にいること。
④「塞翁が馬」は、人生の幸不幸は予測できないということ。「禍福はあざなえる縄のごとし」も同じ意味。
⑤「推敲」は、詩や文章の字句を何度も手直しすること。
アの「蛍雪の功」は、苦労して学問をした成果のこと。
イの「画竜点睛」は、物事の最後の仕上げのこと。「画竜点睛を欠く」の形で用いられることが多く、「最後の大事な仕上げをしないこと」という意味になる。
オの「四面楚歌」は周囲を敵に囲まれて孤立している状態のこと。

入試メモ **●主な故事成語**

杞憂…取り越し苦労をすること。
五十歩百歩…差はあってもわずかで、本質は同じこと。
背水の陣…失敗すればあとがないという決死の覚悟で事にあたること。
白眉…多くの中で最も優れているもの。
矛盾…つじつまが合わないこと。
李下に冠を正さず…疑われるような行為は避けるべきだということ。

6 文法

44

問一　イ
問二　ア
問三　ウ
問四　①助動詞　②副詞　③名詞　④形容詞
問五　動詞｜助動詞｜助詞｜動詞｜助動詞
　一致し｜なけれ｜ば｜なら｜ない
問六　①ア　②イ　③エ　④ア　⑤イ

解説　問一　形容詞「よい」の連用形。
問二　例文の「うっかり」は副詞。アの「いわゆる」は連体詞。副詞も連体詞も自立語で活用がなく、修飾語になるが、副詞は主に用言を修飾し、連体詞は体言を修飾する。
問三　例文の「平明に」の終止形は「平明だ」。形容動詞はそれだけで意味をなす自立語で性質や状態を表し、活用があり、終止形が「だ・です」で終わる。ウの「かりに」は活用がなく、連用修飾語になるので副詞。
アの「はるかに」、イの「微妙に」、エの「論理的に」、オの「透明に」の終止形は、それぞれ「はるかだ」、「微妙だ」、「論理的だ」、「透明だ」となり、いずれも形容動詞。
問四　①の「ように」は、それだけでは意味をなさないので付属語。付属語には助詞と助動詞の二つがあるが、終止形にすると「ようだ」となり、活用するので助動詞。
②の「あらかじめ」は、用言である「用意されている」を修飾する連用修飾語なので、副詞。
③の「答え」は、下に格助詞「が」が接続している。下に格助詞を伴って主語となるので、名詞。
④の「ない」は、単独で文節を作っているので形容詞。「ない」には形容詞と助動詞がある。形容詞は単独で文節を作れる自立語で、助動詞はそれだけでは意味がわからない付属語。形容詞の場合は、「ない」の前に「は」や「も」を補うことができる。
問五　「一致し」は、動詞「一致する」の連用形。「なけれ」は、助動詞「ない」の仮定形。「ば」は助詞。接続助詞といわれるものである。「なら」は動詞「なる」の未然形。「ない」は助動詞「ない」の終止形。
問六　①アの「しっかり」は副詞。イの「あらゆる」、ウの「たいした」、エの「いかなる」はいずれも直後にある体言を修飾しており、連体詞。
②イの「とある」は直後にある体言「町」を修飾しており、連体詞。アの「どんどん」、ウの「いっせいに」、エの「ずいぶん」は連用修飾語になるので、副詞。
③エの「ない」は助動詞。ア、イ、ウの「ない」はいずれも形容詞。
④アの「親切だ」は形容動詞。イの「そうだ」、ウの「ようだ」、エの「だ」はいずれも助動詞。
⑤イの「らしい」は形容詞の一部。ア、ウ、エの「らしい」はいずれも推定の助動詞。推定の助動詞の場合は、その前に「どうやら」を補うことができるので、補うことができるかどうかで判断しよう。

入試メモ　●品詞の種類
意味のある言葉の最も小さい単位が単語である。単語は大きく自立語と付属語に分けられる。
・自立語…それだけで意味がわかるもの。
・付属語…それだけでは意味がわからないもの。
自立語と付属語の中では、活用があるものとないものとで分けられる。
・活用がある…下に続く語によって、単語の終わりの形が変わること。
・活用がない…どんな語が続いても、単語の形が変わらないこと。
〈自立語〉
○活用がなく、主語になるもの
・名詞…物事の名を表す。

例 花　山　理想　東京

○活用がなく、主語にならないもの

・副詞…主に連用修飾語になる。

例 きらきら　しっかり　どんどん　もっと

・連体詞…連体修飾語になる。

例 ある人　いわゆる　小さな

・接続詞…接続語になる。

例 そして　しかし　それから

・感動詞…独立語になる。

例 ああ　はい　こんにちは

○活用があり、述語になるもの

・動詞…動作や作用を表す。言い切りの形がウ段の音で終わる。

例 走る　読む　来る

・形容詞…状態や性質を表す。言い切りの形が「い」で終わる。

例 美しい　楽しい　大きい

・形容動詞…状態や性質を表す。言い切りの形が「だ・です」で終わる。

例 静かだ　きれいです

〈付属語〉

○活用がない

・助詞…文節の関係を示したり意味を付け加えたりする。

例 わたしは　空から　子どもの

○活用がある

・助動詞…意味を付け加える。

例 読んだ　行かせる　降りそうだ

45

問一 貼られた

問二 a…エ　b…イ

問三 ①形容動詞　②連用　③格助詞　④受け身　⑤結果

問四 エ

問五 「て」①オ　②イ　③カ　④エ　⑤キ
「を」①ア　②ウ　③イ　④キ　⑤オ
「で」①カ　②キ　③ウ　④エ　⑤イ
「に」①ア　②イ　③ウ　④オ　⑤エ

問六 イ

問七 ①ウ　②イ　③カ

問八 オ

解説 問一　「べたべたと」どうしたかを考える。「べたべたと」は副詞で、用言を修飾する。文中には「貼られた」と「割って」と「はいった」という三つの用言を含む文節がある。この中では「べたべたと」―「貼られた」の組み合わせが修飾と被修飾の関係として適している。

問二　aの「ならない」は義務・当然を表す。義務・当然の意味の場合は、「なくては～」や「なければ～」「ねば～」などの形で用いられる。

bの「ならない」はあるものごとが成立していないことを表す。

アは禁止を表す。禁止の意味の場合は、「ては～」や「では～」などの形で用いられる。イはあるものごとが成立していないことを表す。ウは禁止を表す。エは義務・当然を表す。オは感情などが自然に出てくるさまを表す。

問三　aの「に」は格助詞ではなく、形容動詞「巨大だ」の連用形の活用語尾。「蓄えられ」を修飾している。形容動詞の場合は、「だ」を「～なもの」と言い換えられるので、名詞＋助動詞「だ」と区別できる。

bとcの「に」は、どちらも名詞「国」に接続しているので、格助詞。bは、「蓄えられ」という受け身の動作の対象となるものが「国」であることを表している。cは、「なる」という動作の結果を表している。

問四　ア・イ・ウはいずれも程度を表す副助詞。エは「～すれば～するほど」の形で、「〜につれて、ますます」の意味を表す副助詞。

問五　「て」の例文の②の「アメリカに行っている」と③の「英会話の学校に通っている」のように、外形的にはほとんど同じものが含まれているので、選択肢の細かな表現の違いに注意して、最適なものを選ぼう。

問六　ア・ウ・エの「から」は格助詞。アとウは名詞に接続しているので格助詞。エは副助詞「など」に接続しているので格助詞。イは「ひたれる」という用言に接続しているので接続助詞。確定の順接を表す。

問七　①の「そうだ」は、形容動詞「元気だ」の語幹に接続しているので様態の助動詞で、外見からそのような状態だと判断できるという意味で使われる。言い切りの形なので終止形。

②の「そうで」は「笑っているのだ」に接続している。「だ」は終止形。終止形に接続するのは伝聞の助動詞で、他から聞いた内容であることを表す。「そうで」は連用形。

③の「そうで」は、「そう」と「で」に分けられる。「そう」は前に出た事柄を指す副詞。「で」は断定の助動詞「だ」の連用形。

問八　例文とオの「られる」は、受け身で、他のものから「〜される」の意味。アとエは可能で「〜できる」の意味。イは尊敬で「〜なさる」の意味。ウは自発で「自然に〜する」の意味。

46

問一　①a…先生　b…見る　c…生徒（から）先生（へ）

②a…お客様　b…食べる　c…店員（から）お客様（へ）

③a…僕　b…預かる　c…僕（から）父の友人（へ）

④a…母　b…言う　c…私（から）ピアノの先生（へ）

⑤a…私　b…話す　c…私（から）ピアノの先生（へ）

問二　例佐藤はただいま席を外しております。

解説　**問一**　①「ご覧になる」は「見る」の尊敬語。「見る」のは先生の行動なので、動作主は先生。したがって敬意を表す対象は先生。

②「召し上がる」は「食べる」の尊敬語。動作主は「お客様」。

③「お預かりする」は「預かる」の謙譲語。動作主は「僕」。

④「申す」は「言う」の謙譲語。動作主は「母」。

⑤「お話しする」は「話す」の謙譲語。動作主は「私」。

問二　敬意を表す相手に対して、自分の側の人物に敬称や肩書きなどをつけてはいけない。したがって、「佐藤(さとう)部長は…」としたら誤り。自分の家族を「お父さん」と言わず、「父」と言わなければならないのもこれと同様である。また、佐藤部長の動作を謙譲語でへりくだって言うことで、会社の外の相手に敬意を表す必要がある。「〜ています」は「〜ております」に、「いません」であれば、「おりません」とする必要がある。

入試メモ ●主な敬語

敬語には、尊敬語、謙譲語、丁寧語の三種類がある。次に挙げる語や敬語の形を覚えておこう。（ ）内は敬意のない言い方である。

〈尊敬語〉

○尊敬の助動詞「れる」「られる」を用いたもの
・飲まれる（飲む）
・来られる（来る）

○接頭語・接尾語がついたもの
・ご意見（意見）、お手紙（手紙）、母上（母）、○○殿（○○）

○尊敬の意味をもつ語
・おっしゃる（言う・話す）
・いらっしゃる（行く・来る・いる）
・くださる（くれる）
・ご覧になる（見る）
・召し上がる（食べる・飲む）

○「お（ご）～になる」「お（ご）～なさる」などの決まった言い方
・お帰りになる（帰る）
・ご出発なさる（出発する）

〈謙譲語〉

○接頭語・接尾語がついたもの
・お手伝い（手伝い）、ご返事（返事）、わたしども（わたしたち）

○謙譲の意味をもつ語
・拙宅（自宅）
・小生（自分）
・いたす（する）
・申す、申し上げる（言う・話す）
・いただく（もらう・食べる・飲む）
・うかがう、うけたまわる（聞く）
・差し上げる（やる）
・拝見する（見る）
・参る（行く・来る）

○「お（ご）～いたす」「お（ご）～する」などの決まった言い方
・お知らせいたします（知らせる）
・ご案内します（案内する）

※「山田と申します。」の「申す」や「私が参ります。」の「参る」のように、自分の行為を丁重に述べるものを、謙譲語Ⅱ（丁重語）として分類する場合もある。

〈丁寧語〉

○「ます」「です」「ございます」を使ったもの
・行きます（行く）
・中学生です（中学生だ）
・母でございます（母だ）

○接頭語がついたもの
・お茶（茶）、ご飯（飯）

※「お茶」「ご飯」などの言い方は、「美化語」という場合もある。

7 文学史

47

問一 ウ・ク（順不同）
問二 オ
問三 イ
問四 説明…ア 作品…カ
問五 ウ

解説
問一 アの『破戒』は島崎藤村の小説。
イの『山椒魚』は井伏鱒二の小説。
エの『月に吠える』は萩原朔太郎の詩集。
オの『細雪』は谷崎潤一郎の小説。
カの『蟹工船』は小林多喜二の小説。
キの『にごりえ』は樋口一葉の小説。
問二 芥川龍之介には古典に取材した『羅生門』などの作品もある。
問三 アの『あこがれ』は石川啄木の詩集。
ウの『たけくらべ』は樋口一葉の小説。
エの『若菜集』は島崎藤村の詩集。
問四 イは芥川龍之介で、作品はキの『舞踏会』。
ウは森鷗外で、作品はオの『舞姫』。
エは島崎藤村で、作品はクの『夜明け前』。
問五 アの『海と毒薬』は遠藤周作の小説。
イの『老人と海』はアメリカの作家ヘミングウェイの小説。
エの『海潮音』は上田敏の訳詩集。
オの『海辺の光景』は安岡章太郎の小説。
カの『海辺のカフカ』は村上春樹の小説。

48

問一 エ→イ→ア→ウ→オ
問二 A…イ B…ア
問三 A…ウ B…オ C…カ D…ケ E…コ
問四 エ

解説
問一 アの『大鏡』は十二世紀初め頃成立。

イの『源氏物語』は十一世紀初頭。ウの『新古今和歌集』は十三世紀初頭。

エの『竹取物語』は九百年頃。オの『徒然草』は十四世紀。

問二 A アの『高瀬舟』は森鷗外の小説。

ウの『徒然草』は兼好法師の随筆。

エの『土佐日記』は紀貫之の旅日記。

B イの『伊勢物語』は歌物語。ウの『宇治拾遺物語』は説話集。

エの『今昔物語集』は説話集。

問三 『徒然草』は鎌倉時代、『枕草子』は平安時代、『方丈記』は鎌倉時代の成立。

問四 ウの『今昔物語集』は平安時代の説話集。アの『方丈記』・イの『徒然草』も鎌倉時代だが、随筆なので不適。

49

問一　ア・ク（順不同）
問二　ウ
問三　万葉集…イ
　　　古今和歌集…ア
問四　ア・エ・カ（順不同）

解説　**問一**　紀貫之はアの『古今和歌集』の撰者の一人で、『古今和歌集』の「仮名序」も書いている。旅日記『土佐日記』の作者でもある。
問二　『蜻蛉日記』は、平安時代中期に藤原道綱母が書いた日記。
アの紀貫之は**問一**参照。
イの紫式部は平安時代中期の人で、『源氏物語』の作者。『紫式部日記』も書いている。
エの西行は平安時代末期の歌人で、『山家集』という私家集がある。
問三　『万葉集』は現存する最古の歌集。『古今和歌集』は最初の勅撰和歌集。
ウは『新古今和歌集』。**エ**は『山家集』。
問四　『今昔物語集』は説話集であり、ジャンルとしては物語に含まれる。特定の登場人物はおらず、さまざまな階層の人物が描かれている。インド・中国・日本の説話が千余り収録されている。

50

問一　ア
問二　オ

解説　**問一**　『大和物語』は平安時代の歌物語。

アの『方丈記』は鎌倉時代の随筆で、筆者は鴨長明。

イの『竹取物語』は物語で、作者は未詳。

ウの『源氏物語』は物語で、作者は紫式部。

エの『枕草子』は随筆で、筆者は清少納言。

オの『伊勢物語』は歌物語で、作者は未詳。

問二　『新古今和歌集』は鎌倉時代の前期に成立した八番目の勅撰和歌集。藤原定家の他の撰者は、源通具、藤原有家、藤原家隆、藤原雅経、寂蓮。勅撰和歌集とは、天皇の勅命によって撰進された和歌集のこと。

アの『万葉集』は現存する最古の歌集。和歌約四千五百首を、全二十巻に収めている。

イの『古今和歌集』は、平安時代前期に成立した最初の勅撰和歌集で、撰者は紀友則、紀貫之、凡河内躬恒、壬生忠岑。

ウの『千載和歌集』は七番目の勅撰和歌集。

エの『山家集』は平安時代末期の歌人、西行の私家集。

●重要な古典の作品

文学史の問題は、成立年代を問うものや、ジャンルを問うものなどがある。主な作品は特徴や成立年代、作者、ジャンルを覚えておこう。特に重要な作品は次の通り。

〈和歌〉

『万葉集』（奈良時代）編者＝未詳
　現存する最古の歌集。
『古今和歌集』（平安時代）撰者＝紀友則・紀貫之・凡河内躬恒・壬生忠岑
　最初の勅撰和歌集。
『新古今和歌集』（鎌倉時代）撰者＝源通具・藤原有家・藤原定家・藤原家隆・藤原雅経・寂蓮

〈物語〉

『竹取物語』（平安時代）作者＝未詳
　現存する最古の物語。
『源氏物語』（平安時代）作者＝紫式部

〈歌物語〉

『伊勢物語』（平安時代）作者＝未詳
『大和物語』（平安時代）作者＝未詳

〈説話〉

『今昔物語集』（平安時代）編者＝未詳
『宇治拾遺物語』（鎌倉時代）編者＝未詳

〈歴史物語〉

『大鏡』（平安時代）作者＝未詳

〈軍記物語〉

『平家物語』（鎌倉時代）作者＝未詳

〈随筆〉

『枕草子』（平安時代）作者＝清少納言
『方丈記』（鎌倉時代）作者＝鴨長明
『徒然草』（鎌倉時代）作者＝兼好法師

〈日記〉

『土佐日記』（平安時代）作者＝紀貫之
　最初のかな書きの日記。
『蜻蛉日記』（平安時代）作者＝藤原道綱母
『和泉式部日記』（平安時代）作者＝和泉式部
『紫式部日記』（平安時代）作者＝紫式部
『更級日記』（平安時代）作者＝菅原孝標女
『讃岐典侍日記』（平安時代）作者＝藤原長子
『十六夜日記』（鎌倉時代）作者＝阿仏尼

第1回 模擬テスト

1

問一　例テレビは下らないから見ない、子供に見せないという言い方。
問二　例テレビが大きな影響力を持つ一方、家庭での親の力は低下していた(から)(30字)
問三　ウ
問四　a…退屈　b…粗　c…契約　d…中継　e…権威
問五　映画スター(5字・25行目など)
問六　例勝手にやって来て一方的に応対を強いる特徴を持つテレビを不快に思う人がいたから。(39字)
問七　オ
問八　例娯楽のあり方を、ちゃんとしていなければならないものからいい加減でも許されるものに変えた。(44字)

解説 **問一**　「そういう」は一般的には前に述べられたことを指すが、これより前の部分に該当する言い方は述べられていない。すなわち、「そういう」のあとで述べられている言い方を指していることに注意する。「テレビが登場してしばらくの間は、『テレビは下らないから見ない』とか『テレビは下らないから子供に見せない』と言う人が、当たり前にいたのです。」(5〜8行目)→「今ではそういう言い方をする人がほとんどいなくなりました」(5行目)と順序を入れ替えてみると考えやすい。最初にこんなことがあったと述べ、あとでその内容を説明するという組み立てになっている。

問二　直前に「特定のテレビ番組に『俗悪』のレッテルが貼(は)られるのは一九六〇年代末になってのことで」(9〜10行目)とあり、同じ段落の最後に「一九五〇年代に、まだ『俗悪番組』や『低俗番組』はなかったのです」(16〜17行目)とある。一九五〇年代にテレビが放送されるようになってから一九六〇年代末までにどのような変化が起きて、「俗悪番組」とされるものが生まれたのかを考える。テレビの変化とそれを見る側の変化の二つの要因をまとめる。

問三　次の段落に「あったのは『タイクツな番組』で、『チャチで安っぽい番組』でした」(21行目)とある。ここから「俗悪番組」や「低俗番組」がなかったのは、すべての番組が退屈で安っぽいものと思われていたからだとわかる。

問四　bは「気が荒い」と「目の粗い布」の使い分けに注意しよう。

問五　「テレビドラマに出て来る俳優は、どこで見つけたのか分からないスター性のない地味な役者」(29〜30行目)から、テレビドラマに出て来る俳優＝二軍選手であることをおさえる。したがって、一軍選手＝スター性のある役者となる。制限字数内では「大スター達」(27行目)も考えられるが、「二軍」の「テレビ」に対する「一軍」の「映画」という対比がないので、「映画スター」のほうが適する。

問六　次の段落以降に、筆者の考えが述べられている。特に「テレビというのは」(63行目)で始まる段落を中心にまとめるとよい。テレビは「勝手に向こうからやって来」るだけでなく、「一方的に応対を強いる」ものであり、それを不快に感じる人が「テレビは下らない」と言ったのである。テレビの持つ特徴と、それが人に不快感を与えることをまとめる。

問七　次の段落にある「私の言う『テレビは批評を無効にしてしまった』は、それとは方向が違います」(79〜80行目)に着目する。続く「テレビは『向こうから我が家へやって来るもの』で、だからこそどこの家でも『我が家の家風に合わない』のジャッジが生まれてしまいました。つまり、あまりにも多くの批評家が乱立した結果、批評がその基軸を失って無効になってしまったと、私は言いたいのです」(80〜84行目)とある部分が、筆者の考える「批評というものを無効にしてしまった」の内容を言い換えたもの。これは、誰もがテレビを見て批評できるようになった状況を指しているので、**オ**が正解。

問八　テレビが娯楽のあり方をどう変えたのかについてまとめるが、文中では、「娯楽」と「文化」が同じような意味で使われていることをおさえる。傍線部を含む段落の二つあとの段落にある「『いい加減になりうるもの』がテレビで、これはそれ以前にあった『ちゃんとしていなければ、お客様を迎えられない』という文化のあり方を揺さぶってしまったのです」(126〜128行目)を中心にまとめるとよい。また、前にある「外へ出掛ける時は」(97行目)から始まる段落も参考になる。テレビ以前の文化は改まって享受するもの、ちゃんとしていなければならないものであったこと、テレビは「いい加減になりうるもの」（126行目）であることを入れてまとめる。

2

問一　例主人公の「ぼく」は、昔は昆虫採集が趣味で、多くの蝶を捕まえて標本にしていたということ。
問二　ア
問三　エ
問四　ア
問五　イ

解説　問一　「残忍な男」がどういうことを指すのかを考える。主人公の「ぼく」が一般的な残忍な行為をしたのではなく、「蝶」に対して残忍な行為をしたことをおさえる。「しかし少年は」（55行目）から始まる段落にある「ぼくが捕虫網をふりまわしていた」（59行目）や、「ちょうど昔」（73行目）から始まる段落にある「ぼくが思いきって専門家に標本を送り」（74行目）などの描写から、「ぼく」が蝶を採集していたことと、捕まえた蝶を標本にしていたことがわかる。これらのことをしていた自分を指して、蝶にとって「残忍な男」と言ったのである。

問二　「『おいおい、ウスバシロチョウ。あんまりのんきすぎやしませんか』と、ぼくは胸のうちで呟いた」（6～7行目）とあり、「ぼく」はこのウスバシロチョウに親しみを感じていることがわかる。したがって、蝶を捕まえる網は「おそろしい」ものになるので、アが正解。

問三　前の段落に「ぼくには少年の気持がよくわかった」（35行目）とあり、そのあとに「少年の危惧」であろうと思われる内容が具体的に書かれている。この内容と合うのはエ。

幼い趣味だとののしられたり、蝶の標本を壊されたりしたのではないので、アは不適。珍しい蝶を標本にすることはいけないと怒られたりはしていないので、イも不適。蝶を捕まえることを子どもっぽい遊びとされたのでもないので、ウも不適。

問四　少年から「ねえ、三城牧場まで一緒にいかない？」（88行目）と言われた時に、「彼一人であったなら、言われなくてもおそらくぼくはそうしたことであろう」（91～92行目）と書かれている。「ぼく」が「三城」に行くのをやめた理由は、「しかしそのとき、下のほうの道の曲り目から、ひとりの少女の姿があらわれた」（92～93行目）からあとに書かれている。「しかしぼくの内部には」（105行目）から「居たたまれなくさせた」（109～110行目）の段落から、少女は「ぼく」を惹きつけるものであると同時に、「ぼく」をその場に居たたまれなくさせた存在であることをおさえる。「居たたまれない」は、その場所にずっといることがたえられない様子を表す。

問五　この「いらだち」は、少年や姉に対してとった自分の行動に向けられたものである。つまり、本当は少年の姉にひかれていたにもかかわらず、少年や姉と一緒に三城に行かなかったことを後悔し、そんな行動をとった自分自身に怒りを感じているので、イが正解。

アは「自分を恥ずかしく感じる」と「無力感にとらわれている」の部分が不適。ウは「自分の心の冷たさに嫌気が差している」の部分が不適。「ぼく」が「孤独を愛する性格」という描写はないので、エも不適。

3

問一　例聖に召し使われている小法師が、山にある他の僧の坊を回ってその日の食べ物をもらってきていた。
問二　(1)　例布袈裟は、后が願を立てて、尊い僧に衣服や食べ物を提供しようと思い立って、自分でお縫いになったものであること。
(2)　何も人の施を受けざりけり（12字・2～3行目）
問三　ウ

解説　問一　あとに続く「一人使ひける小法師、山の坊ごとに一度めぐりて、一日の餉を乞うて養ひける」（1～2行目）という描写が、聖が食べ物を入手していたやり方を説明した部分。

問二　(1)　布袈裟がどのような事情で作られたものであるかを具体的に説明する。

后が願を立てたこと、そのために尊い僧を供養しようとしたこと、后自らが縫った袈裟であることを入れてまとめる。

(2)　聖がどのような人であるかを考える。聖についての描写には、「さらにみづから朝夕の事を知らず」(1行目)と「何も人の施を受けざりけり」(2〜3行目)と「この聖のやむごとなき由」(4〜5行目)がある。このうち布袈裟を受けとらないだろうと判断する理由としては、日常のことを考えていなかったという「さらにみづから朝夕の事を知らず」よりも、何もほどこしを受けなかったという「何も人の施を受けざりけり」のほうがふさわしい。

問三　聖が袈裟を見て、小法師が嘘をついたことを見抜いたかどうかについては書かれていない。したがって、**エ**と**オ**は不適。小法師は「たまはせたりつる」(8行目)、つまりだれかが下さったものだと言っているので、「貧乏な自分には手が出ない」とする**イ**も不適。残る**ア**と**ウ**では、聖が「三世の仏、得たまへ」(9行目)と言っていることから、立派な袈裟は仏にこそふさわしいと思っていたことがわかる。したがって、谷に投げ捨てたのは、**ア**の「気に入らなかった」からではなく、**ウ**の「自分には必要ないものだ、と聖が思った」からだと判断できる。

[現代語訳]　この聖(=仙命上人)は自分の日常のことをまったく考えていなかった。一人だけ召し使っていた小法師が、山の僧の住居を(一日に)一度まわって、一日分の炊いた米を乾燥させたものを求めて世話をするほかには、何も人のほどこしを受けなかった。当時の皇后が神仏に願いを立てて、とりわけ抜きんでて尊い僧に衣服や食べ物などを提供したいと思い立って、広くお探しになったところ、この聖がきわめて尊いということをお聞きになって、すぐにご自分で布袈裟をお縫いになって、「(理由を)そのまま言ったら、まさか受けとるまい」とお思いになって、何かとこしらえごとをして、この小法師に心を合わせて「思いがけない人が下さったものです」と言って(聖に)差し上げると、聖は、これを手にとってよく見て、「三世の仏様、お持ちになってください」と言って、谷に投げ捨てたので、どうしようもなくてそれっきりになってしまった。

第2回 模擬テスト

1

問一　a…絶叫　b…拍子　c…意図　d…陥(って)　e…災(い)
問二　例文1…ア　例文2…オ
問三　A…エ　B…ア　C…ウ　D…オ　E…イ
問四　恐怖を使って楽しませる(26行目)
問五　いるかどう(61行目)
問六　例緊張と緩和を繰り返す
問七　例強い緊張を抑え、平衡を保とうとして分泌された快楽物質は、緊張が緩和されても脳内に残るから。(45字)
問八　イ
問九　例客観性があって初めて楽しむことができる。(20字)
[別解]自分との距離があると楽しむことができる。(20字)

解説　**問一**　b「拍子抜け」は、重大なことを予想して緊張していた状態から、たいしたことではないとわかって急に気がゆるんで力が抜けるさまを表す。eは「禍」や「厄」でも正解。

問二　**例文1**　例文の「ない」は助詞「は」に接続するので、形容詞。アの「ない」も助詞「の」に接続するので、形容詞。イの「ない」は形容詞「望ましい」の連用形「望ましく」に接続しており、前に「は」を補うことができるので、形式形容詞。ウとエとオの「ない」は、打ち消しの助動詞。

例文2　例文とオの「の」は、主格を表す格助詞で、「が」に置き換えられる。アは、連体修飾を表す格助詞。イは、連体詞「その」の一部。ウは、助動詞「だ」の連体形「な」に接続する格助詞。エは、確定の逆接を表す接続助詞「ものの」の一部。

問三　アの「けれど」は逆接の接続詞。イの「しかも」は添加を表す接続詞。ウの「つまり」は説明を表す接続詞。エの「もちろん」は当然を表す副詞。オの「たとえば」は例を示す副詞。文章の前後のつながりを考えて、一つの答えしかあてはまらないものから先に決めていくとよい。Dのあとには謎かけの実例が示されているので、オの「たとえば」が入ることは考えやすい。また、逆接の接続詞のあとでは前に述べたこととは逆になることがくるので、アの「けれど」も考えやすい。

問四　お化け屋敷に対する筆者の考えは「お化け屋敷とは、恐怖を体験して楽しさを得るアトラクションなのだ」(22〜23行目)と述べられているが、このまま抜き出しても条件に合わない。この筆者の考えを言い換えたのが「恐怖を使って楽しませる」(26行目)という部分である。

問五　設問の文中に「恐怖をもたらす原因の違いに注目して両者を対比的に記した一文」とあるので、恐怖をもたらす原因となっているものを考える。直後に「一つは、体験する緩和の『数』である。そしてもう一つは、緩和するまでの『時間』である。」(44〜45行目)とあるが、これはお化け屋敷と廃病院の違いだけであって、恐怖をもたらす原因までは書かれてない。そのあとに、「実は、この『何かが現れる』というところに鍵(かぎ)がある。」(52行目)という一文がある。「鍵がある」という表現は、重要なことが書かれていることを示している場合が多いので、注意して読む必要がある。これに続いて「廃病院では、基本的には何も現れない」(52〜53行目)とあり、また、「一方、お化け屋敷では必ず何かが現れる、ということが前提になっている」(56〜57行目)とあることから、両者の違いは、何かが現れるか現れないかにあることがわかる。この違いを一文で記したところを探す。

問六　前の段落にお化け屋敷での精神状態が説明されている。「お化け屋敷では、出口だけではなく至る所でこの緊張と緩和を繰り返しているのだ」(70〜71行目)、「こういった精神状態を繰り返すジェットコースターと同じである」(74〜75行目)とあるところから、緊張と緩和を繰り返すことが共通点であることがわかる。緊張と緩和が楽しみを生み出す理由は、「お化け屋敷の不安と恐怖は」(84行目)で始まる段落の後半に説明がある。

問七　緊張と緩和が楽しみを生み出す理由の説明は、二つあとの段落にある。強い緊張を抑えて、平衡(へいこう)を保つために脳内に快楽物質が大量に分泌されること、緊張が一気に緩和されると緊張はなくなるが、脳内には快楽物質が残った状態になることをまとめる。

問八　「実は、『緊張と緩和』とは、笑いを作り出していく基本的な考え方でもある」(96〜97行目)とある部分からもわかるように、「このように」は、その前に述べられている緊張と緩和が笑いを生み出す構造を指している。お化け屋敷やジェットコースターに代表される恐怖も、緊張と緩和によって楽しさが生み出されるという点では同じ構造である。したがって、イが正解。
相手と距離を置くことにより不安を緩和するのではないので、アは不適。よくわからない共通項が明らかにされることで生まれるものでもないので、ウも不適。相手が何物かわからないという不安から解放されるのは、ここでは謎かけの場合に限られるので、エも不適。緊張と緩和は意識的に繰り返すものではないので、オも不適。

問九　「渦中にいる」は、ある出来事が起きているただ中にいるさま。多くはもめごとなどのよくない状況に置かれている場合に使うので、これと対照的な状態を示す表現を本文中から探す。落語の例で言えば、不安の要素が目の前にある状態を「渦中にいる」と表現できる。これと対照的な状態は、「自分との距離があること、すなわち客観性があること」(123～124行目)になる。「客観性」という語を使って、それがあってこそ楽しむことができるということをまとめる。または［別解］のように「自分との距離がある」という語を使ってもよい。

2

問一　沢に放して子供達につかみ取りをさせる（ため）(24～25行目)
問二　イ
問三　ア
問四　ウ
問五　例「父」の思いつきは、いつもうまくいかなかったから。(25字)
問六　ウ
問七　イ
問八　背後でいき(122行目)

解説　**問一**　魚を頼んだ事情は「やれやれ、と声に出して」(21行目)から始まる段落に「母」の説明として書かれている。「沢に放して子供達につかみ取りをさせる、と応えた」(24～25行目)の部分に「父」がどういうつもりで魚を頼んだかが示されている。「父」は孫である「子供達」に、魚取りの体験をさせてやろうと思って魚を頼んだのである。

問二　「魚を見ると口の中のゴハンを噛まずに飲み込んだ」という表現からは、次の行動に移ろうとして、ご飯を急いで飲み込んだことがわかる。また、「オニギリを手にしたまま後を追っている」という表現からは、ご飯を食べる行為を中断して沢に降りていることがわかる。したがって、何かに強く興味をひかれているさまを表すイの「興味津々」がふさわしい。
アの「一喜一憂」は、状況の変化によって喜んだり心配したりすること。ウの「半信半疑」は、半分信じ、半分は疑って、どちらとも決められないこと。エの「抱腹絶倒」は、おもしろくておなかを抱えて大笑いすること。

問三　「母」が怒っているのは、「父」が「母」に相談なくニジマスを頼んだことと、「母」は昼ご飯のためにオニギリを作って待っていたのに予定を変更しなければならなくなったということを、発言内容から読み取る。
「父」がニジマスを頼んだのは、子どもたちのためを思ってのことだとわかったので、イは適当。「母」はお昼のご飯の用意をしてくれており、自分もオニギリを作るべきだったこともわかったので、ウも適当。「母」が怒っていることに対して申し訳ない気持ちもあるので、エも適当。「母」に対して誰も感謝していないことに対する不満は語られていないので、アが適当でない。

問四　「砂」はめずらしいものでも高価なものでもないことをおさえる。春男にとってのニジマスは商品ではあるが、めずらしいものではないので、ウの「淡々とした様子」が適当。「淡々と」はあっさりしている様子や、人の性格がものごとにこだわらないさまを表す。
アの「重々しい」は威厳がある様子を表すので、ニジマスを放す様子としては不適。イの「苦々しい」は、不愉快に思っている様子を表す。エの「晴々とした」は、心配事などがなくさっぱりしている様子を表す。春男はニジマスを放すことを不愉快に思っているわけではないし、逆に喜んでいるわけでもないので、イもエも不適。

問五　「母」のため息の原因をとらえる。「父」の考えがいつも思いつきであることは、直前の「母」の発言からわかる。そして、その思いつきがいつもうまくいかなかったことは、ニジマスのことからわかる。

問六　ニジマスの回収方法について知らなかったのは、「父」とおつな婆さんだけである。したがって、愛想をふりまいたのも、回収方法を告げなかったのも、「母」が「父」に気を遣ってとった行動だということがわかる。したがって、ウが正解。計画は成功したとは言えないので、アは不適。澄子を安心させるためではないので、イも不適。家族を喜ばせるためでもないので、エも不適。

問七　母が愛想をふりまき、ニジマスの回収方法については告げなかったので、父は満足して涙を見せたが、「母はやれやれというふうに口を開けて肩を落とし、隣に座る澄子の方を見た」（110～111行目）という描写などから、その場が何となく気まずい雰囲気であることがわかる。「明日の朝はニジマスを釣りに行くぞ」という発言は、それを解消するためのものであるから、イが正解。きちんとニジマスを釣ることで、父の計画は成功したことになり、みんなの気持ちも晴れると思ったのである。

問八　「健二は自然に対してこの日までどのような感じをもったか」が問われているので、「健二」がこの日にまず「自然」をどう感じたかがわかる一文を探す。「翌朝、早く起きて子供達と硫黄沢に行った」（116行目）以降が、「この日」の描写である。健二に関して最初に書かれているのが「背後でいきなりカッコウに鳴かれてとびついてきた健二は、腰のベルトをつかんだままぴったりうしろに張り付いていた」（122～123行目）である。いきなりカッコウに鳴かれて、自然は油断できないものだと思ったから、主人公のベルトをつかんでぴったり張り付いていたと推測できる。したがって、この一文の最初の五字を書く。

3

問一　a…すなお　b…おもいかえし　c…たがわず
問二　A…イ　B…エ
問三　ウ
問四　例七つあった銀貨から一つを夫が隠したということ。
問五　ア
問六　例銀貨は七つあったという持ち主の言ったことにうそはないと思われるので、六つしか入っていないこの袋は別の人のものであるという理由。
問七　例正直な夫婦が財貨を手に入れ、正直ではない者は財産を失うという道理。

解説

問一　現代かなづかいに直す場合、語の途中の「は・ひ・ふ・へ・ほ」は、それぞれ「わ・い・う・え・お」にする。ただし、語頭にくる場合は、「は・ひ・ふ・へ・ほ」のままなので注意。

問二　A「世を渡る」は、「世の中で暮らしていく」の意味。ここでは、暮らしていくための収入を得ていたという意味で、「生計を立てていた」ことになる。
B　形容詞「いとほし」には、「かわいそうだ・気の毒だ」と「かわいらしい」の意味がある。ここでは、銀貨をなくした人に対して言っているので、「気の毒だ」になる。現代語の「いとおしい」との意味の違いに注意しよう。

問三　「袋を落としたりける」という動作をした人は「人」で、「取りて見れば」という動作をした人は「夫」である。主語などを補うと、（人が）「袋を落とした」、（その袋を）（夫が）「拾って見た」となる。したがって、袋を夫のものとするアとエは不適。また、「誰かがわざと捨ててしまった」という記述はないので、オも不適。残るのはイとウだが、夫が見ていたという記述はなく、袋も「落としたりける」つまり「落ちていた」とあるので、ウがふさわしい。また、その後、袋を拾った夫婦が持ち主を探していることからも、夫は持ち主を見ていなかったので、どんな人が落としたのかわからなかったと判断できる。

問四　袋の持ち主の、「七こそありしに、六あるこそ不審なれ。一つをばかくされたるにや」（9～10行目）という発言を受けて、「さる事なし」と言っている。持ち主の発言の内容は、銀貨は七つあったのに六つしかないので、一つ隠したのではないかと夫を疑うものであり、これをまとめる。

問五　「ともに正直の者と見えたり」(16〜17行目)は国の守の発言である。国の守の判定を受けているのは袋を拾った夫と持ち主の二人で、「かの妻を召して」(13行目)とあるように、妻も呼び出されており、この三人に向けた発言であるから、国の守を含める**ウ**と**エ**と**オ**は不適。「夫妻また詞たがはず。主の詞も正直にきこゆれば」(17〜18行目)から、国の守は夫婦も持ち主も正直者としていることがわかるので、**ア**の「主といふ者と夫婦」がふさわしい。持ち主は実際には正直ではないことを国の守は知っていたが、あえて正直者としていることをおさえる。

問六　国の守の発言の後半部分をまとめる。持ち主も拾った夫婦もみな正直者なので、持ち主が言う銀貨が七つ入った袋は、この六つ入った袋とは別のものであろう。したがって、六つ入った袋は持ち主のものではないというのが、拾った夫婦に与える理由になる。

問七　「この理」は、直接には直前の「心直ければ、おのづから天の与へて宝をえたり。心まがれるは、冥とがめて財を失ふ」(20〜21行目)を指している。「具体的に説明しなさい」とあるので、正直者の夫婦が銀貨を得たことと、正直ではなかった持ち主が財産を失ったことを入れてまとめる。

[現代語訳]　最近帰国した僧の話として、ある人が語ったことには、中国に貧しい夫婦がいた。餅を売って生計を立てていた。夫が、道ばたで餅を売っていたところ、人が袋を落としたのを拾って見ると、銀貨が六つあった。家に持って帰った。妻は、正直で欲のない人で、「私たちは商売をして暮らしているので経済的に不自由もしていない。持ち主はどれほど必死になって探しているだろうか。気の毒なことです。持ち主をさがしてお返しになってください。」と言ったので、(夫は)「本当にそうだ。」と言って、広く言って回ったところ、持ち主だという者が出てきて、これを手に入れてあまりうれしくて、「三つ差し上げましょう。」と言って、まさに分ける時になって思い直して、面倒を引き起こそうと、「七つあったのに、六つなのが納得いかない。一つ隠されたのではないか。」と言う。「そんなことはない。はじめから六つだった。」と言い争っていると、最後には国の長官のところで、これを判定させることになった。長官は、人を見る目がしっかりした人で、この持ち主は不誠実な者、この男は正直な者だと見たが、まだ疑わしかったので、その妻を呼び出して、別の場所で、事の子細を尋ねたところ、夫の言い分と少しも違わない。この妻は大変な正直者と見て、持ち主が、不誠実なことははっきりしているので、長官は判決で「このことははっきりした証拠がないので判定できない。ただし、どちらも正直者と思われる。夫婦もまた言っていることは違っていない。持ち主の言っていることも正直に聞こえるので、七つあるであろう銀貨を探して自分のものにせよ。これは六つあるので別の人のであろう。」と言って、六つすべて夫婦にお与えになった。宋の人は、立派な判決だと広く口々にほめてうわさした。心が素直だったので、自然に天が与えて宝を得た。心がねじけているのは神や仏がとがめて財産を失う。この道理は少しも外れるものはない。まったく心は清くすなおであるべきである。